ACCOUNTING

应用型本科财经类规划教材

会计学原理

（第四版）

主　编：杨　洁

副主编：（以编写章节先后为序）

曾湘萍　黄　政　陈　琴　金妍希

吴风奇　吴日中　何　肃　吴　越

厦门大学出版社　国家一级出版社
XIAMEN UNIVERSITY PRESS　全国百佳图书出版单位

图书在版编目(CIP)数据

会计学原理/杨洁主编.—4 版.—厦门:厦门大学出版社,2021.2
应用型本科财经类规划教材
ISBN 978-7-5615-8064-6

Ⅰ.①会…　Ⅱ.①杨…　Ⅲ.①会计学—高等学校—教材　Ⅳ.①F230

中国版本图书馆 CIP 数据核字(2021)第 027908 号

出 版 人	郑文礼
责任编辑	江珏玙
封面设计	李嘉彬
技术编辑	朱 楷

出版发行 厦门大学出版社

社　　址	厦门市软件园二期望海路 39 号
邮政编码	361008
总　　机	0592-2181111　0592-2181406(传真)
营销中心	0592-2184458　0592-2181365
网　　址	http://www.xmupress.com
邮　　箱	xmup@xmupress.com
印　　刷	厦门兴立通印刷设计有限公司

开本	787 mm×1 092 mm　1/16
印张	15.75
字数	369 千字
版次	2021 年 2 月第 4 版
印次	2021 年 2 月第 1 次印刷
定价	39.00 元

厦门大学出版社
微信二维码

厦门大学出版社
微博二维码

前　言

　　《会计学原理》是高等院校会计学专业的专业基础课和非会计专业的公共基础课。本教材编写的目的是使学生通晓会计学的基本原理,掌握会计工作的基本操作技能和会计信息的生成机制,形成初步的会计理念,为社会实践奠定较为扎实的基础。本教材的编写以实用为主、以够用为度,按照应用型人才培养目标与规格要求编写,尽量采用通俗易懂的语言和案例来阐述会计问题,方法上力求深入浅出、循序渐进,以求达到易学易用的效果。

　　本教材编写的主要特色有:

　　(1)以通俗易懂的文字阐述较为完整的会计基本理论与方法。本书各章均设有"教学目标""导入案例""教学内容""本章小结""案例解析"和"习题精选""会计天地""轻松一刻"等模块,便于学生完整地理解和掌握知识,介绍的过程中配有图表,形式较为活跃。并增加对会计考试内容的介绍,方便学生有计划地系统学习会计相关知识。

　　(2)以培养应用型人才为目标,强调知识的渐进性和实用性。由于《会计学原理》是会计专业的入门课程,许多学生初学时不能正确地使用会计科目,而会计科目又是处理经济业务的核心环节,针对这种情况,本教材特别对企业常用会计科目进行简要说明,以加深学生对会计科目的理解,加强学生对会计科目的运用能力。本教材不仅适用于会计专业,而且适用于经济管理类非会计专业。

　　(3)以案例教学为突破口,做到理论教学和实践操作的有机统一。每章都以典型案例导入学习内容,在介绍知识点时也尽量运用案例,在教学中突出会计教学的理论性、实务性和可操作性的特点,将会计基本原理与当前会计实务有机地结合起来,强调会计教学思想、教学模式和教学方法的实用性和灵活性。

　　本教材由杨洁教授担任主编,组织了既有教学经验又有实践技能的教师编写,具体的编写分工如下:第一章由杨洁编写;第二章、第三章由曾湘萍编写;第四章由黄政编写;第五章由陈琴编写;第六章由金妍希编写;第七章由吴风奇编写;第八章由吴日中编写;第九章、第十章由吴越、何肃编写。教材由杨洁负责大纲的拟定和内容的审订并定稿。本教材在编写的过程中参考了许多文献资料,在此对相关作者表示衷心的感谢!

　　由于时间仓促、水平有限,本书难免存在不妥和疏漏之处,敬请专家学者及广大读者批评指正。

《会计学原理》编写组

2020 年 12 月

目 录

第一章

总 论

【教学目标】

    1.了解会计的产生与发展历程

    2.理解会计含义和会计对象

    3.掌握会计的职能和方法

    4.熟悉会计的基本假设与会计一般原则

    5.了解会计的发展前景和会计职业资格考试

【导入案例】

    2020 年 7 月,清华大学招生办公室主任余潇潇做客新华访谈,宣布清华大学 2020 年将停止新闻学、会计学专业的本科招生。此消息给会计业内人员带来了危机感,担心会计行业会被淘汰。另外,据人社部公布《2020 年全国招聘求职 100 个短缺职业排行》,会计专业人员第一、二、三季度排名分别为为第 40 名、第 35 名、第 52 名。会计专业除了大量的岗位稀缺,就业市场广大,财会人的工资薪酬也排在各行业的前列①。那么,什么是会计? 会计的本质和属性是什么? 学了会计能做什么呢?

第一节　会计概述

一、会计的产生和发展

    会计的产生源于社会生产实践的需要。人类要生存,就要进行生产活动,生产活动必然产生一定的费用支出,也会取得一定的劳动成果,因此要将成果与费用进行对比,于是会计便应运而生了。它的发展过程主要有三个阶段,如图 1-1 所示。

(一)古代会计

    这一阶段大致是原始社会中后期至封建社会末期这一历史时期。在原始社会,由于当时的生产活动很简单,生产成果的种类和数量很少,人们只是在生产活动之余,采用"结绳""堆石""刻竹"等简单的方法记录生产活动。这就是原始的会计或会计萌芽。

---

    ① 资料来源:https://www.sohu.com/a/440171796_679548? spm＝smpc.author.fd-d.10.1609145357493zTN4dv6,2020 年 12 月 23 日。

图 1-1 会计的发展历程

随着生产力的发展,生产规模不断扩大和生产社会化,特别是私有制的出现,生产过程便逐步产生了用货币形式进行计量和记录的方法,会计便逐渐从生产职能中分离出来,成为独立的职能。

在我国,远在奴隶社会的西周时期,就设立了专司朝廷钱粮收支的官吏——"司会",进行"月计岁会",把每月零星计算称为"计",把年终总和计算称为"会"。

在封建社会的宋朝初期出现了"四柱清册",包括反映钱粮的"旧管""新收""开除""实在",分别相当于现代会计的"期初结存""本期收入""本期支出"和"期末结存"。

在明朝时期,随着商品经济的发展,开始用货币计量各种收入和支出;在清朝时期又出现了龙门账,将账目划分为进、缴、存、该,年终通过进与缴对比、存与该对比,确定盈亏,称为"合龙门"。

(二)近代会计

一般认为这一阶段始于工业革命兴起时的 14 世纪至 20 世纪 50 年代初。工业革命兴起时,经济活动变得复杂起来,单式记账无法完整反映资金的来龙去脉,1494 年意大利数学家卢卡·伯乔利著《算术、几何、比与比例概要》一书,其中包括著名的"簿记论",比较系统地介绍了"威尼斯簿记法",并结合数学原理从理论上加以概括,被公认为是复式簿记最早形成文字的记载,也是会计发展史上的一个重要里程碑,标志着近代会计的最终形成。

(三)现代会计

这一阶段大致从 20 世纪 50 年代至今。随着社会化大生产和劳动分工、专业化的不断发展,市场竞争更趋激烈,为了提高经济效益,加强对经济活动过程的控制,企业管理当局对会计提出了更高的要求,不仅要求会计事后记账、算账,更重要的是进行事前的预测、决策,以实现对经营过程的全面控制。与此相适应,现代化的管理方法和技术渗透到会计领域,传统的会计分化为以对外提供财务信息为主的财务会计和为管理决策提供信息的管理会计,丰富发展了会计的内容、职能和技术方法,把会计理论和会计方法推进到一个崭新的阶段。

会计发展的历史表明,经济的发展离不开会计,会计理论和方法的进步和提升又会进一步促进经济的发展。会计是人类生产实践的产物,社会生产和经济的发展决定了会计的发展。经济越发展,会计越重要。

二、会计的含义和会计对象

（一）会计的含义

会计是为了适应社会生产活动的客观要求而产生和发展起来的，会计正是在为社会经济发展服务中不断完善，并成为独立学科的。作为一门正在发展的学科，人们对会计的含义有不同的认识。

1.会计工具论

这种观点认为：会计是经济管理的一种工具。它强调会计就是记账、算账和报账，它本身不具有管理的职能，只能为管理服务，从而埋没了会计在经济活动中的地位、职能和作用。在 20 世纪 50 年代，我国理论界认为，"会计核算是对国民经济统一体系的各个环节的活动进行监督和领导的最重要的工具"，这一理论成为 20 世纪 50—70 年代在我国占据支配地位的一种思想及理论。

2.会计信息论

这种观点认为：会计是一个信息系统。会计以货币为主要计量单位，对一个会计主体的经济活动过程的数据进行记录、加工、整理，揭示该会计主体的财务状况与经营成果，其主要作用在于向有关信息使用者提供反映会计主体财务状况、经营成果的有用信息，以便信息使用者制定各种经济决策时使用。支持这种观点的主要代表人物有余绪缨教授和葛家澍教授等，他们认为会计是"旨在提高企业和各单位活动的经济效益，加强经济管理而建立的一个以提供财务信息为主的经济信息系统"。

3.会计管理论

这种观点认为：会计是一种管理活动，是经济管理的重要组成部分。会计管理活动论是由杨纪琬教授和阎达五教授率先提出的。这种观点认为，会计虽然主要以货币为主要计量单位对一个会计主体的经济活动过程进行全面、系统、连续的计量和记录，并进行分析和检查，提供财务信息；但计量、记录、分析、检查，以及提供财务信息并不是会计的最终目的，而是会计所用的手段。会计的目的是通过提供的财务信息达到从一个特定的侧面管好一个企业的生产和经营，以最少的耗费取得最大的经济效益。因此，从会计所能发挥的作用和要求达到的目的看，会计是一种管理活动，是企业经济管理活动的重要组成部分。

20 世纪 80 年代以来，会计信息论和会计管理论逐步成为我国关于会计本质讨论的两大主流派观点。根据以上的分析，我们可以将会计理解为：会计是以货币为主要计量单位，通过一系列专门方法，对各单位的经济活动进行连续、系统、全面、综合的核算和监督，并向有关各方面提供会计信息，以提高经济效益的一项管理活动。

（二）会计的对象

会计的对象是指会计所核算和监督的内容。凡是能够以货币表现的经济活动的特定对象，都是会计核算和监督的内容。以货币表现的经济活动通常又称为价值运动或资金运动。因此，会计对象是社会再生产过程中的资金运动。

任何企业要从事生产经营活动，首先必须拥有一定数量的财产物资，这些财产物资的货币表现，就称之为经营资金，简称资金。随着企业生产经营活动的不断进行，企业的资金也在不断地发生变化，如资金的取得与形成、资金的耗费与收回、资金的分配和积累等，这就是资金的运动。

会计以货币为主要计量尺度,以企业的资金运动为对象,对企业生产经营活动进行核算和监督。因此,企业会计的对象可以概括为:企业再生产过程中的资金运动,具体包括资金的取得与退出、资金的循环与周转、资金的耗费与收回等方面。

制造企业的生产经营过程包括供应过程、生产过程、销售过程三个阶段。其资金运动具体过程如图 1-2 所示。

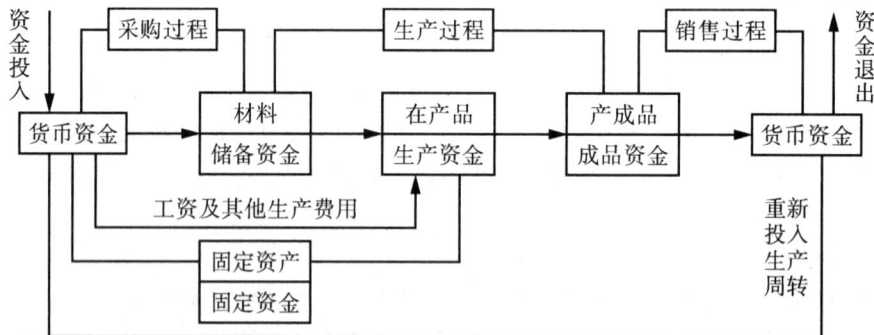

图 1-2　制造企业的资金循环与周转

第二节　会计的职能和方法

一、会计的职能

会计职能是指会计在经济管理中所具有的功能或能够发挥的作用。会计的基本职能是进行会计核算,实行会计监督。马克思曾把会计的基本职能概括为对"过程的控制和观念的总结",这是对会计职能的一种传统的概括方式,一般理解为反映(核算)与监督。因此,通常认为会计核算与会计监督是会计的基本职能。

随着生产的发展、经济关系的复杂化和管理理论的提高,会计传统职能得到不断细分和充实,新的职能不断出现,出现了会计多功能论,会计除了传统的核算、监督职能外,还有分析经济情况、预测经济前景、参与经济决策等各种职能。

(一)会计核算职能

会计核算职能也可以称为反映职能,它是会计的首要职能,是会计发挥其他职能的基础,是指以货币为主要计量单位,对各单位的经济活动进行记录、计算、分类、汇总,提供综合反映各单位经济活动情况的全面、系统、完整的会计信息的过程。比如你自己成立了一家公司,你想知道公司这个月购买了多少原材料,销售了多少产品,在购销过程中发生了多少费用,月底到底赚取了多少利润等相关信息,就必须采用一定的方法,将经营过程中发生的资金运动都记录下来并计算盈亏,最后以一定的形式进行汇总报告。这种记录、计算和报告的过程就是会计核算。会计核算所提供的会计信息,既是企业内部决策者进行决策的重要依据，又是企业外部信息使用者了解企业财务状况与经营成果的有效途径。

（二）会计监督职能

会计监督职能是指会计人员按照相关的法规、政策和制度，使用特定的程序和方法，对单位内部经济活动的全过程进行综合监督和督促，以确保会计信息的相关性和可靠性，促使经济活动按规定的要求运行，使之达到预期目标的功能。会计监督包括事前、事中和事后的全过程的监督。对已经发生或已经完成的经济业务进行合规性、合法性检查是会计监督的基本内容，也是会计的事后监督。此外，会计监督还体现在经济业务发生过程之中，以及尚未发生之前，即会计的事中监督和事前监督。例如，对会计的原始凭证、记账凭证进行审核就是事后监督；在预算执行过程中进行分析和控制就是事中监督；对预算、计划的审定就是事前监督。

会计核算与会计监督是相互作用、相辅相成的。会计核算是会计监督的基础，没有会计核算，会计监督就无从谈起；而会计监督是会计核算质量的保证。两者必须结合起来发挥作用，才能提供真实、完整的会计信息。

（三）会计的其他职能

随着社会经济的发展和经济管理的现代化，会计的职能也会随之发生变化，一些新的职能不断出现。一般认为，除了会计核算和会计监督两个基本职能之外，还有分析经济情况、预测经济前景、参与经济决策等各种职能。比如企业要进行一项经营决策，到底是干有利，还是不干有利；是这样干有利，还是那样干有利。现代企业从项目选择、地址选择开始到采用什么生产技术、配备什么设备、选用什么材料等都要进行一系列的决策，而这些决策需要会计对相关数据进行分析，然后通过会计预测，从投资效益的价值角度比较各种方案的利弊，才能使企业经营决策者选择最优方案。因此，会计在经营管理中扮演了十分重要的角色。

二、会计的方法

会计的方法是会计职能的具体化，是指用来核算和监督会计对象、完成会计任务的手段。

会计的方法包括会计核算的方法、会计分析的方法和会计检查的方法。其中会计核算方法是基础，会计分析方法是会计核算方法的继续与发展，会计检查方法是会计核算方法和会计分析方法的有力保证。本课程主要介绍会计核算方法。

会计核算方法是指将经济信息加工成会计信息的方法，即进行会计确认、计量、记录、计算、分类汇总和对外报告，以提供全面、连续、系统、综合的会计信息的专门方法。会计核算方法主要包括设置账户、复式记账、填制和审核凭证、设置和登记账簿、成本计算、财产清查和编制会计报表等（见图1-3）。下面对会计核算的方法分述如下。

（一）设置会计科目和账户

设置会计科目和账户就是根据经济业务的性质进行分类，并在相应的账簿中开设相应的账户。由于会计对象的具体内容复杂繁多，所以必须设置账户对其分类记录，账户可以反映会计对象各个具体内容的增减变化情况及其结果，利用账户分类地反映各项经济业务，有利于提供管理需要的会计信息。

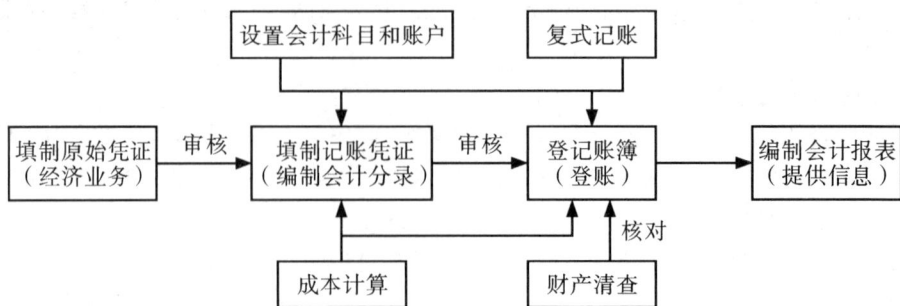

图 1-3　会计核算方法体系

（二）复式记账

复式记账是为了科学、全面地反映每一项经济业务的来龙去脉而采用的一种会计专门方法。复式记账法是相对于单式记账法而言的，它要求对任何一项经济业务都要以相等的金额在两个或两个以上的账户中相互联系地进行登记，从而可以完整地反映经济业务的全貌，了解经济业务的来龙去脉，并可通过账户的平衡关系，检查账簿记录的正确与否。

（三）填制和审核凭证

填制和审核凭证是为了保证会计记录的真实、可靠，检查经济业务是否合理合法而采用的一种会计专门方法。它既是会计核算的一种方法，也是会计检查的一种方法。会计离不开记账，记账必须有根据，会计凭证就是证明经济业务已经完成，并可明确经济责任的书面证明，是记账的依据。对于发生的任何一笔经济业务，都必须先填制凭证，填制的会计凭证都需经过会计部门和有关部门审核，以检查经济业务的合理性和合法性。只有经过审核无误的会计凭证才能作为记账的依据。填制和审核凭证是保证会计核算质量的重要手段，也是实行会计监督的重要方面。

（四）设置和登记账簿

账簿是反映经济业务的载体。登记账簿就是为了连续、完整、科学地记录和反映经济业务而采用的一种会计专门方法。登记账簿要以会计凭证为依据，利用账户和复式记账的方法，将发生的经济业务分门别类而又相互联系地在账簿中加以全面反映，以便提供完整而又系统的会计信息。账簿记录是编制会计报表的主要依据。

（五）成本计算

成本计算是为了加强对企业生产经营过程中各项费用、成本的分析与控制，正确地计量资产和计算盈亏而采用的一种会计专门方法。成本计算是对企业生产经营过程中发生的各种费用，按照一定的成本计算对象，采用一定的计算方法进行分配归集，以确定各成本计算对象的总成本和单位成本。通过成本计算可以对企业资产进行正确计价，并确定盈亏；同时也可以考核企业成本水平的变化情况，分析成本升降原因，以便寻求降低成本、提高经济效益的途径。

（六）财产清查

财产清查是为了保证账簿记录和会计报表信息的客观性而采用的一种会计专门方法。由于种种原因，财产物资的账面记录往往与实际结存情况不尽一致，这就需要定期或不定期地盘点实物、核对账目,进行财产清查。在财产清查中如发现实物与账面记录不符,应进一步查明原因,并及时调整账面记录,以保持账实相符。同时,通过财产清查可以明确经济责任,挖掘财产物资的潜力,加强对财产物资的管理,加速资金周转,以保证会计报表提供会计信息的真实性。

（七）编制会计报表

编制会计报表是为了总括地反映一个特定单位的财务状况和经营成果,提供财务信息而采用的一种会计专门方法。会计报表是以账簿记录为依据,经加工整理而产生的一套完整指标体系。编制会计报表是对日常会计核算的总结,是在账簿记录基础上对会计核算资料的进一步加工整理,也是进行会计分析、会计检查、会计预测和会计决策的重要依据。

会计核算的各种方法相互联系、密切配合,构成了一个完整的会计核算方法体系,缺一不可。这种相互联系表现为:为了对会计对象进行反映和监督,在会计工作开始之前,必须把作为会计对象的会计要素进行科学的、具体的分类,设置会计科目,并依据会计科目设置账户;同时,应当选择在账户上相互联系的、反映经济活动来龙去脉的复式记账方法。在会计工作开始后,首先应填制或取得原始凭证,并运用会计科目和账户以及复式记账方法填制记账凭证;然后根据记账凭证或记账凭证汇总表等登记账簿,并在有关成本计算类账户上进行成本计算;在每个会计期末,应对财产物资及资金进行清查盘点,以保证账实相符和会计信息的准确性,在账实相符、账账相符的基础上编制会计报表,向有关方面提供会计信息。以上方法的具体内容将在本书以后章节中详细介绍。

三、会计信息使用者

在市场经济条件下,企业处于错综复杂的经济关系之中,决策时什么最有用?——是足够多的信息。决策者需要信息,决策越重要,对于真实信息的需求也就越大。实际上所有的企业和大多数个人在决策过程中都需要会计信息的帮助。因此,如果将来不从事会计职业,以后可能会要用到会计信息,成为会计信息使用者。根据会计信息进行有关经济决策的组织或个人,就是会计信息使用者。

按照信息使用者与企业的关系,可分为企业内部使用者和企业外部使用者,内部使用者是指企业内部的经营管理人员,外部使用者包括投资者、债权人、政府、中介机构、供应商、社会公众等。不同的信息使用者,需求信息的种类和内容不同,下面仅从投资者、债权人、政府及其有关部门、社会公众、供应商、企业内部经营管理者的角度来谈对会计信息的需求。

（一）投资者

企业的投资者包括现在的投资者和潜在的投资者。投资者一旦将资本投入企业,他就与企业经营成败与否有着最直接的利益关系。企业经营成功,投资者就会分得利润;企业经营亏损,投资者就收不到利润;企业经营失败,最终破产、倒闭,投资者投入的资本就难以收回。在所有权和经营权相分离的情况下,投资者不直接参与企业的经营管理,企业的投资者为了保护自身的利益,需要通过会计和其他信息了解企业情况,以便作出相应决策。投资者需要了解全面的财务信息,包括投入的资本是否安全、完整,能否保值;企业盈利能力如何,资产增值多少;企业现在的资金运转情况怎样,能否及时、稳定地分配利润;根据这些会计信息,投资者决定是否追加投资、转让或收回投资。对于潜在的投资者,则根据上述信息作出是否对企业投资的决策。

（二）债权人

企业的债权人包括为企业提供信贷资本和其他资金的金融机构、债券购买者等。债权人将资本借给企业,与企业之间就存在着直接的经济利益关系。债权人出于自身债权安全的考虑,主要关注以下会计信息:企业是否有充裕的财力,能否及时偿还债务;企业有无支付利息的能力;如果企业的货币资金不足以支付到期债务,企业其他资产的变现能力如何;影响企业资产变现的因素有哪些以及这些因素的作用方式和作用程度等。根据这些会计信息,债权人对企业的偿债能力和债权投资风险作出判断,决定是否向企业提供更多的贷款或是否收回贷款。

（三）政府及其有关部门

政府及其有关部门需要会计信息来监管企业的经济活动、制定税收政策、进行税收征管和国民经济统计等。在社会主义市场经济条件下,政府仍需要通过一定的宏观调控和管理措施对国民经济运行情况进行调节,需要通过对企业会计归集整理的会计信息进行汇总分析,了解和掌握国民经济整体运行情况,以对国民经济运行状况作出准确判断,以制定实施正确合理有效的调控和管理措施,避免对国民经济实施不当的调控,促进国民经济健康协调有序发展。如税收是国家财政收入的主要来源,国家在制定税法、进行税收征管时,一般都要以会计信息为依据,在会计信息的基础上进行必要的调整。

（四）社会公众

社会公众对特定企业的关心也是多方面的。一般而言,他们关心企业的就业环境、产品的数量和质量、现在和将来的价格保证,以及有关企业发展前景及其能力、经营效益、效率等方面的信息。这些信息往往可以通过分析企业会计报表、了解企业获利能力而获得。社会公众可以利用企业会计信息进行理财活动,评价企业经营效益,预测企业发展前景,进行相关决策。

（五）供应商

除极少数企业外,绝大多数企业所从事的生产或经营活动都只是"社会再生产总链条"上的一环。一般而言,它的前一环是原材料供应商,后一环是成品销售商。对原材料供应商来说,如果他所供应材料的常年客户因经营不善突然停产,或因其他原因而短期内不再采购他所生产的材料,且这个客户所采购材料的比重相对较大,那么,这种突然中止采购的行为极有可能导致其生产活动的瘫痪,进而有可能将其推向破产的境地。同时,企业往往有很多的原材料、产成品或可供销售的商品采取赊销方式,如果客户商业信用不强,都会给企业带来风险和损失。因此,供应商需要通过会计信息了解客户的有关经营稳定性、商业信用状况以及支付能力,以评价经营风险,进行商业决策。

（六）企业内部经营管理者

企业内部经营管理的好坏,直接影响到企业的经济效益,影响到企业在市场上的竞争力,甚至可以说关系到企业的前途和命运。会计首先是企业内部的重要信息系统,会计提供准确可靠的信息,有助于决策者进行合理的决策,有助于强化内部管理。如企业融资战略、技术创新、市场营销等在内的发展战略的研究和制定,企业加强财务、成本、资金、人才、质量等各方面的管理工作,信用风险的防范和化解等,都要以会计信息为依据。可以说,企业的每一项决策都离不开会计信息。

第三节 会计基本假设与会计一般原则

一、会计的基本假设

会计基本假设,又称会计核算的基本前提,是对会计核算所处的时间、空间环境及计量尺度等作的合理设定,是进行会计确认、计量和报告时必须明确的前提条件。国内外会计界多数人公认的会计核算的基本前提有以下四个:会计主体、持续经营、会计分期和货币计量。

(一)会计主体

会计主体,是指会计核算所服务的特定单位。一般来讲,符合以下条件的就可确定为会计主体:(1)拥有一定数量的经济资源;(2)独立进行生产经营活动或其他活动;(3)实行独立决算,并编制独立的会计报表。

会计主体可以是企业、行政事业单位、社会团体,也可以是其内部的某个单位(如总公司下的分公司);可以是单一的企业,也可以是几个企业组成的企业集团。值得注意的是,会计主体与经济上的法人并不完全是一个概念。法人是指具有民事权利能力和民事行为能力,依法独立享有民事权利和承担民事义务的组织,法人又称为法律主体。作为一个法律主体,其经济上必然是独立的,因此法律主体一般来说是会计主体,但是会计主体并不一定是法律主体。

会计主体假设的提出,为会计工作明确了空间范围和界限,解决了会计为谁核算的问题。会计主体假设是站在会计主体的立场上进行的,而不是为所有者、经营者或其他利益关系人进行的。

【例1-1】贺先生于2008年创建了中驰公司,假设贺先生为该公司唯一的所有者,2020年12月公司赚取利润后贺先生从公司提取现金6万元。这项经济业务该如何进行反映呢?

在做账务处理时,首先要弄清楚会计主体,虽然贺先生手中增加了6万元的现金,但是,站在中驰公司这个会计主体的立场上,公司的货币资金减少6万元,所以会计主体中驰公司应记录减少货币资金6万元。

一切会计核算工作都是站在特定会计主体立场上进行的,会计核算的对象只限于会计主体自身的财务活动,不包括所有者、经营者本人及其他经济实体的财务活动。只有明确会计主体范围,才能客观地确认资产和负债、衡量收入和费用,才能正确反映一个经济实体的财务状况和经营成果。

(二)持续经营

持续经营是指会计主体在可以预见的将来,企业将根据正常的经营方针和既定的目标持续经营下去,不会停业,也不会大规模削减业务。即在可预见的未来,该会计主体不会破产清算,所持有的资产将正常营运,所负有的债务将正常偿还。

持续经营假设的提出,为会计工作明确了时间范围,对于会计是非常重要的。只有在这一前提条件下,企业拥有的各项资产才能按原定的用途使用,承担的债务也将按现时承诺的条件清偿,才能正确计算企业的经营成果。

【例1-2】中驰公司购入一套生产设备,价值100万元,预计使用年限为10年,由于持续经营假设的存在,公司可以假定该设备会在持续经营的生产经营过程中长期发挥作用,不断地为公司生产产品,直到设备报废。为此公司应该对该设备根据购买时取得的实际成本记账,并采用折旧的方法,将设备的磨损价值逐步分摊到预计使用年限期间所生产的相关产品成本中去,因此公司每年应将设备磨损价值10万元分期计入当年成本。

当然,持续经营只是一个假定,任何企业在经营中都存在破产、清算等不能持续经营的风险。一旦进入破产清算,就应当改变会计核算方法。

(三)会计分期

会计分期是指将会计主体持续不断的生产经营活动划分为若干连续的、相等的期间,以便分期结算盈亏和编制财务会计报告。这一前提是从持续经营前提引申出来的,也可以说是持续经营前提的客观要求。

会计期间划分的长短会影响损益的确定,一般地说,会计期间划分得越短,反映经济活动的会计信息质量就越不可靠。当然,会计期间的划分也不能太长,太长了会影响会计信息使用者及时使用会计信息的需要满足程度。因此,必须合理地划分会计期间。通常,会计期间的划分,是确定会计年度。

我国企业会计准则规定,我国会计期间与公历日期一致,即自每年1月1日起至该年12月31日止为一个会计年度。会计年度确定后,一般按日历确定会计半年度、会计季度和会计月份这三种常用的会计中期。因此企业应按年、半年、季和月份结算账目,编制会计报表。有了会计期间这个前提,才产生了本期与非本期的区别,才产生了权责发生制和收付实现制的记账基础,才能正确贯彻配比原则。

(四)货币计量

货币计量是指会计主体在进行会计确认、计量、记录和报告时采用货币作为主要计量单位,反映会计主体的财务活动情况。由于货币是衡量一般商品价值的共同尺度,其他的计量单位,如实物计量和时间计量,只能从一个侧面反映企业的生产经营情况,无法在量上进行汇总和比较也不便于会计计量和经营管理。因此,为了全面反映企业的生产经营活动和有关交易事项,会计上选择货币作为主要计量单位。当然,以货币作为计量尺度也有不足之处,许多影响企业财务状况和经营成果的因素,并不是都能用货币计量的,为了弥补货币量度的局限性,企业可采用一些非货币指标作为补充。

记账本位币是记账使用的货币种类,在我国,人民币是国家法定货币,所以,在《企业会计制度》中规定,我国的会计核算以人民币为记账本位币。业务收支以人民币以外的货币为主的企业,可以选定其中一种货币作为记账本位币,但是编报的财务会计报告应当折算为人民币。在境外设立的中国企业向国内报送的财务会计报告,应当折算为人民币。

二、会计一般原则

会计核算的一般原则,是指进行会计核算必须遵循的基本规则和衡量会计工作成败的标准,具体包括两个方面,即衡量会计信息质量的一般原则,确认和计量的一般原则。

(一)衡量会计信息质量的一般原则

1.可靠性

可靠性原则要求企业应当以实际发生的交易或者事项为依据进行确认、记录和报告,如实反映符合确认和计量要求的各项会计要素及其他相关信息,保证会计信息真实可靠、内容完整。

【例1-3】某公司在2020年年末发现公司销售萎缩,无法实现年初预定的销售目标,但考虑到在2021年春节前后,公司的销售可能会出现较大幅度的增长,公司为此提前预计商品销售,在2020年年末填制了一些产品出库凭证,并确认销售收入实现。公司以虚构的交易事项确定收入,这种处理不是以实际发生的交易事项为依据的,违背了会计信息质量要求的可靠性原则。

2.相关性

相关性原则指企业提供的会计信息应当与财务会计报告使用者的经济决策需要相关,有助于财务会计报告使用者对企业过去、现在或者未来的情况作出评价或者预测。

相关性原则要求企业提供的会计信息能够反映企业的财务状况、经营成果和现金流量,以满足会计信息使用者的需要。信息的价值在于其与决策相关,有助于决策。在会计核算工作中坚持这一原则,就要求在收集、加工、处理和提供会计信息的过程中,充分考虑会计信息使用者的需求。

3.可理解性原则

可理解性原则指企业提供的会计信息应当清晰明了,便于财务会计报告使用者理解和使用。企业提供会计信息的目的在于使用,而要让使用者有效地使用会计信息,应当能让其了解会计信息的内涵,弄懂会计信息的内容,这就要求会计信息应当清晰明了、易于理解。只有这样,才能满足向会计信息使用者提供决策有用信息的要求。

4.可比性

可比性原则是指会计核算应当按照规定的会计处理方法进行,会计指标应当口径一致,提供的会计信息应当具有可比性。主要包括两层含义:

(1)同一企业在不同时期的纵向可比

同一企业在不同时期发生的相同或者相似的交易或者事项,应当采用一致的会计政策,不得随意变更。确需变更的,应当在附注中说明。

(2)不同企业在同一时期的横向可比

不同企业在同一时间的比较,强调的是各企业口径一致,相互可比。只有遵循可比性原则,一个企业才可以同本行业的不同企业进行比较,了解自己在本行业中的地位,存在哪些优势和不足,从而制定出正确的发展战略。

【例1-4】现有甲、乙两人同时投资一个相同的商店。假设一个月以来,甲取得了20 000元的收入,乙取得了17 500元的收入,都购进了10 000元的货物,都发生了5 000

元的广告费。假设均没有其他收支。月末计算收益时,甲将5 000元广告费全部作为本月费用,本月收益为5 000元(20 000-10 000-5 000);而乙认为5 000元广告费在下月还将继续起作用,因而将它分两个月分摊,本月承担一半即2 500元。因而乙本月收益也为5 000元(17 500-10 000-2 500)。

从经营过程看,甲显然比乙要好,在其他因素相同的情况下,甲比乙取得了更多的收入,但从收益计算的结果看,甲与乙是一样的。可见,收益结果未能客观地反映经营过程,原因就在于对广告费采用了不同的处理方法。正是由于收益计算的基础或依据不一样,使得甲、乙二者的收益结果不具有可比性,也就是说,我们不能因为他们各自计算出的收益一样就断定两者的经营效益相同。可以想象,如果每一个企业都利用各自不同的会计处理方法,那么就无法用他们提供的信息来判断哪家企业的生产经营活动与效益更好。这就是会计核算中要使不同企业采用相同的核算方法以便使提供的会计信息具有可比性的原因。

可比性原则要求不同企业都要按照国家统一规定的会计核算方法与程序进行,以便会计信息使用者进行企业间的比较。

仍以上述案例,如果规定广告费必须全部计入当月费用,则甲的收益仍为5 000元,而乙的收益则为2 500元(17 500-10 000-5 000)。此时,由于他们是采用相同的处理方法,因而结果具有可比性,即我们可以据此结果得出结论:本月甲的经营效益要比乙好。

5.实际重于形式

实际重于形式原则要求企业应当按照交易或事项的经济实质进行会计核算,而不应当仅仅按照它们的法律形式作为会计核算的依据。例如,以融资租赁方式租入的资产。虽然从法律形式来看,承租企业并不拥有其所有权,但由于租赁合同中规定的租赁期相当长,接近于该资产的使用寿命;租赁期结束时承租企业有优先购买该资产的选择权;在租赁期内承租企业有权支配资产并从中受益。从其经济实质来看,企业能够控制其创造的未来经济利益,所以,会计核算上将以融资租赁方式租入的资产视为承租企业的资产。如果企业的会计核算仅仅按照交易或事项的法律形式或人为形式进行,而其法律形式或人为形式又未能反映其经济实质和经济现实,那么,会计核算的结果不仅不会有利于会计信息使用者决策,反而会误导会计信息使用者决策。

6.重要性原则

重要性原则是指在选择会计方法和程序时,要考虑经济业务本身的性质和规模,根据特定经济业务对经济决策影响的大小,来选择合适的会计方法和程序。企业提供的会计信息应当反映与企业财务状况、经营成果和现金流量等有关的所有重要交易或者事项。

它要求企业在会计核算过程中对交易或事项应当区别其重要程度,采用不同的核算方式。对资产、负债、损益等有较大影响,并进而影响财务会计报告使用者据以作出合理判断的重要会计事项,必须按照规定的会计方法和程序进行处理,并在财务会计报告中予以充分、准确地披露;对于次要的会计事项,在不影响会计信息真实性和不至于误导财务会计报告使用者作出正确判断的前提下,可适当简化处理。在评价某些项目的重要性时,一般来说,应从质和量两个方面来分析。从质上来说,当某一事项有可能对决策产生一定影响时,就属于重要项目;从量上来说,当某一项目的数量达到一定规模时,就可能对决策产生影响。

7.谨慎性原则

谨慎性原则是指在有不确定因素的情况下作出判断时,保持必要的谨慎,不高估资产或收益,也不低估负债或费用。对于可能发生的损失和费用,应当加以合理估计,如图1-4所示。实施谨慎性原则能对企业经营存在的风险加以合理估计,在风险实际发生之前将其化解,并对防范风险起到预警作用,有利于企业作出正确的经营决策,有利于保护所有者和债权人的利益,有利于提高企业在市场上的竞争力。

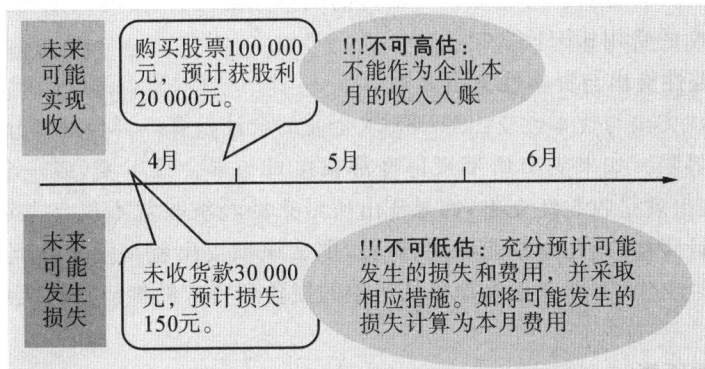

图1-4 谨慎性原则

8.及时性

及时性原则是指会计核算应当及时进行,保证会计信息与所反映的对象在时间上保持一致,以免使会计信息失去时效。凡本会计期内发生的经济事项,应当在该期内及时登记入账,不得拖至后期,并要做到按时结账,按期编报会计报表,以利决策者使用。特别是当今信息社会,会计资料若不及时记录,会计信息不及时加工、生成和报送,就会失去时效,变成一堆没用的信息,对进行决策也就不会有任何帮助。

(二)确认和计量的一般原则

会计要素确认和计量的一般原则是指会计信息的确认与计量方面所应遵循的原则,主要包括:权责发生制原则、配比原则、划分收益性支出与资本性支出原则、历史成本计价原则等。

1.权责发生制原则

权责发生制原则是指会计核算应当以权责发生制作为会计确认的时间基础。即收入或费用是否计入某会计期间,不是以是否在该期间内收到或付出款项为标志,而是依据"收入是否归属该期间的成果、费用是否由该期间负担"来确定。凡是当期已经实现的收入和已经发生或应当负担的费用,不论款项是否收付,都应当作为当期的收入和费用;凡是不属于当期的收入和费用,即使款项已在当期收付,也不应当作为当期的收入和费用。与权责发生制相对应的是收付实现制,收付实现制是指以实际收到或付出款项作为确认收入或费用的依据。

【例1-5】中驰公司2020年7月收到某单位支付的自本月起半年的房屋租金12 000

元。按照权责发生制原则,中驰公司应分别在 7 月至 12 月这六个月内,每月记增加收入 2 000 元。在收付实现制下,中驰公司收到款项计入收入,即在 7 月当前直接增加收入 12 000元。

2.配比原则

配比原则要求企业在进行会计核算时,收入与其相关的成本费用应当配比。当确定 某一会计期间已经实现收入之后,就必须确定与该收入有关的已经发生了的费用,这样才 能完整地反映特定时期的经营成果,从而有助于正确评价企业的经营业绩。配比原则包 括两层含义:一是因果配比,即将收入与对应的成本相配比;二是时间配比,即将一定时期 的收入与同时期的费用相配比。

3.划分收益性支出与资本性支出原则

划分收益性支出与资本性支出原则要求企业的会计核算应当合理划分收益性支出与 资本性支出的界限。如果支出所带来得经济收益只与本会计年度(或一个营业周期)有 关,那么该项支出就是收益性支出;如果支出所带来的经济收益不仅与本年度有关,而且 同时与几个会计年度(或几个营业周期)有关,那么该项支出就是资本性支出。区分收益 性支出与资本性支出,有助于正确地确认当期的损益和资产的价值,保持会计信息的客观 性。

4.历史成本原则

历史成本,又称为实际成本,就是取得或制造某项财产物资时所实际支付的现金或其 他等价物。历史成本原则要求企业的各项财产物资应当按取得时的实际成本计价。除法 律、行政法规和国家统一的会计制度另有规定外,企业一律不得自行调整其账面价值。其 后,各项财产如果发生减值,应当按照规定计提相应的减值准备。按照此原则,企业的资 产应以取得时所花费的实际成本作为入账和计价的基础,而且此成本也是其以后分摊转 为费用的基础。

会计要素的计量属性主要包括历史成本、重置成本、可变现净值、现值和公允价值等。 我国企业会计准则规定,企业在对会计要素进行计量时,一般应当采用历史成本;若采用 重置成本、可变现净值、现值、公允价值计量的,应当保证所确定的会计要素金额能够取得 并可靠计量。

本章小结

本章主要介绍了会计的产生与发展、会计的含义、会计的对象、会计的职能以及会计 核算的方法、会计基本假设和会计一般原则等内容。

会计是适应社会生产的发展和经济管理的需要而产生和发展起来的,从会计的产生到 会计形成一个较为完整的体系,经历了漫长的过程。经济越发展,会计就越显得重要。它是 以货币为主要计量单位,通过一系列专门方法,对各单位的经济活动进行连续、系统、全面、 综合的核算和监督,并向有关各方面提供会计信息,以提高经济效益的一项管理活动。

会计的对象是指会计所核算和监督的内容。凡是能够以货币表现的经济活动的特定 对象,都是会计核算和监督的内容,也就是会计的对象。会计职能是指会计在经济管理中所具有的功能或能够发挥的作用,是会计的固有功能。核算与监督构成了会计的基本职能,随着会计的发展,参与经营决策也成为会计的一项重要职能。

会计方法是指用来核算和监督会计内容,实现会计目标的手段。会计方法包括会计核算方法、会计分析方法、会计预测方法、会计决策方法和会计检查方法等。其中会计核算是会计的最基本环节,会计分析、会计预测、会计决策都是在会计核算基础上,利用会计核算提供的资料进行的,它们是会计核算方法的继续和发展。会计核算方法主要包括设置账户、复式记账、填制和审核凭证、设置和登记账簿、成本计算、财产清查和编制会计报表等。

会计基本假设,又称会计核算的基本前提,是对会计核算所处的时间、空间环境及计量尺度等做的合理设定,是进行会计确认、计量和报告时必须明确的前提条件。国内外会计界多数人公认的会计核算的基本前提有以下四个:会计主体、持续经营、会计分期和货币计量。会计核算的一般原则,是指进行会计核算必须遵循的基本规则和衡量会计工作成败的标准,具体包括两个方面,即衡量会计信息质量的一般原则、确认和计量的一般原则。

案例解析

本章"导入案例"中,会计是什么,学了会计能做什么?

★关于"会计是什么"的对话:

甲、乙、丙、丁是四个好伙伴,有一次在一起聚会,一通天南海北之后,聊起了什么是会计这一话题,四人各执一词,谁也说服不了谁:

甲:什么是会计?这还不简单,会计就是指一个人,比如,我们公司的黄会计,是我们公司的会计人员,这里会计不是人是什么?

乙:不对,会计不是指人,会计是指一项工作,比如我们常常这样问一个人,你在公司做什么?他说,我在公司当会计,这里会计当然是指会计工作了。

丙:会计不是指一项工作,也不是指一个人,而是指一个部门,一个机构,即会计机构,你们看,每个公司都有一个会计部,或者会计处什么的,这里会计就是指会计部门,显然是一个机构。

丁：你们都错了，会计既不是一个人，也不是一项工作，更不是指一个机构，而是指一门学科，我弟弟就是在厦门大学学会计的，他当然是去学一门学科或科学。

••••••••

在日常生活中，会计确实有多种不同的含义。甲、乙、丙、丁四个人的看法都说明了会计含义的一部分，但又都不全面。我们说会计主要还是指会计工作和会计学。

会计是一项经济管理工作，一项为生产经营活动服务的社会实践，这就是说，会计主要是指会计工作。同时，既然有会计工作的实践，就势必有实践经验的总结和概括，就有会计的理论，就有会计工作赖以进行的指导思想。会计是解释和指导会计实践的知识体系，是一门学科。也就是说，会计是指会计学。可见，会计既指会计学，也指会计工作。也就是说，会计既包括会计理论，也包括会计实践。

★**学了会计能做什么呢？**

会计职业在西方由来已久。在西方人眼中，医师、律师和会计是主流的三大自由职业。提起医生，人们往往会想亮锃锃的手术刀；提起律师，人们往往会想到法官大人的"惊堂锤"；而提起会计师，人们脑海中浮现的只有成堆花花绿绿的钞票。不错，会计就是与"钱"打交道。我们只要在这个世界上生存一天，就要花钱来满足我们各方面的需求。有强劲需求的东西，必是前途光明充满希望的。我们离不开经济，也离不开经济管理手段——会计。整个中国经济的发展，迫切需要一批具有国际水准和现代经营理念的会计人员脱颖而出，可以预见，21世纪中国的会计业是一个朝气蓬勃、欣欣向荣的行业。学了会计学以后，若从事会计行业，可以发展的方向有：企业会计、政府会计、服务会计、教育会计等；若不从事会计行业，可能成为会计信息使用者：投资者、债权人、政府及其有关部门、社会公众、供应商、企业内部经营管理者等。

习题精选

一、复习思考题

1.会计的基本职能是什么？

2.会计核算方法所包括的内容有哪些？

3.会计信息使用者有哪些？

二、实务练习题

(一)单项选择题

1.现代会计的"期初结存、本期收入、本期支出、期末结存"相当于古代会计的(　　)。

A.月计岁会　　　　B.四柱清册　　　　C.龙门账　　　　D.合龙门

2.会计所使用的主要计量尺度是(　　)。

A.实物量度　　　　　　　　B.劳动量度

C.货币量度　　　　　　　　D.实物量度和货币量度

3.会计主体假设规定了会计核算的(　　)。

A.时间范围　　　　　　　　B.空间范围

C.期间费用范围　　　　　　D.成本开支范围

4.会计核算上将融资租入的资产视为承租企业的资产进行核算,体现了(　　)要求。

A.权责发生制　　　B.配比原则　　　　C.实质重于形式　　D.可靠性

5.下列支出属于资本性支出的有(　　)。

A.固定资产日常修理费　　　　　B.建造房屋的各项支出

C.生产工人工资　　　　　　　　D.购桌椅

(二)多项选择题

1.会计信息使用者有(　　)。

A.投资者　　　　　　B.债权人　　　　　C.政府　　　　　　D.供应商

2.下列项目中属于会计核算方法的有(　　)。

A.复式记账　　　　　　　　　　B.财产清查

C.编制会计报表　　　　　　　　D.填制和审核会计凭证

3.我国会计界对会计定义有不同的理解,主要观点有(　　)。

A.会计工具论　　　B.会计信息论　　　C.会计管理论　　　D.会计操作论

4.会计核算职能的基本特点是(　　)。

A.所核算的经济活动能够用货币计量

B.遵循客观性原则,以凭证为主要依据

C.具有完整性、连续性和系统性的特点

D.是一种事后核算

5.下列经济活动中,属于资金筹集活动的是(　　)。

A.企业所有者认购企业股票　　　B.企业以银行存款购买原材料

C.企业出售产品收到现金　　　　D.企业获得银行贷款

6.下列经济活动中,属于资金退出运动的是(　　)。

A.缴纳税费　　　B.归还银行贷款　　C.分配利润　　　　D.发放工资

7.会计信息质量要求有(　　)。

A.可靠性　　　　　B.相关性　　　　　C.可理解性　　　　D.谨慎性

8.根据权责发生制原则,应计入本期的收入和费用的有(　　)。

A.本期实现的收入,并已收款　　　B.本期实现的收入,尚未收款

C.属于本期的费用,尚未支付　　　D.属于以后各期的费用,但已支付

9.明晰性原则是指(　　)应当清晰明了,便于理解和利用。

A.会计记录　　　　B.会计档案　　　　C.会计制度　　　　D.会计报表

10.有关确认计量要求的原则是(　　)。

A.配比原则

B.权责发生制

C.划分收益性支出与资本性支出的原则

D.历史成本原则

(三)判断题

1.货币量度是唯一的会计计量单位。(　　　)

2.会计的对象就是指会计所反映和监督的内容。(　　　)

3.我国所有企业的会计核算都必须以人民币作为记账本位币。（　　）

4.我国会计年度自公历1月1日起至12月31日止。（　　）

5.会计是旨在提供经济信息和提高经济效益的一种管理活动,是经济管理的一个重要组成部分。（　　）

6.会计核算应当区分自身的经济活动与其他单位的经济活动。（　　）

7.会计的方法就是指会计核算的方法。（　　）

8.权责发生制是以权益、责任是否发生为标准来确定本期收益和费用。（　　）

9.历史成本原则是指在会计核算中,对取得的各种财产和物资、形成的各种权益和债务,都应以实际发生的成本作为计价基础。（　　）

10.会计主体核算的生产经营活动也包括其他企业或投资者个人的其他生产经营活动。（　　）

会计天地

最伟大的会计——孔子

孔会计名丘,字仲尼,孔夫子是后人对他的爱称。这位大名鼎鼎的学问家,不仅是伟大的思想家、教育家,还是伟大的会计。

孔夫子年轻时在鲁国执政的大贵族是季氏,20岁左右的孔夫子在季氏的手下当上了一名主管仓库会计的小官吏——委吏,相当于现在的财务科长,每个月拿到的钱粮很有限,刚刚够养家糊口。

孔夫子拿着一把刀记账。他终日守候在库房里,数着银钱,盘点束脩,划着记号,监督仓库的财物出入。

孔子提出了中国最早的会计原则:"会计当而已矣。"

"做会计的关键是什么呢?"孔先生说:"会计,当而已矣。"这句话看似简单,却内涵深刻、高度凝练。意思是会计要平衡、真实、准确,会计工作的要害系于"当"字,取要得当,用要得当,算要得当,一个"当"字,使会计的公允性和一致性两性合一。

※轻松一刻※

一个会计师来到猎头公司,他被告知:面试人员对他的印象是:"一个非常平凡、其貌不扬且无趣的年轻人,一个缺乏想象力、胆小、没有骨气和追求、没有幽默感和单调乏味的伙伴……"但面试人员最后录用了他,面试人员的理由是:"在大多数职业中,上述关于会计师的印象可能被视为缺点,但在会计领域这却是肯定的……"

第二章

会计要素及会计等式

【教学目标】

1.掌握会计要素的概念和分类

2.理解会计要素与会计对象的关系

3.掌握会计要素的具体内容

4.掌握最基本的会计等式

5.理解经济业务对会计等式的影响和结论

【导入案例】

贺敏与杨宏共同出资创办了扬帆电脑公司。最初创业时,贺敏出资100 000元,杨宏出资150 000元,并向银行贷款100 000元,所有的资金存入银行,公司正式开业。开业后的第一个月,扬帆公司瞅准市场行情,从红日公司购入器材一批,价款150 000元,其中100 000元以银行存款支付,暂欠货款50 000元。由于行情较好,扬帆公司很快将电脑售出,售价180 000元,经营中发生各项费用支出10 000元,以银行存款支付。请问:

(1)扬帆公司开业时有多少资产?其来源渠道是什么?

(2)购入材料后扬帆公司的资产变成了多少?增加的资产来源渠道是什么?

(3)扬帆公司在本月经营过程中的收入、费用和利润各是多少?

第一节 会计要素

一、会计要素的定义

会计要素是根据交易或事项的经济特征对会计对象进行的基本分类,是会计对象的具体化。我国财政部2006年2月份颁布的《企业会计准则——基本准则》中,将会计对象划分为六大要素,即资产、负债、所有者权益、收入、费用、利润。其中资产、负债、所有者权益是静态的会计要素,构成资产负债表的基本框架,反映企业在某一特定时日的财务状况;收入、费用、利润是动态的会计要素,构成利润表的基本框架,反映企业在一定时期内的财务成果。因而这六项会计要素又被称为会计报表要素。

二、反映企业财务状况的会计要素

财务状况是企业在一定日期的资产和权益的情况,是资金运动相对静止状态时的表现。反映企业财务状况的会计要素包括资产、负债和所有者权益。

（一）资 产

1.资产的定义及特征

资产是指企业过去的交易、事项形成并由企业拥有或控制的资源,该资源预期会给企业带来经济利益。根据这一定义的内涵,作为会计上的资产应具有以下特征:

（1）资产是由过去的交易、事项所形成的。未来的、尚未发生的交易或事项可能形成的资产不能确认为企业的资产,如企业签订合同订购的设备,这项订购的设备就不能确认为企业的资产。

（2）资产是由企业拥有或控制的。如融资租入固定资产,该固定资产为企业所控制,应作为企业的资产予以确认。

（3）资产是预期能给企业带来经济利益的资源。如果一项经济资源不能够为企业带来经济利益,就不应当确认为企业的资产。如一台设备已报废,就不应再作为资产,因为它不会给企业带来经济利益。

2.资产的分类

资产按其流动性不同,分为流动资产和非流动资产。除流动资产外,其他统称非流动资产。资产的分类如图 2-1 所示。

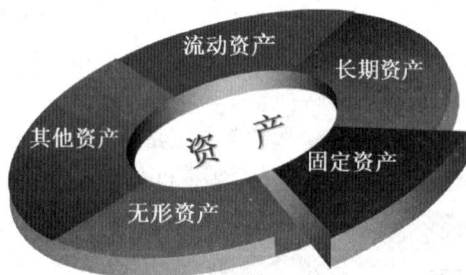

图 2-1　资产的分类

（1）流动资产

流动资产是指可以在一年或者超过一年的一个营业周期内变现或耗用的资产。流动资产主要包括货币资金、短期投资、应收及预付款项和存货等。流动资产分类如图 2-2 所示。

（2）长期资产

长期资产是指除短期投资以外的投资,包括持有时间准备超过 1 年（不含 1 年）的各种股权投资、不能变现或不准备随时变现的债券、长期股权投资和其他长期投资。

（3）固定资产

固定资产是指同时具有下列特征的有形资产:①为生产商品、提供劳务、出租或经营管理而持有的;②使用寿命超过一个会计年度。使用寿命是指企业使用固定资产的预计

流动资产
一年或超过一年的一个营业周期内变现或耗用的资产

- 货币资金
  - 库存现金
  - 银行存款
  - 其他货币资金
- 短期投资
  - 股票投资
  - 债券投资
- 应收及预付款项
  - 应收票据
  - 应收账款
  - 预付账款
- 存货
  - 产成品
  - 半成品
  - 在产品
  - 原材料
  - 包装物
  - 低值易耗品

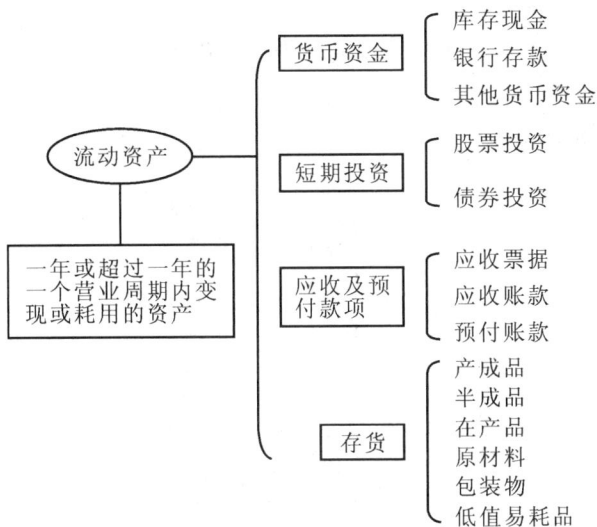

图 2-2 流动资产分类

期间,或者该固定资产所能生产产品或提供劳务的数量。

固定资产能多次参加企业生产经营周期的周转,并在使用中不改变其实物形态,其价值随着生产经营活动的进行逐渐地、部分地磨损,通过折旧的形式转移到成本、费用中去,并逐步从销售收入中得到补偿的资产;

(4)无形资产

无形资产是指企业为生产商品或者提供劳务、出租给他人,或为管理目的而持有的、没有实物形态的非货币性资产,包括专利权、商标权、著作权、非专利技术等。

(5)其他资产

其他资产是指除上述资产以外的资产,如特种储备物资、银行冻结存款、冻结物资等。

(二)负 债

1.负债的定义及特征

负债是指企业过去的交易、事项形成的现实义务,履行该义务预期会导致经济利益流出企业。负债具有以下特征:

(1)负债是由企业过去的交易或者事项形成的

负债作为企业承担的一种现时义务,是由企业过去的交易或事项形成的、现已承担的义务。只有过去发生的交易或事项才能增加或减少企业的负债,而不能根据谈判中的交易或事项或计划中的经济业务来确认负债。

(2)清偿负债会导致经济利益流出企业。清偿负债可以用现金资产,也可以用商品(产品)或其他资产,还可以通过提供劳务进行清偿,或通过举借新债偿还旧债,但无论以何种方式偿还债务,最终都会导致经济利益流出企业。

(3)负债的清偿一定要有确切的金额。清偿债务会导致经济利益的流出,且未来经济利益的流出能够可靠地计量,如资产的减少量是多少、应提供的劳务量是多少等。

2.负债要素的构成项目

负债在资产负债表上通常按其偿还期分为流动负债和长期负债(又称非流动负债)两大项列示。

负债的分类见图 2-3。

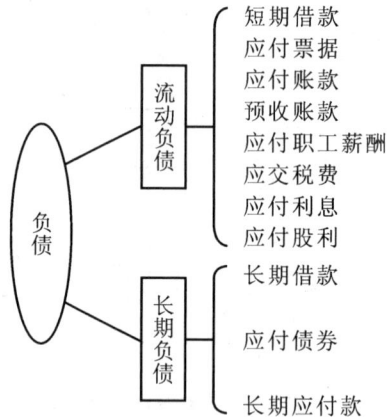

图 2-3 负债的分类

(1)流动负债

流动负债是指将在 1 年(含 1 年)或者超过 1 年的一个营业周期内偿还的债务,包括短期借款、应付票据、应付账款、预收账款、应付职工薪酬、应付股利、应交税费、其他暂收应付款项和 1 年内到期的长期借款等。

短期借款是指企业为维持正常生产经营周转所需而向银行或其他金融机构借入的偿还期限在 1 年以内的各种借款。

应付票据是指企业采用商业汇票支付方式购买货物时应偿付给持票人的债务。

应付账款是指企业因购买材料、商品或接受劳务等而发生的债务。

预收账款是买卖双方根据协议的规定,由购买方预先支付一部分货款给供应方而产生的一种负债。

应付职工薪酬是指企业为获得职工提供的服务而给予各种形式的报酬以及其他相关支出。职工薪酬包括:职工工资、奖金、津贴和补贴,职工福利费,医疗保险费、养老保险费、失业保险费、工伤保险费和生育保险费等社会保险费,住房公积金,工会经费和职工教育经费,非货币性福利,因解除与职工的劳动关系给予的补偿,其他与获得职工提供的服务相关的支出。

应付股利是指企业分配给投资者的现金股利或者利润在未付之前所形成的一项负债。

应交税费是指企业按照税法规定计算应交纳的各种税费,包括增值税、消费税、营业税、所得税、资源税、土地增值税、城市维护建设税、房产税、土地使用税、车船使用税、教育费附加、矿产资源补偿费等。

(2)长期负债

长期负债是指偿还在 1 年或者超过 1 年的一个营业周期以上的负债,包括长期借款、应付债券、长期应付款等。

长期借款是指企业向银行或其他金融机构借入的,偿还期在 1 年以上的各种借款。

应付债券是指企业为筹集长期资金而对外发行债券所形成的一种负债。

长期应付款主要包括应付补偿贸易引进设备款、应付融资租赁款等长期负债。

(三)所有者权益

1.所有者权益要素的定义与特征

所有者权益也称股东权益,是指资产扣除负债后的剩余权益。它在数值上等于企业全部资产减去全部负债以后的余额。其实质是企业从投资者手中所吸收的资本及其增值,是企业进行经营活动的"本钱"。

所有者权益具有以下特征:

(1)所有者权益是企业投资人对企业净资产的所有权,它受总资产和总负债变动的影响而发生增减变动。

(2)所有者权益包含所有者以其出资额的比例分享企业利润。与此同时,所有者也必须以其出资额承担企业的经营风险。

(3)所有者权益还意味着所有者有法定的管理企业和委托他人管理企业的权利。

2.所有者权益要素的构成

所有者权益的分类见图 2-4。

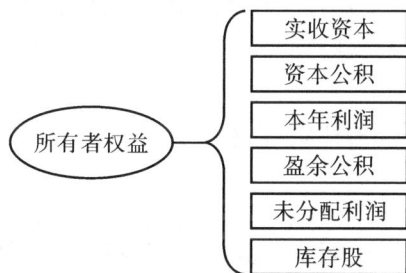

图 2-4 所有者权益的分类

(1)实收资本,是指投资者实际投入企业开展经营活动的资本金,形态上表现为各种财产物资及国家、集体、个人、法人资本。

(2)资本公积金,是指由投入资本本身所引起的各种增值。它与生产经营活动无直接关系,包括股本溢价、法定财产重估增值等。

(3)盈余公积金是指企业从净利润中提取的公积金,它包括法定盈余公积和任意盈余公积。

(4)未分配利润,是指企业留待以后年度分配的利润。未分配利润的数量是企业净利润扣除提取的盈余公积金和分配给投资者的利润后的余额。

由于盈余公积和未分配利润都是企业从逐年实现的净利润中形成的企业内部尚未使用或分配的利润,所以两者又合称为留存收益。

(5)库存股,是指已经认购缴款,由发行公司通过购入、赠予或其他方式重新获得,可供再行出售或注销之用的股票。

三、反映企业经营成果的会计要素

经营成果是企业在一定时期内从事生产经营活动所取得的最终成果,是资金运动的主要体现。反映企业经营成果的会计要素包括收入、费用和利润。

(一)收入

1.收入的定义与特征

收入是指企业在日常活动中所形成的、会导致所有者权益增加的、与所有者投入资本无关的经济利益的总流入,但不包括为第三方或客户代收的款项。收入的特征是:

(1)收入从企业的日常活动中产生,而不是从偶发的交易或事项中产生;所谓日常活动是指企业正常的、经常的活动,如制造企业制造和销售产品、商品流通企业从事购销活动等等。有些活动在企业不经常发生,但与日常活动有关,如制造企业销售原材料所取得的经济利益也作为收入确认。有些偶然发生的交易或事项也能为企业带来经济利益,但不属于企业日常活动,其流入的经济利益是利得,就应作为营业外收入,而不能作为收入确认。如企业出售不使用的生产设备而取得的收益就不作为收入,而作为营业外收入。这是因为,生产设备是为使用而不是为了出售而购入的,出售生产设备不是企业的经营目标,也不属于企业的日常活动。

(2)收入必然能导致企业所有者权益的增加,但与所有者投入资本无关。

(3)收入只包括本企业经济利益的流入,不包括为第三方或客户代收的款项。

2.收入的分类

按照企业所从事日常活动的性质,收入主要包括主营业务收入和其他业务收入等,收入分类见图 2-5。

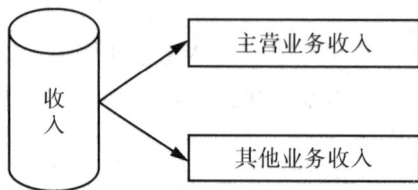

图 2-5　收入的分类

(二)费用

1.费用的定义与特征

费用是指企业在日常活动中发生的、会导致所有者权益减少的、与向所有者分配利润无关的经济利益的总流出。费用具有以下特征:

(1)费用是企业日常经营活动中产生的,而不是在偶然的交易或事项中产生的。如制造企业生产中消耗的材料费用、支付的工资,商品流通企业销售商品时发生的运输费等都属于费用。有些偶然发生的交易或事项,虽然也引起经济利益流出企业,但不属于费用,而是作为损失入账。如自然灾害损失、企业违约支付的罚款、对外捐赠资产等。

(2)费用的发生可能表现为企业资产的减少,也可能表现为企业负债的增加,或者同时引起企业资产的减少和负债的增加。

（3）费用最终会减少企业的所有者权益。

2.费用的构成

费用按照其是否计入产品成本分为计入产品成本的成本费用和不计入产品成本的期间费用两大类。

费用的构成见图 2-6。

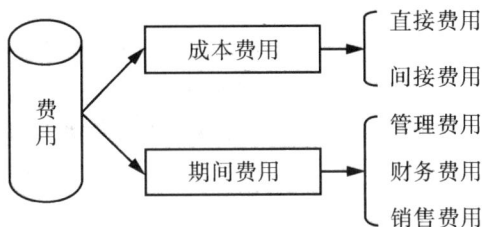

图 2-6　费用的构成

（1）计入产品成本的成本费用

计入产品成本的费用也称产品制造成本或产品生产成本，按其与产品成本构成的关系，可分为直接费用和间接费用两类。

直接费用是指直接为生产产品而发生的各项费用，包括直接材料费、直接人工费和其他直接支出。

间接费用即制造费用，是指企业各生产单位（分厂、车间）为组织和管理生产而发生的各项间接耗费，包括间接材料费、间接人工费以及其他间接费用。

（2）不计入产品成本的期间费用

期间费用是指与生产产品或提供劳务没有直接关系的费用，包括管理费用、财务费用和销售费用，这些费用应直接计入当期损益。

管理费用是指企业行政管理部门为组织和管理生产经营活动所发生的各项费用。

财务费用是指企业为筹集资金而发生的各项费用。

销售费用是指企业在销售商品、产品或提供劳务过程中所发生的各项费用。

（三）利润

1.利润的定义与特征

利润是指企业在一定会计期间内的经营成果，包括收入减去费用后的净额、直接计入当期利润的利得和损失。利润具有以下特征：

（1）企业在一定会计期间的经营成果。

（2）会增加企业的资产。

（3）为投资者所有，增加所有者权益。

2.利润的构成

按照我国《企业会计制度》的规定，企业的利润按其构成层次可分为营业利润、利润总额和净利润。

（1）营业利润＝营业收入－营业成本－税金及附加－管理费用－销售费用－财务费用－资产减值损失＋公允价值变动收益（－公允价值变动损失）＋投资收益（－投资损失）

（2）利润总额＝营业利润＋营业外收入－营业外支出

（3）净利润＝利润总额－所得税费用

第二节　会计等式

会计等式,也称会计平衡公式,或会计方程式,它是对各会计要素的内在经济关系利用数学公式所作的概括表达,即反映各会计要素数量关系的等式。它提示各会计要素之间的联系,是复式记账、试算平衡和编制会计报表的理论依据。会计等式包括静态会计等式、动态会计等式和扩展的会计等式。

一、静态会计等式

任何企业要从事生产经营活动,必定要有一定数量的资产。而每一项资产,如果我们一分为二地看,就不难发现,一方面,任何资产只不过是经济资源的一种实际存在或表现形式,或为机器设备,或为现金、银行存款等。另一方面,这些资产都是按照一定的渠道进入企业的,或由投资者投入,或通过银行借入等,即必定有其提供者,显然,一般人们不会无偿地将经济资源（即资产）让渡出去,也就是说,企业中任何资产都有其相应的权益要求,谁提供了资产谁就对资产拥有索偿权,这种索偿权在会计上称为"权益"。这样就形成了最初的会计等式:

资产＝权益

资产与权益是同一事物的两个不同侧面,两者相互依存、不可分割,见图 2-7。

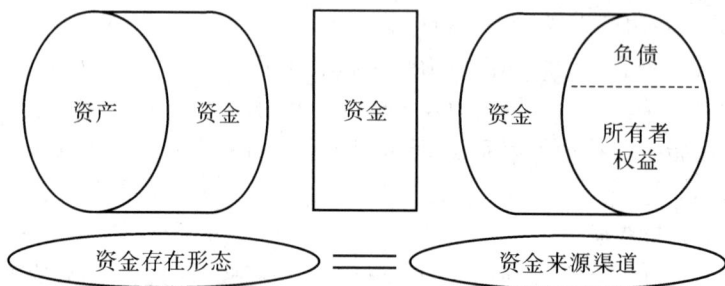

图 2-7　资产与权益的关系

企业的资产主要来源于企业的债权人和所有者,所以,权益又分为债权人权益和所有者权益,会计上称债权人权益为负债,这样,上述等式就可变换为:

资产＝负债＋所有者权益　　　　　　　　　　　　　　　　　　　　等式（1）

如图 2-8 所示,"资产＝负债＋所有者权益"是会计的基本等式,它反映了某一特定时点企业资产、负债和所有者权益三者的平衡关系,所以,我们称之为静态会计等式,它是编制资产负债表的基础。

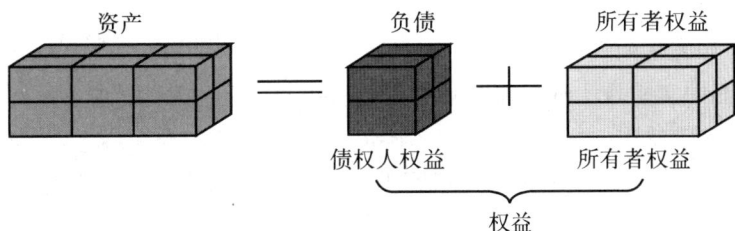

图 2-8 资产＝负债＋所有者权益

【例 2-1】甲、乙、丙三人于 2020 年 5 月 5 日注册成立了中驰有限责任公司,甲投入商业用房一套,作价 245 000 元,库存商品 55 000 元;乙投入银行存款 300 000 元,已存入该公司银行账户;丙投入货车一辆,价值 100 000 元,另有专利权一项,价值 50 000 元。该公司除了接受上述投资以外,还向银行借入了偿还期限在 1 年内的借款 50 000 元,偿还期限为 5 年的借款 120 000 元,借入的款项均已存入本公司银行账户。5 月 5 日当天该公司的资产、负债和所有者权益之间的平衡关系见表 2-1。

表 2-1 资产负债表
2020 年 5 月 5 日
单位:元

资　　产	金　额	负债和所有者权益	金　额
流动资产:	525 000	负债:	170 000
银行存款	470 000	短期借款	50 000
库存商品	55 000	长期借款	120 000
固定资产	345 000	所有者权益:	750 000
无形资产	50 000	实收资本	750 000
合　　计	920 000	合　　计	920 000

表 2-1 中:该公司的资产总额(920 000 元)＝负债总额(170 000 元)＋所有者权益总额(750 000 元)。

二、动态会计等式

企业进行生产经营活动是以盈利为目的的,企业要取得利润,就应该运用资产,进行生产经营而取得收入,同时企业也必然会发生各种耗费,将一定会计期间的收入和费用进行对比,就可确定企业的盈亏。如果收入大于费用,则企业为盈利;如果收入小于费用,则企业为亏损,将收入与费用对比的结果关系用数学表达式可表示为:

收入－费用＝利润 等式(2)

这一会计等式,又称为财务成果等式,它反映了收入、费用和利润三个会计要素的关系,揭示了企业在某一特定期间的经营成果,因此,我们称之为动态的会计等式,它是编制利润表的基础。

对动态会计等式的理解：

第一，利润的实质是实现的收入减去相关费用以后的差额，收入大于费用时为利润，收入小于费用时为亏损。

第二，利润会随着收入的增减成正方向变化，利润会随着费用的增减成反方向变化。

三、扩展的会计等式

"资产＝负债＋所有者权益"反映企业某一时点的全部资产及其相应的来源情况，是资金运动的静态公式。"收入－费用＝利润"反映企业某一会计期间的盈利或亏损情况，是资金运动的动态公式，但仅从这两个等式还不能完整反映会计六大要素之间的关系。

将上述两等式合并，可得出

资产＝负债＋所有者权益＋（收入－费用）　　　　　　　　　　　　等式（3）

或　　　资产＝负债＋所有者权益＋利润

企业通过负债和所有者权益两个渠道取得资产，资产用于生产经营过程而逐渐转化为费用，收入扣除费用后为利润，利润通过利润分配转化为所有者权益。资产、负债、所有者权益、收入、费用和利润无论如何转化，最终都要回到资产、负债和所有者权益之间的平衡关系上来。因此，会计等式最基本表达式是指"资产＝负债＋所有者权益"这一等式，它既是企业资金运动的起点，又是企业资金运动在一定期间后的终点。

由此可见，等式（1）是会计的基本等式，通常称之为基本会计等式或会计恒等式；等式（2）是对基本会计等式的补充；等式（3）是基本会计等式的发展，它将财务状况要素（即资产、负债和所有者权益）和经营成果要素（即收入、费用和利润），进行有机结合，完整地反映了企业财务状况和经营成果的内在联系。

四、经济业务及其对会计等式的影响

经济业务也称会计事项，是指企业在生产经营过程中发生的能以货币计量的，并能引起会计要素发生增减变化的事项。

这里需要注意区分经济业务与经济活动的概念，比如，签订合同属于经济活动，但不能称之为经济业务，因为签订合同不需要进行会计记录和会计核算，只有当实际履行合同并引起资金运动时，才需要对履行合同这一经济活动如实记录和反映，进行会计核算，因此履行合同才属于经济业务。

企业在生产经营过程中，发生的经济业务是纷繁复杂、多种多样的，既有主体内部的经济业务，如生产领用材料、固定资产折旧、计提资产减值准备等；也有涉及主体外部的经济业务，如购买材料、销售产品、向银行借款、接受投资等。但无论经济业务多么复杂，引起会计要素发生怎样的变化，都不会破坏会计等式的数量平衡关系。为了便于理解，我们分析一下经济业务的发生对会计等式的影响。

【例 2-2】假设中驰有限责任公司 2020 年 11 月 1 日的资产、负债、所有者权益的状况如表 2-2 所示。

表 2-2　资产负债表

2020 年 11 月 1 日　　　　　　　　　　　　　　　　单位:元

资　产	金　额	负债和所有者权益	金　额
流动资产:	571 630	负债:	216 630
库存现金	2 030	应付账款	46 000
银行存款	451 000	短期借款	50 000
应收账款	26 000	应交税金	630
库存商品	55 000	长期借款	120 000
应收票据	37 600		
固定资产	390 000	所有者权益:	750 000
无形资产	5 000	实收资本	750 000
合　计	966 630	合　计	966 630

即资产总额(966 630 元)＝负债总额(216 630 元)＋所有者权益总额(750 000元)。公司在发生经济业务后,所引起的各项资产、负债和所有者权益的增减变动,不外乎以下四种类型:

1.经济业务的发生,使等式双方要素同时增加、增加金额相等,等式保持平衡。

例(1):收到投资者投资 100 000 元,已存入银行。

………资产＋费用＝负债＋所有者权益＋收入
………　↑　…………………………　↑
…　+100 000　…………　+100 000　……

例(2):公司销售商品一批,售价 50 000 元,货款未收。

………资产＋费用＝负债＋所有者权益＋收入
………　↑　……………………………　↑
…　+50 000　…………………………　+50 000

2.经济业务的发生,使等式双方要素同时减少、减少金额相等,等式保持平衡。

例(3):用银行存款偿还前欠货款 5 000 元。

　　资产＋费用＝负债＋所有者权益＋收入
………　↑　…………　↑
…　-5 000　……　-5 000

例(4):因产品质量问题,退还销售货款 20 000 元。

………资产＋费用＝负债＋所有者权益＋收入
………　↑　……………………………　↑
…　-20 000　………………………　-20 000

3.经济业务的发生使会计等式左方要素有增有减,增减金额相等,等式保持平衡。

例(5):生产产品领用原材料4 000元。

资产＋费用＝负债＋所有者权益＋收入

··· ↑ ······ ↑

－4 000 ··· ＋4 000

例(6):购买设备一台,以银行存款支付设备款120 000元。

资产＋费用＝负债＋所有者权益＋收入

········· ↑ ······

··· ＋120 000

··· －120 000

例(7):结转本月产品销售成本35 000元。

资产＋费用＝负债＋所有者权益＋收入

············ ↑ ··· ↑

··· －35 000 ··· ＋35 000

4.经济业务的发生使等式右方要素有增有减,增减金额相等,等式保持平衡。

例(8):某债权人将其原借给本企业的借款60 000元转作向企业投资。

资产＋费用＝负债＋所有者权益＋收入

················· ↑ ··········· ↑

·················－60 000···＋60 000

例(9):销售产品一批,抵扣前欠货款35 000元。

资产＋费用＝负债＋所有者权益＋收入

················ ↑ ················· ↑

················－35 000·············＋350 000

发生以上9项经济业务后:

资产＝966 630＋100 000＋50 000－5 000－20 000－4 000＋120 000－12 0000－35 000

＝1 052 630

负债＝216 630－5 000－60 000－35 000＝116 630

所有者权益＝750 000＋100 000＋60 000＝910 000

收入＝50 000－20 000＋35 000＝65 000

费用＝4 000＋35 000＝39 000

即:资产(1 052 630)＋费用(39 000)＝负债(116 630)＋所有者权益(910 000)＋收入(65 000)。

将收入和费用结转后,该等式为:资产(1 052 630)＝负债(116 630)＋所有者权益(910 000＋65 000－39 000),即:资产(1 052 630)＝负债(116 630)＋所有者权益(936 000)

通过上述举例,我们可以得出以下结论:无论发生什么样的经济业务,都不会破坏会计等式的恒等关系。

第一,无论经济业务多么复杂,从会计等式的左右两方来观察,都可归纳为以上四种类型。

第二，无论发生什么样的经济业务，都不会影响会计等式的平衡关系，会计等式恒等。

第三，经济业务发生，凡是只涉及会计等式一方要素项目发生增减变动的，不但不会影响双方总额的平衡关系，而且原来的总额也不会发生改变。

第四，经济业务发生，凡是涉及会计等式两方要素发生变动的，会使双方总额发生增加或减少的变动，但变动后的双方总额仍然相等。

会计等式的平衡关系，是贯穿于财务会计始终的一条红线，正确理解和运用这一平衡关系，对于掌握会计核算的基本方法有着相当重要的意义。

本章小结

本章全面阐述了反映企业财务状况的会计要素(资产、负债、所有者权益)和反映企业经营成果的会计要素(收入、费用、利润)这六大会计要素的含义、特征及其构成。通过会计要素，我们可以把抽象的资金运动具体化，会计要素既为会计分类核算与控制提供基础，也构筑了会计报表的基本框架。

会计要素既相互独立，又有一定的关联，会计要素之间的数量关系体现为会计等式，任何经济业务的发生都不会破坏会计等式的恒等关系。会计等式除了体现会计要素之间的关系外，还为复式记账、试算平衡、编制会计报表提供了理论基础，它是会计学原理最基本的内容。财务会计的主要内容是围绕会计要素和会计等式展开的。

案例解析

本章"导入案例"解析：

(1)扬帆公司开业时有多少资产？其来源渠道是什么？

扬帆公司开业时有 350 000 元的资产，其中贺敏、杨宏投入 250 000 元，属于所有者的权益，向银行借贷的 100 000 元为负债。

资产(350 000)＝所有者权益(250 000)＋负债(100 000)

(2)购入材料后扬帆公司的资产变成了多少？增加的资产来源渠道是什么？

资产变成了 400 000 元。购买原材料 150 000 元，用银行存款支付100 000元和欠红日工厂的 50 000 元，该笔业务导致企业资产净增加50 000元，增加的资产来源于欠红日工厂的货款。此时会计等式为：

资产(400 000)＝负债(150 000)＋所有者权益(250 000)

(3)扬帆公司在本月经营过程中的收入、费用和利润各是多少？

公司在经营过程中实现了 180 000 元的收入，费用＝采购成本＋经营过程中的费用＝150 000＋10 000＝160 000 元，利润＝收入(180 000 元)－采购成本(150 000 元)－经营中的费用(10 000 元)＝20 000 元

会计等式：收入(180 000)－费用(160 000)＝利润(20 000)

习题精选

一、单选题

1.下列项目中,属于资产项目的是(　　　)。

A.短期投资　　　　B.预收账款　　　　C.资本公积　　　　D.制造费用

2.下列项目中,引起资产和负债同时增加的经济业务是(　　　)。

A.以银行存款购买材料　　　　　　B.向银行借款存入银行存款户

C.以无形资产向外单位投资　　　　D.以银行存款偿还应付账款

3.下列项目中,引起负债有增有减的经济业务是(　　　)。

A.以银行存款偿还银行借款　　　　B.开出应付票据抵付应付账款

C.以银行存款上交税费　　　　　　D.收到外商捐赠的设备

4.下列项目中,引起所有者权益有增有减的经济业务是(　　　)。

A.收到国家投入的固定资产　　　　B.以银行存款偿还长期借款

C.将资本公积金转增资本金　　　　D.以厂房对外单位投资

5.以银行存款交纳税费,所引起的变动为(　　　)。

A.一项资产减少,一项所有者权益减少

B.一项资产减少,一项负债减少

C.一项所有者权益增加,一项负债减少

D.一项资产增加,另一项资产减少

二、多选题

1.下列项目中,属于企业流动资产的有(　　　)。

A.现金和银行存款　　　　　　　　B.预收账款

C.应收账款　　　　　　　　　　　D.存货

2.下列项目中,属于长期负债的有(　　　)。

A.固定资产　　　B.应付利润　　　C.长期借款　　　D.应付债券

3.下列各项目中,正确的经济业务类型有(　　　)。

A.一项资产增加,一项所有者权益减少

B.资产与负债同时增加

C.一项负债减少,一项所有者权益增加

D.负债与所有者权益同时增加

4.下列项目中,属于无形资产的有(　　　)。

A.专利权　　　B.土地使用权　　　C.商誉　　　D.非专利技术

5.营业利润是指主营业务收入减去(　　　)、主营业务税金及附加,加上其他业务利润。

A.主营业务成本　　　B.管理费用　　　C.财务费用　　　D.销售费用

三、判断题

1.企业获取资产的来源渠道有两条:一是由企业所有者提供,二是由债权人提供。

(　　　)

2.预收账款和预付账款均属于负债。（   ）

3.从数量上看,所有者权益等于企业全部资产减去全部负债后的余额。（   ）

4.无形资产是一种不具有实物形态的经济资源。（   ）

5.一项经济业务的发生引起负债增加和所有者权益减少,会计基本等式的平衡关系没有被破坏。（   ）

6.主营业务收入和营业外收入均属于收入。（   ）

会计天地

会计计算的鼻祖——祖冲之

祖冲之(公元429—500),字文远,祖籍范阳郡遒县(今河北涞源县),南北朝时期杰出的数学家、天文学家。著作有《缀术》一书,提出的成本费用分配方法至今仍是成本会计的主要方法。

※轻松一刻※

夫妻二人均是会计,某日购买化妆品,丈夫说处理方法是计入维修费用;妻子大怒,说:"这怎么能算维修费用呢? 应该计入无形资产!"

第三章

会计账户与复式记账法

【教学目标】

　　1.理解会计科目的概念和分类

　　2.理解会计账户的概念与基本结构

　　3.掌握借贷记账法的基本内容,明确"借""贷"的含义

　　4.能够运用借贷记账法编写会计分录

　　5.掌握试算平衡法的原理及编制方法

【引入案例】

　　刚从大学毕业的李华、张丽、王雨决定一起创业,共同投资 30 万元,成立一家服装设计与生产有限责任公司,经过反复商定达成如下协定:每人出资 10 万元,其中,李华投入设备一套,作价 5 万元,银行存款 5 万元,共 10 万元;张丽投入小车一台作价 10 万元;王雨投入全新电脑 10 台,计价 4 万元,投入存款 6 万元;成立不久以后,公司名义向银行贷款 10 万元,期限一年,作为公司的流动资金。公司推举李华为公司记账,设立一套适用于公司的账务体系。试想,李华该如何设计适用于他们公司的会计科目与账户? 如何对初始投资与借款进行账务处理?

第一节　会计科目

　　会计要素是对会计对象的基本分类,但分为六项会计要素仍显得过于粗略,难以满足各有关方面对会计信息的需要。因此,会计科目对会计要素进行了更进一步的分类。

　　任何一个会计主体在其生产经营过程中,都会不断地发生各种各样的经济业务,每一项经济业务的发生,都将表现为资产、负债、所有者权益、收入、费用、利润六会计要素中相关具体项目的增减变动。企业各会计要素既有共性,又有个性。例如,货币资金、机器厂房设备、各种原材料等都是企业维持正常的生产经营必备的资产,但它们又具有各自不同的特点,在生产经营过程中起着不同的作用。

　　因此,对它们数量的增减变动情况,会计上应分别加以核算和监督。例如:对货币性资产根据其存放地点及方式的不同设置"库存现金""银行存款"和"其他货币资金"科目进行核算和监督;对非货币性资产中的机器厂房设备设置"固定资产"科目进行核算和监督;对生产产品所需的各种材料则根据其存放的地点,设置"材料采购""原材料"科目进行核

算和监督。由此可见,会计科目是对资产、负债、所有者权益、收入、费用、利润的具体内容进行分类的项目。

会计对象、会计要素与会计科目的关系见图 3-1。

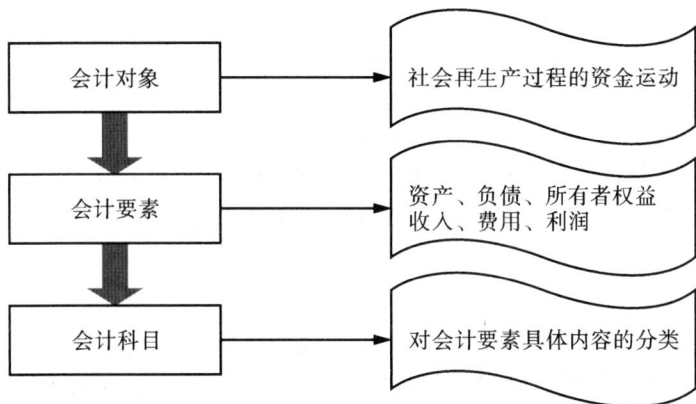

图 3-1 会计对象、会计要素与会计科目的关系

在我国,会计科目由财政部统一制定,统一规定会计科目的名称、核算范围和核算方法。这样,不仅为企业设置账户、进行账务处理提供了依据,而且又保证了国家统计、计划指标口径的一致性。同时,便于对企业所提供资料进行分类汇总、分析利用,为会计信息的使用者提供一系列具体的、全面的、准确的财务信息。

一、设置会计科目的原则

会计科目作为向投资者、债权人、企业经营管理者等提供会计信息的重要手段,在其设置过程中应努力做到科学、合理、适用,应遵循下列原则:

(一)合法性原则

合法性原则是指所设置的会计科目应当符合国家统一的会计制度的规定。中国现行的统一会计制度中均对企业设置的会计科目作出规定,以保证不同企业对外提供的会计信息的可比性。企业应当参照会计制度中的统一规定的会计科目,根据自身的实际情况设置会计科目,但其设置的会计科目不得违反现行会计制度的规定。对于国家统一会计制度规定的会计科目,企业可以根据自身的生产经营特点,在不影响统一会计核算要求以及对外提供统一的财务报表的前提下,自行增设、减少或合并某些会计科目。

(二)相关性原则

相关性原则是指所设置的会计科目应当为提供有关各方所需要的会计信息服务,满足对外报告与对内管理的要求。根据企业会计准则的规定,企业财务报告提供的信息必须满足对内对外各方面的需要,而设置会计科目必须服务于会计信息的提供,必须与财务报告的编制相协调、相关联。

(三)实用性原则

实用性原则是指所设置的会计科目应符合单位自身特点,满足单位实际需要。企业的组织形式、所处行业、经营内容及业务种类等不同,在会计科目的设置上亦应有所区别。

在合法性的基础上,企业应根据自身特点,设置符合企业需要的会计科目。

二、会计科目的分类

(一)按经济内容分类

会计科目按其反映的经济内容不同,可分为资产类、负债类、共同类、所有者权益类、成本类和损益类六大类会计科目。

1.资产类科目

反映企业资产类的科目,有"库存现金""银行存款"等反映货币资产的科目;有"应收账款""短期投资"等反映债权资产的科目;有"原材料""库存商品"等反映存货资产的科目。

2.负债类科目

反映企业负债的科目,有"短期借款""应付账款""应付职工薪酬""应交税费"等反映流动负债的科目;有"长期借款""长期应付款"等反映长期负债的科目。

3.共同类科目

4.所有者权益类科目

反映企业所有者权益的科目,有"实收资本""资本公积""盈余公积""未分配利润"等科目。

5.成本类科目

反映企业制造成本的科目,有"生产成本""制造费用"等科目。

6.损益类科目

反映企业损益类的科目,有"主营业务收入""主营业务成本""营业税金及附加""销售费用""管理费用""财务费用""所得税费用"等科目。

最常用的会计科目如表 3-1 所示。

表 3-1　最常用的会计科目表

序号	会计科目名称	序号	会计科目名称	序号	会计科目名称
	一、资产类		二、负债类	74	主营业务成本
1	库存现金	40	短期借款	75	其他业务成本
2	银行存款	41	交易性金融负债	76	税金及附加
3	其他货币资金	42	应付票据	77	利息支出
4	交易性金融资产	43	应付账款	78	销售费用
5	应收票据	44	预收账款	79	管理费用
6	应收账款	45	应付职工薪酬	80	财务费用
7	预付账款	46	应交税费	81	营业外支出
8	应收股利	47	应付利息	82	所得税费用
9	应收利息	48	应付股利	83	以前年度损益调整

续表

序号	会计科目名称	序号	会计科目名称	序号	会计科目名称
10	其他应收款	49	其他应付款		
11	坏账准备	50	长期借款		
12	材料采购	51	应付债券		
13	在途物资	52	长期应付款		
14	原材料	53	预计负债		
15	材料成本差异	54	递延所得税负债		
16	库存商品		三、共同类(续)		
17	发出商品	55	衍生工具		
18	商品进销差价	56	套期工具		
19	委托加工物资	57	被套期项目		
20	周转材料		四、所有者权益类		
21	融资租赁资产	58	实收资本		
22	存货跌价准备	59	资本公积		
23	债权投资	60	盈余公积		
24	债权投资减值准备	61	本年利润		
25	其他债权投资 其他权益工具投资	62	利润分配		
26	长期股权投资	63	库存股		
27	长期股权投资减值准备		五、成本类		
28	长期应收款	64	生产成本		
29	固定资产	65	制造费用		
30	累计折旧	66	劳务成本		
31	固定资产减值准备	67	研发支出		
32	在建工程		六、损益类		
33	工程物资	68	主营业务收入		
34	固定资产清理	69	利息收入		
35	无形资产	70	其他业务收入		
36	累计摊销	71	公允价值变动损益		
37	无形资产减值准备	72	投资收益		
38	待处理财产损溢	73	营业外收入		

（二）按提供指标的详细程度分类

会计科目按其提供指标的详细程度不同可以分为总分类科目和明细分类科目。

1.总分类科目

总分类科目又称一级科目、总分类账科目，是总括反映会计要素具体内容的科目，它提供总括性核算指标，是进行总分类核算的依据。为了满足国家宏观管理的需要，一级科目原则上由国家财政部统一规定。

2.明细分类科目

明细分类科目简称明细科目，是对总分类科目包括的具体内容所作的进一步分类，是用于某一总分类核算内容下对其所属具体项目进行更为明确、详细核算的会计科目。明细分类科目按其提供的更为详细的核算资料，又可为二级会计科目和三级会计科目等。二级会计科目即二级明细分类科目，也称子目，是指在一级科目的基础上，对一级科目所反映的经济内容进行较为详细分类的会计科目。二级会计科目有些是由国家统一规定的，如："应交税费"一级科目下设置的"应交增值税""应交消费税"等二级科目；有些是由企业根据经营管理需要自行设置的，如：在"生产成本"科目下，按成本项目开设"基本生产成本""辅助生产成本"二级科目。三级会计科目即三级明细分类科目，也称细目，是指在二级科目的基础上，对二级科目所反映的经济内容进一步详细分类的会计科目，如：在"基本生产成本"二级科目下，按产品的名称开设的明细科目。大多数三级会计科目是由企业依据国家统一规定的会计科目和要求，根据经营管理的需要自行设置。但也有的明细科目是国家统一规定的，如"应交税费"下设的"应交增值税"二级科目下的"进项税额""销项税额"等三级科目。

会计科目按其提供指标的详细程度不同所做的分类见图 3-2。

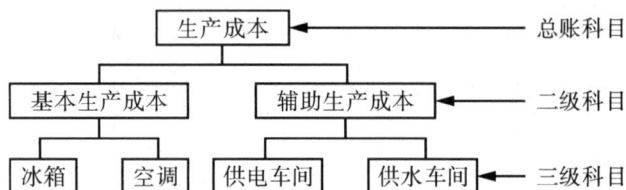

图 3-2　会计科目分类

第二节　会计账户

会计科目是对会计要素的具体内容进一步分类的项目名称，但它不能起到具体记载会计内容的作用，不能反映经济业务发生后引起的会计要素的增减变动情况及其结果。为了全面、系统、分类地核算和监督各项经济业务事项所引起的企业资金增减变动情况及其结果，还必须根据会计科目开设一系列的账户，连续地对它们进行记录，以便于信息使用者能及时、准确地提供各种会计信息。

一、会计账户的概念

会计账户是根据会计科目设置的,具有一定的格式和结构,用于分类反映会计要素的增减变动情况及其结果的载体。设置账户是会计核算的重要方法之一。它是对各种经济业务进行分类和系统、连续的记录,账户所记录的会计数据是编制会计报表的资料来源。

会计科目和会计账户是会计学中两个既有联系又有区别的概念。它们的联系表现在:两者所反映的会计对象的具体内容是相同的。会计账户是根据会计科目开设的,会计科目作为会计账户的名称规定了账户记录的内容,账户记录的内容正是会计科目所规定的内容。它们的区别表现在:会计科目只是对会计要素的分类,只表明经济业务的内容,并不能记录经济业务的增减变化情况,不存在结构问题;而会计账户既有名称又有结构,能够对经济业务的发生情况及其结果进行分类及连续、系统的记录和反映。另外,在我国,会计科目由国家财政部统一制定,是会计的一项基本制度,账户则是各核算单位根据会计科目的规定和管理的需要自行在账簿中开设的。

二、会计账户的基本结构和内容

账户要起到分类记录经济业务并初步加工有关数据的作用,必须具有一定的结构。账户的结构是指在账户中如何记录经济业务,用以反映会计要素的增加、减少及结余的情况。会计是以货币作为主要计量单位来反映企业经济活动的,各项经济业务的发生都要引起会计对象的变化,从数量上看不外乎增加或减少两种情况。因此,用来记录经济业务的账户,在结构上也应分为两个基本部分,即左方和右方,一方登记增加,另一方登记减少。至于在账户的左右两方中,哪一方用来登记增加,哪一方用来登记减少,则取决于所采用的记账方法和所记录的经济业务的内容。

在会计工作中,账户的基本结构(见表 3-2)内容包括:(1)账户的名称,即会计科目的名称;(2)日期,记录经济业务的日期;(3)凭证号数,账户记录的来源和依据;(4)摘要,简要说明经济业务的内容;(5)金额,标明经济业务的增加、减少及结存额。

表 3-2　会计账户的基本结构

年		凭证编号	摘　要	借方	贷方	借或贷	余额
月	日						

在现实的会计实务中,所用的账户的如图 3-3 所示。

为了便于教学,在教科书中往往将账户的基本结构用简化格式"T"形式来表示。"T"形账户的形式如图 3-4 所示。

会计科目名称或编号----------------------

年		凭证	摘 要	借 方								贷 方								借	余 额								核
月	日	编号		千	百	十	万	千	百	十	元	角	分	千	百	十	万	千	百	十	元	角	分	贷	千	百	十	万	千	百	十	元	角	分	对

图 3-3　会计实务工作中的会计账户图

借方	账户名称(会计科目)	贷方

图 3-4　"T"字形账户的格式

每个账户一般有四个金额要素,即期初余额、本期增加额、本期减少额和期末余额。期初余额是指上期转入本期的结转额,也就是上期的期末余额。本期增加额是指在本会计期间内登记在账户中的增加金额,也称本期增加发生额。本期减少额是指在本会计期间内登记在账户的减少额,也称本期减少发生额。期末余额,是在每一个会计期末结出的账户余额。上述四项金额的关系可以用公式表示为:

本期期末余额＝期初余额＋本期增加发生额－本期减少发生额

账户本期的期末余额转入下期,即为下期的期初余额。每个账户的本期发生额反映的是该类经济内容在本期内变动的情况,而期末余额则反映变动的结果。例如,某企业在某一期间"原材料"账户的记录如图 3-5 所示。

借方	原材料	贷方
期初余额 30 000		
(1)10 000		(2)5 000
(3)40 000		(4)30 000
本期增加发生额 50 000		本期减少发生额 35 000
期末余额 45 000		

图 3-5　原材料账户

三、账户的设置

由于账户是根据会计科目而设置的,企业确定有什么样的会计科目就应设置什么账户;会计科目是分级设置的,账户也应分类设置为总分类账户和明细分类账户,以分别提供总括核算资料和明细核算资料。

(一)总分类账户与明细分类账户的设置

根据资产、负债、所有者权益、成本、损益五大类总分类科目开设的,总括反映各会计要素具体项目增减变动及其结果的账户,叫总分类账户。如"短期借款""库存商品""原材料"等均为总分类账户。

根据总账科目所属明细分类科目开设的,对总分类账户的经济内容进行明细分类核算,提供详细具体的核算资料的账户,叫明细分类账户。如为了详细了解各种材料的收、发、结存情况,在"原材料"总分类账户下,按照材料的品种、规格等分别设置材料明细分类账户,以提供详细而具体的核算资料。

(二)总分类账户与明细分类账户的关系

总分类账户与明细分类账户既有联系又有区别。

总分类账户与明细分类账户的联系主要表现在以下两个方面:

(1)二者所反映的经济业务内容相同。如:"应付账款"总分类账户与其所属的按债权人名称设置的明细分类账户都是用来反映债务结算情况的。

(2)二者登记账户的原始依据相同。登记总分类账户与所属的明细分类账户所依据的原始凭证是相同的。

总分类账户与明细分类账户的区别主要表现在以下两个方面:

(1)二者反映经济业务的详细程度不同。总分类账户反映资金变化的总括情况,提供的是总括核算指标。明细分类账户反映资金变化的详细情况,提供的是某一方面的具体指标,明细分类账户除提供货币指标外,还可以提供实物数量和劳动量等指标。

(2)二者所起的作用不同。总分类账户对所属明细分类账户起着统驭和控制作用,明细分类账户对总分类账户起着从属和辅助作用。

四、账户的分类

为了正确地设置和运用账户,需要对账户进行分类。账户分类就是按照账户的本质特征,依据一定的原则,将其全部账户进行科学的概括和归类。账户按经济内容可以分为五大类。

账户按经济内容分类的实质是按照会计对象的具体内容进行的分类。如前所述,经济组织的会计对象就其具体内容而言,可以归结为资产、负债、所有者权益、收入、费用和利润六个会计要素。由于利润一般隐含在收入与费用的配比中。因此,从满足管理和会计信息使用者需要的角度考虑,账户按其经济内容可以分为资产类账户、负债类账户、所有者权益类账户、成本类账户和损益类账户等五类,如表3-3所示。

表 3-3　账户按经济内容的分类

资产类 账户	流动资产 账户	库存现金、银行存款、其他货币资金、短期投资、应收账款、应收票据、其他 应收款、坏账准备、预付账款、材料采购、原材料、包装物、库存商品等
	非流动资产 账户	长期股权投资、固定资产、累计折旧、工程物资、在建工程、无形资产、长期 待摊费用、固定资产清理
负债类 账户	流动负债 账户	短期借款、应付票据、应付账款、预收账款、应付职工薪酬、应付福利费、应 付股利、应交税费、其他应交款等
	长期负债账户	长期借款、应付债券、长期应付款等
所有者 权益类 账户	所有者原始 投资账户	实收资本
	所有者投资 收益账户	本年利润、利润分配、盈余公积等
成本类 账户	生产过程 成本账户	制造费用、生产成本
损益类 账户	收入账户	主营业务收入、其他业务收入、投资收益、营业外收入等
	费用账户	主营业务成本、税金及附加、其他业务成本、管理费用、销售费用、财务费 用、营业外支出、所得税费用

（一）资产类账户

资产类账户是用来核算各类资产的增减变动及其实有数额的账户。按照资产的流动
性划分,资产类账户可分为反映流动资产的账户和非流动资产的账户。如"库存现金""银
行存款""库存商品"等属于流动资产账户,"长期股权投资""固定资产""长期待摊费用"则
属于非流动资产账户。

（二）负债类账户

负债类账户是用来核算企业负债的增减变动及其实有数额的账户。按照负债的偿还
期限长短等特性,负债类账户可以分为反映流动负债的账户和反映长期负债的账户。如
"短期借款""应付账款""应交税费"等属于流动负债的账户,"长期借款""长期应付款"等
属于长期负债的账户。

（三）所有者权益账户

所有者权益账户是用来核算企业所有者权益增减变动及其实有数额的账户。按照所
有者权益形成的方式,所有者权益账户可以分为反映投资人投入资本的账户和反映企业
内部滋生的盈余公积和未分配利润等留存收益的账户。如"实收资本"属于投资人投入资
本的账户,"盈余公积""本年利润"属于留存收益的账户。

（四）成本类账户

成本类账户是用来核算企业在生产经营过程中发生的各种对象化的耗费及成本计算
的账户。按照成本所发生的阶段划分,成本类账户可以分为反映供应过程成本的账户和
反映生产过程成本的账户。如"生产成本""制造费用"是反映生产过程成本的账户。

（五）损益类账户

损益类账户是用来核算企业损益增减变动情况的账户。按照企业损益形成的内容,
损益类账户可以分为反映收入的账户和反映费用的账户。如"主营业务收入""其他业务

收入"是反映收入的账户;"主营业务成本""管理费用""所得税费用"是反映费用的账户。

第三节 复式记账法

一、记账方法概述

在会计工作中,为了有效地反映和监督会计对象,各会计主体除了要按照规定的会计科目设置账户外,还应采用一定的记账方法。记账方法是指按照一定的规则,使用一定的符号,在账户中登记各项经济业务的技术方法。会计上的记账方法,最初是单式记账法,随着社会经济的发展和人们的实践与总结,单式记账法逐步改进,从而演变为复式记账法。

(一)单式记账法

单式记账法的主要特点是:对于每项经济业务,通常只登记现金和银行存款的收付业务,以及应收、应付款的结算业务,而不登记实物的收付业务;除了对于有关应收、应付款的现金收付业务需要在两个或两个以上的账户中各自进行登记以外,其他业务只在一个账户中登记或不予登记。

例如,用银行存款购买材料,只记"银行存款"账,不记"原材料"账;购买材料,货款未付时,只记"应付账款"账,不记"原材料"账;收到应收款或偿付应付款时,则同时登记"现金"或"银行存款"账和"应收账款"账。对于固定资产折旧、材料物资的耗用等经济业务,因不涉及现金或银行存款的收付,故而不予登记。

显然,采用单式记账法手续比较简单,但不能全面、系统地反映经济业务的全貌,不便于检查账户记录的准确性,因此是一种不完整的记账方法,现已很少使用。

(二)复式记账法

所谓复式记账法,是以资产与权益平衡关系作为记账基础,对任何一项经济业务都以相等的金额在两个或两个以上相互联系的账户中进行登记,系统地反映资金运动变化结果的一种记账方法。例如,用银行存款购买材料,按照复式记账法的要求,既要在"银行存款"账户登记减少1 000元,又要在"原材料"账户中登记增加1 000元,如图3-6所示。运用复式记账,既可以了解各项经济业务的来龙去脉,又可以通过账户的记录反映会计主体经济活动的过程和结果。

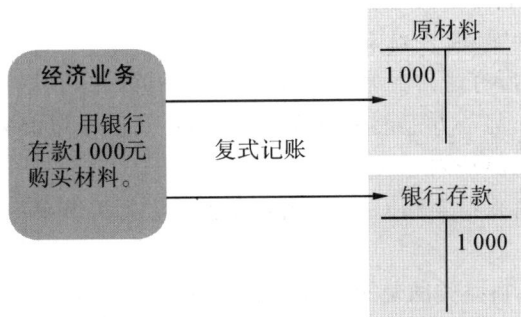

图3-6 复式记账法示例

复式记账法相对于单式记账法来说,具有以下两个特点:

(1)每一项经济业务的发生,必须全面地反映在两个或两个以上的相互关联的账户内。

(2)登记时,如果记入两个账户,记入这两个账户的金额必须相等;如果记入两个以上的账户,记入一方账户的金额要与另一方账户的金额相等。因此,复式记账可以对账户的记录结果采用一定的方法进行试算平衡,检查账户的记录是否正确。

国际上复式记账的方法有多种多样,但目前通用的是借贷记账法。我国在长期的会计实践中逐步形成并使用过不同的复式记账法,如增减记账法、收付记账法、借贷记账法。1992年财政部颁布的《企业会计准则》明确规定:企业会计核算采用借贷记账法。

二、借贷记账法

(一)借贷记账法的概念

借贷记账法是以"借"和"贷"作为记账符号,以"有借必有贷,借贷必相等"作为记账规则的一种复式记账方法。

借贷记账法起源于13世纪商品经济比较发达的意大利,并经历了佛罗伦萨式簿记法、热那亚式簿记法和威尼斯簿记法三个发展阶段,到15世纪已逐步形成了比较完备的复式记账法。在13世纪意大利的佛罗伦萨市,有专做贷金业的经纪人——高利贷者,居间借贷,当时的借、贷两字指的是借主、贷主,用来表示债务人与债权人的借贷关系。借贷资本家收进存款时记在贷主的名下,表示债务;付出存款时记在借主的各下,表示债权。这时的借与贷,如实地反映了债权债务关系,但不是一种记账符号。随着商品经济的不断发展和记账方法的改进,记账的对象也越来越复杂了,不仅要在账簿中记录货币的借贷,还要记录各项财产物资的增减变化,这样,"借""贷"两字就逐渐失去其原意,仅仅成为一种记账符号。日本1868年明治维新后从英国学习西式簿记;20世纪初清政府派人赴日本学习,英美式的复式记账法就由日本传入我国。我国最早介绍借贷记账法的书籍是1905年由蔡锡勇所著的《连环账谱》。1907年,由谢霖和孟森合著的《银行簿记学》在日本东京发行,成为我国第二本介绍借贷记账法的著作。

(二)借贷记账法的记账符号

记账符号表示记账的方向,任何一项经济业务都会引起资金的增减变化,必须用不同的符号相互对应地表示资金的增减变化。借贷记账法是以"借""贷"作为记账符号。在这里借、贷二字已失去原有的含义,成为纯粹的记账符号。

(三)借贷记账法的账户结构

在借贷记账法下,所有账户的基本结构分为左、右两方,其中左方为借方,右方为贷方,以一方记录增加额,另一方记录减少额。究竟哪一方记录增加额,哪一方记录减少额,则取决于账户所反映的经济内容或账户的性质。账户按其经济内容的性质分为资产类、成本类、负债类、所有者权益类和损益类(由费用类和收入类组成)。各类账户在借贷记账法下的结构如下:

1.资产类、成本类、损益类的费用类账户的结构

在借贷记账法下,资产类、成本类账户的借方登记增加额,贷方登记减少额,期末余额一般在借方,这些账户可能无余额。其余额计算公式为:

期末借方余额＝期初借方余额＋本期借方发生额－本期贷方发生额

资产类、成本类、损益类的费用类账户的结构如图 3-7 所示。

借方	资产类、成本类、损益类的费用类账户	贷方
期初余额 ×××		
本期增加(借方)发生额 ×××	本期减少(贷方)发生额 ×××	
期末余额 ×××		

图 3-7 资产类、成本类、损益类的费用类账户结构

其中损益类的费用类账户无期初与期末余额。

2.负债类、所有者权益类、损益类的收入类账户的结构

在借贷记账法下,负债类、所有者权益类账户的借方登记减少额,贷方登记增加额,期末余额一般在贷方,这些账户可能无余额。其余额计算公式为:

期末贷方余额＝期初贷方余额＋本期贷方发生额－本期借方发生额

负债类、所有者权益类、损益类的收入类账户结构如图 3-8 所示。

借方	负债类、所有者权益类、损益类的收入类账户	贷方
	期初余额	
本期减(借)方发生额 ×××	本期增(贷)方发生额 ×××	
	期末余额 ×××	

图 3-8 负债类、所有者权益类、损益类的收入类账户结构

其中,损益类的收入类无期初、期末余额。

(四)借贷记账法的记账规则

记账规则是指采用某种记账方法登记具体经济业务时应遵循的规律。借贷记账法的记账规则是"有借必有贷,借贷必相等"。

按照这一记账规则,任何经济业务的发生,都必须同进登记在两个或两个以上的相关账户,一方记入借方,另一方必须记入贷方;反之亦然。同进,记入借方账户金额的合计必须等于记入贷方账户金额的合计。见图 3-9。

在企业的生产经营过程中,每天会发生大量的经济业务,这些业务虽然千差万别,但归纳起来,大概有以下几类经济业务引起资金的变化,如图 3-10 所示。

现以四种类型的经济业务为例,说明借贷记账法的记账规则。

【例 3-1】企业收到某投资者投入货币资金 400 000 元,存入银行。

该项经济业务的发生,一方面使企业资产中银行存款增加,根据资产类账户的结构,应借记"银行存款"400 000 元;另一方面由于企业接受投资引起所有者权益中的实收资本增加,根据所有者权益类账户的结构,应贷记"实收资本"400 000 元。如图 3-11 所示。

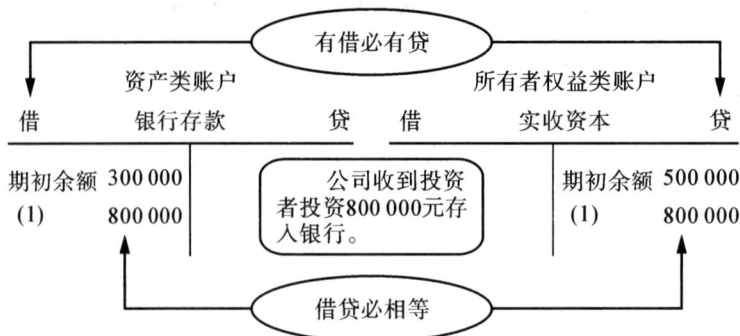

图 3-9 借贷规则

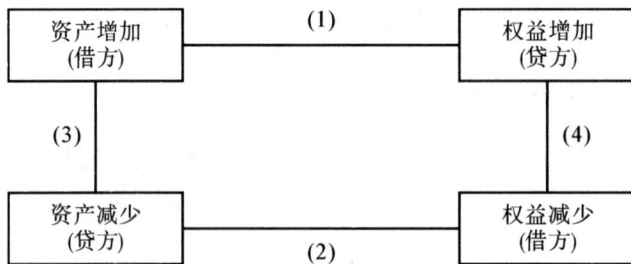

图 3-10 经济业务引起资金的变化

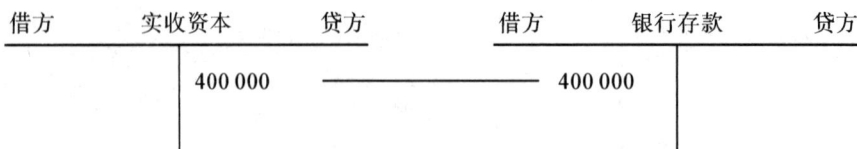

借方	实收资本	贷方		借方	银行存款	贷方
	400 000				400 000	

图 3-11

【例 3-2】企业以银行存款 200 000 元归还银行短期借款。

该项经济业务的发生,一方面使企业资产中的银行存款减少了 200 000 元,应贷记"银行存款";另一方面使企业负债中的短期借款减少了 200 000 元,应借记"短期借款"。如图 3-12 所示。

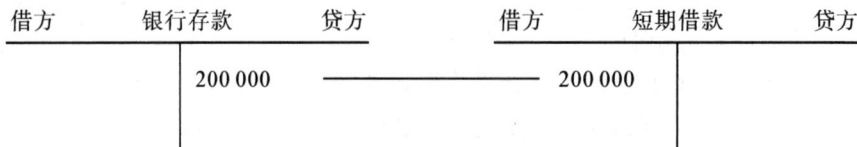

借方	银行存款	贷方		借方	短期借款	贷方
	200 000				200 000	

图 3-12

【例 3-3】企业从银行存款提取现金 6 000 元备用。

该项经济业务的发生,一方面使企业资产中的库存现金增加 6 000 元,应借记"库存现金";另一方面使资产中的银行存款减少 6 000 元,应贷记"银行存款"。如图 3-13 所示。

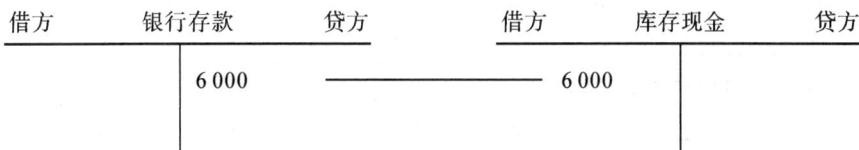

借方	银行存款	贷方		借方	库存现金	贷方
	6 000				6 000	

图 3-13

【例 3-4】企业向银行借入短期借款 50 000 元,直接偿还前欠 A 公司货款。

该项经济业务的发生,一方面使企业负债中的短期借款增加 50 000 元,应贷记"短期借款";另一方面使企业负债中的应付账款减少 50 000 元,应借记"应付账款"。如图 3-14 所示。

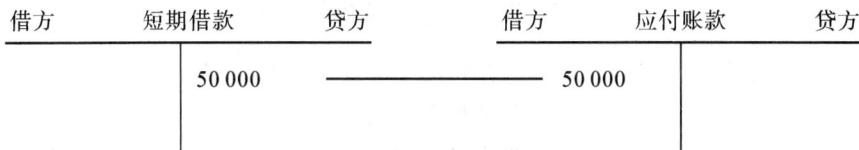

借方	短期借款	贷方		借方	应付账款	贷方
	50 000				50 000	

图 3-14

(五)账户对应关系和会计分录

1.账户的对应关系

账户的对应关系,是指运用复式记账法处理经济业务时,有关账户之间形成的相互关系,在借贷记账法下就是应借应贷的关系。

存在对应关系的账户就是对应账户。通过账户的对应关系,既可以了解经济业务的基本内容和来龙去脉,又可以检查对经济业务的账务处理是否正确。例如,用银行存款 200 000 元购入固定资产,这项业务的发生使"固定资产"和"银行存款"发生了应借应贷的关系,表明企业固定资产的增加,导致了银行存款的减少。"固定资产"和"银行存款"构成了这项经济业务的一对对应账户。

2.会计分录

会计分录是指对某项经济业务标明其应借应贷账户及其金额的记录,简称分录。会计分录由应借应贷方向、对应账户(科目)名称及应记金额三要素构成。会计分录在实际工作中是在记账凭证中反映的,它是登记会计账簿的依据。如图 3-15 所示。

◎ 应在哪些账户中登记?
◎ 应登记在账户的哪一方?
◎ 各账户中登记的金额是多少?

经济业务

对这些问题进行确认,并写出一定的记录形式,即会计分录。

图 3-15 会计分录

（1）会计分录编制的书法要求如图 3-16 所示。

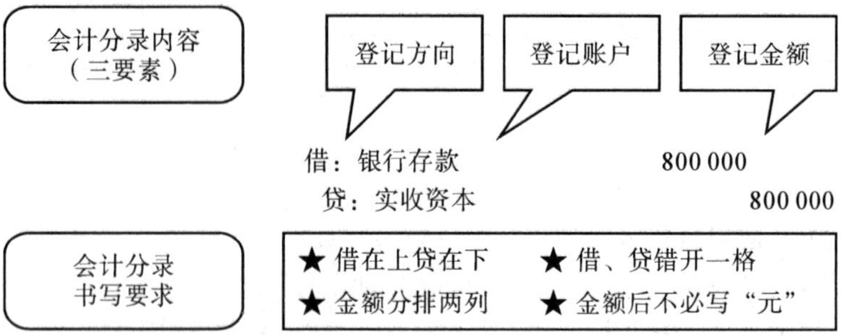

图 3-16 会计分录书写要求

第一，先借后贷；借和贷要分行写，并且文字和金额的数字都应错开；在一借多贷或一贷多借的情况下，要求借方或贷方的文字和金额数字必须对齐。

第二，贷方记账符号、账户、金额都要比借方退后一格，表明借方在左，贷方在右。

按照所涉及账户的多少，分为简单会计分录和复合会计分录。简单会计分录指只涉及一个账户借方和另一个账户贷方的会计分录，即一借一贷的会计分录；复合会计分录指由两个以上（不含两个）对应账户所组成的会计分录，即一借多贷、一贷多借或多借多贷的会计分录。需要指出的是，为了保持账户对应关系的清楚，一般不宜把不同经济业务合并在一起，编制多借多贷的会计分录。但在某些特殊情况下，为了反映经济业务的全貌，也可以编制多借多贷的会计分录。

（2）简单会计分录——由两个账户组成的会计分录。

【例 3-5】公司购材料货款 30 000 元，已用银行存款支付。其会计分录为：

借：原材料   30 000（购入材料总额）
　贷：银行存款   30 000（已支付货款）

（3）复合（复杂）会计分录——由两个以上账户所组成的会计分录。

【例 3-6】公司购材料货款 30 000 元，其中 20 000 元已用银行存款支付，尚欠供货企业 10 000 元。如图 3-17 所示。

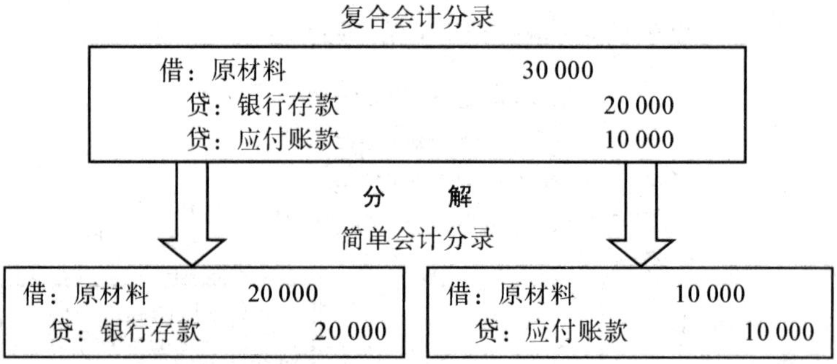

图 3-17 购入材料的复杂分录解析

（4）会计分录的编制步骤：

第一,分析经济业务涉及的是资产、负债、所有者权益,还是收入、费用、利润;

第二,确定登记账户;

第三,分析增减变化;

第四,确定记账方向;

第五,确定登记金额;

第六,写出完整的分录。

【例 3-7】收到投资者投入资本 800 000 元存入银行。如图 3-18 所示。

第一,分析涉及要素	资产	所有者权益
第二,确定登记账户	银行存款	实收资本
第三,分析增减变化	增加	增加
第四,确定记账方向	借方	贷方
第五,确定登记金额	800 000	800 000
第六,写出完整分录	借:银行存款 800 000	
	贷:实收资本	800 000

图 3-18 编制会计分录的步骤

会计分录举例:

(1)收到投资者投资金额 800 000 元存入银行。

借:银行存款   800 000

 贷:实收资本   800 000

(2)用银行存款归还前欠货款 100 000 元。

借:应付账款   100 000

 贷:银行存款   100 000

(3)用银行存款购买设备一台价值 200 000 元。

借:固定资产   200 000

 贷:银行存款   200 000

(4)用盈余公积转增资本 160 000 元。

借:盈余公积   160 000

 贷:实收资本   160 000

(5)用商业汇票抵付应付账款 40 000 元。

借:应付账款   40 000

 贷:应付票据   40 000

(6)购买原材料 30 000 元,以银行存款支付 20 000 元,其他暂欠。

借:原材料   30 000

 贷:银行存款   20 000

  应付账款   10 000

(7)用银行存款还借款 40 000 元,支付前欠货款 20 000 元。

借:短期借款   40 000

  应付账款   20 000

 贷:银行存款   60 000

（六）借贷记账法下的试算平衡

1.试算平衡的含义

试算平衡根据会计等式的平衡原理,按照记账规则的要求,通过汇总计算和比较,检查账户记录的正确性、完整性的技术方法。如图 3-19 所示。

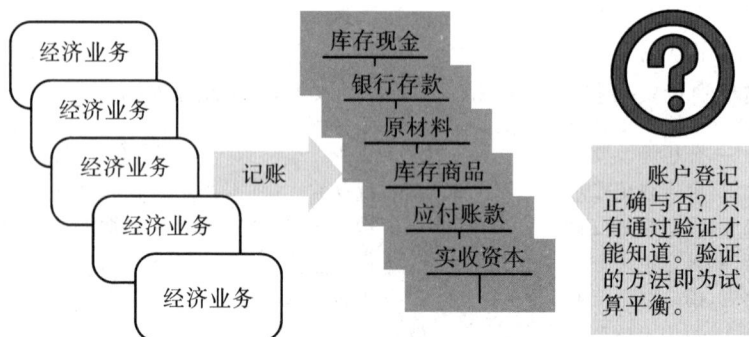

图 3-19　试算平衡的含义

在借贷记账法中,试算平衡的基本公式是:

（1）全部账户的借方期初余额合计数等于全部账户的贷方期初余额合计数;

（2）全部账户的借方发生额合计等于全部账户的贷方发生额合计;

（3）全部账户的借方期末余额合计等于全部账户的贷方期末余额合计。

如果上述三个方面都能保持平衡,说明记账工作基本上是正确的,否则就是说明记账工作发生了差错。在实际工作中,这种试算平衡通常是通过编制试算平衡表来进行的。

2.试算平衡的基本方法

（1）发生额平衡法

发生额即在一定会计期间内账户所登记的增加额和减少额。发生额平衡是指一定时期全部账户借方发生额合计等于该时期内全部账户贷方发生额合计。这是由有借必有贷,借贷必相等的记账规则决定的。对于某个会计期间内发生的每一项经济业务,在计入一个账户借方或贷方的同时必然计入另一个账户的贷方或借方,而且金额相等。

（2）余额平衡法

余额平衡是指任意会计期末,全部账户借方余额合计等于该期末全部账户贷方余额合计。这是由会计恒等式决定的。

在实际生活中,会计人员一般按照下面的方法进行试算平衡:

第一步,期末把全部账户应记录的经济业务登记入账,并计算出各个账户本期借方发生额、贷方发生额和期末余额;

第二步,编制"总分类账户本期发生额及余额试算平衡表"。

以上题为例:假设已知各账户的期初余额如表 3-4 所示。

表 3-4 各账户的期初余额

单位:元

账户名称	期初余额	
	借　方	贷　方
银行存款	600 000	
原材料		
固定资产	1 000 000	
短期借款		200 000
应付账款		160 000
应付票据		
实收资本		1 000 000
盈余公积		240 000
合　计	1 600 000	1 600 000

写出各账户的 T 型账户:

借方	银行存款	贷方
600 000		
①800 000	②100 000	
	③200 000	
	⑥20 000	
	⑦60 000	
1 020 000		

借方	原材料	贷方
⑥300 000		
30 000		

借方	固定资产	贷方
1 000 000		
③200 000		
1 200 000		

借方	应付账款	贷方
	160 000	
②100 000	⑥10 000	
⑤40 000		
⑦20 000		
	10 000	

借方	应付票据	贷方
		⑤40 000
		400 000

借方	短期借款	贷方
		200 000
⑦40 000		
		160 000

借方	盈余公积	贷方
		240 000
④160 000		
		80 000

借方	实收资本	贷方
		1 000 000
		①800 000
		④160 000
		1 960 000

编制总分类账户发生额及余额试算平衡表,见表3-5。

表3-5　总分类账户发生额及余额试算平衡表

单位:元

账户名称	期初余额		本期发生额		期末余额	
	借方	贷方	借方	贷方	借方	贷方
银行存款	600 000		800 000	380 000	1 020 000	
原材料			30 000		30 000	
固定资产	1 000 000		200 000		1 200 000	
短期借款		200 000	40 000			160 000
应付账款		160 000	160 000	10 000		10 000
应付票据				40 000		40 000
实收资本		1 000 000		960 000		1 960 000
盈余公积		240 000	160 000			80 000
合计	1 600 000	1 600 000	1 390 000	1 390 000	2 250 000	2 250 000

应当指出,试算平衡表并不意味着日常账户记录完全正确,有可能只是基本正确,因为有些账户记录的错误很难从试算平衡表中发现。这些错误包括:(1)借贷双方发生同等金额的记录错误;(2)全部漏记或重复记录同一项经济业务;(3)账户记录发生借贷方向错误;(4)用错有关账户名称。上述这些错误需要其他方法进行查找。

本章小结

本章主要介绍了会计科目与账户,借贷记账法的基本原理及如何编制会计分录,如何进行试算平衡。会计科目和会计账户都是按照经济内容对会计要素的更进一步的细分,会计科目是会计账户的名称,会计账户除了名称以外还有结构。借贷记账法是复式记账法最重要的记账法,是以"借"和"贷"作为记账符号,以"有借必有贷,借贷必相等"作为记账规则的复式记账法,在借贷记账法下,哪一方记录增加额,哪一方记录减少额,取决于账户所反映的经济内容或账户的性质。会计分录是指对某项经济业务标明其应借应贷账户及其金额的记录,试算平衡在某种程度上可以用来检验会计分录做的正确与否。本章所介绍的借贷记账法的基本原理是财务会计中最基础、最重要的内容。

案例解析

本章"导入案例"解析:

(1)李华应根据《企业会计准则》建立适合企业自身特点的会计科目,具体参照教材中的"常用会计科目表",可以根据企业实际情况增删,并设置相应明细科目。

(2)初始投资和借款的会计分录如下:

借:固定资产——设备	50 000	
——小车	100 000	
——电脑	40 000	
银行存款	110 000	
贷:实收资本——李华		100 000
——张丽		100 000
——王雨		100 000
借:银行存款	100 000	
贷:短期借款		100 000

习题精选

一、单项选择题

1.借贷记账法的理论基础是(　　　)。

A.资产=负债+所有者权益　　　　B.收入-费用=利润

C.有借必有贷　　　　　　　　　　D.借贷必相等

2.下列等式中,正确的有(　　　)。

A.资产类账户的期末余额=该账户的期初借方余额+该账户的本期借方发生额-该账户的本期贷方发生额

B.负债类账户的期末余额=该账户的期初借方余额+该账户的本期借方发生额-该账户的本期贷方发生额

C.收入类账户的期末余额＝该账户的期初借方余额＋该账户的本期借方发生额－该账户的本期贷方发生额

D.费用类账户的期末余额＝该账户的期初借方余额＋该账户的本期借方发生额－该账户的本期贷方发生额

3.某企业资产总额为 2 000 万元,本月向银行借款 600 万元存入银行,并用银行存款偿还应付账款 500 万元。期末资产总额应为(   )万元。

A.3 100   B.2 600   C.2 100   D.900

4.以下科目中,期末结账后无余额的是(   )。

A.预付账款   B.短期投资   C.财务费用   D.未分配利润

5.负债类账户的期末余额一般在(   )。

A.借方   B.贷方   C.借方和贷方   D.借方或贷方

6.在借贷记账法中,账户的哪一方记增加数,哪一方记减少数,是由(   )决定的。

A.记账规则   B.账户性质   C.业务性质   D.账户结构

7.会计科目是(   )。

A.会计要素的名称   B.账户的名称

C.账簿的名称   D.会计报表的名称

8.复式记账法对每项经济业务都以相等的金额,在(   )中进行登记。

A.一个账户   B.两个账户

C.全部账户   D.两个或两个以上的账户

9.负债及所有者权益类账户的期末余额一般在(   )。

A.借方   B.借方和贷方   C.贷方   D.借方或贷方

10.预付供应单位材料货款,可将其视为一种(   )。

A.负债   B.所有者权益   C.收益   D.资产

二、多项选择题

1.会引起会计恒等式两边同时发生增减变动的有(   )。

A.借新债还旧债

B.向银行借款,存入银行

C.购买原材料一批,以银行存款支付货款

D.购进材料,款项未付

2.下列会计科目中属于资产类科目的有(   )。

A.生产成本   B.制造费用   C.原材料   D.库存商品

3.与单式记账法相比较,复式记账有如下特点(   )。

A.根据账户记录的结果,可以了解每一项经济业务的来龙去脉

B.可以全面、系统地了解经济活动的过程和结果

C.可以对账户记录的结果进行试算平衡,检查账户记录的正确性

D.简化记账工作

4.下列哪些错误试算平衡也发现不了?(   )

A.应借应贷方向颠倒

B.漏记某项经济业务

C.应借应贷金额都多记相同金额

D.某些经济业务应借应贷金额不等

三、判断题

1.会计科目和会计账户是一件事物的不同名称。（　　　）

2.借贷记账法所用的"借""贷"两字仅为记账符号,无特定含义。（　　　）

3.几个简单会计分录可以组合成一个复合会计分录。（　　　）

4.在一个会计分录中的账户,是对应账户。（　　　）

5.某会计在期末试算表编制平衡,则证明该会计本期会计记录未发生错误。（　　　）

6.借贷记账法的试算平衡公式分为发生额平衡公式和差额平衡公式两种。（　　　）

7.经济业务的各种变动在数量上只有增加和减少两种情况,一般情况下,账户的余额与增加额在一方。（　　　）

8.所有者权益类账户的余额反映投入资本变动后的结果和未分配利润的实际数额。（　　　）

9.单式记账法下,方便查找记账差错。（　　　）

10.无论哪一类经济业务的发生,都不会影响借贷平衡关系。（　　　）

四、核算题

(一)判断下列事项对各个会计要素的影响。(在空格中填写是增、减,还是此增彼减)

经济事项	资产	负债	所有者权益	收入	费用
销售产品一批,收到银行存款 10 000 元。					
销售产品一批,款项 10 000 元未收。					
偿还所欠供应商货款 10 000 元。					
接受投资 10 000 元。					
用现金报销业务招待费 10 000 元。					
用 10 000 元银行存款购买股票。					

(二)设某工厂 2020 年 7 月初各科目余额如下:

科目名称	借方余额	科目名称	贷方余额
库存现金	1 000	短期借款	10 000
银行存款	13 000	应付账款	30 000
应收账款	14 000	实收资本	100 000
原材料	2 000	未分配利润	40 000
库存商品	10 000		
固定资产	140 000		
合　计	180 000	合　计	180 000

7月份该厂发生下列业务：

1.向甲公司购入原材料一批，计价 20 000 元，材料验收入库，货款未付；

2.向银行借入短期借款 50 000 元存入银行；

3.以银行存款偿还上月所欠材料款 30 000 元；

4.收到所有者投入资本 30 000 元存入银行；

5.收回乙公司前欠货款 12 000 元存入银行；

6.从银行提取现金 1 000 元；

7.以银行存款购入计算机一台，价值 6 000 元。

要求：1.作出上述业务的会计分录；

2.根据以上资料填写下表。

科目名称	期初借方余额	期初贷方余额	本期借方发生额	本期贷方发生额	期末借方余额	期末贷方余额
库存现金						
银行存款						
应收账款						
原材料						
库存商品						
固定资产						
短期借款						
应付账款						
实收资本						
未分配利润						
合　计						

（三）根据以下项目，说明所属的会计科目。

1.房屋及建筑物

2.工作机器及设备

3.运输汽车

4.库存生产用钢材

5.库存燃料

6.未完工产品

7.库存完工产品

8.存放在银行的款项

9.由出纳人员保管的现钞

10.应收某厂的货款

11.暂付职工差旅费

12. 从银行借入的三年期借款

13. 应付给光华厂的材料款

14. 欠交的企业所得税

15. 销售产品取得的收入

16. 投资者投入的资本

17. 出租固定资产预收的押金

18. 销售部门为招待客户而发生的招待费用

19. 销售产品的取得成本

20. 支付的办公费

趣味练习

根据以下文字填写会计科目。

1. 资金投入阶段

小李大学毕业后自己创办了一家服装公司,他的父母作为投资人给他投入 30 万元存入了公司的账户,他的公司有了第一笔资金,应该计入_____(属资产类科目);出纳人员从银行提取了 5 000 元现金,应该计入_____(属资产类要素)。这些资金是父母投入的,应该计入父母名下的_____(属所有者权益类科目)。由于资金还不够,小李又向银行贷款了 20 万元,期限 2 年,到期还本,每月支付利息,他欠银行的这笔债务应该计入_____(属负债类科目),每月支付的利息 1 400 元应计入_____(属损益类科目)。

2. 资金运用阶段:分成三步

（1）生产准备阶段

小李租来厂房,购买了设备 5 万元,安装完工以后,应该计入_____(属资产类科目);然后购买了生产用的布料、线料等加工材料 10 万,应该计入_____(属资产类科目);购买后货款 3 万元尚未支付,应该计入_____(属负债类科目)。

（2）产品生产阶段

开始生产了,加工第一批服装投入的布料、线料 5 万元以及人工等费用 1 万元,应计入_____(属成本类科目);职工工资 1 万元暂时未付,应计入_____(属负债类科目);产品生产完工后验收入库,应计入_____(属资产类科目)。

（3）产品销售阶段

生产的服装开始销售了,出售服装一批,购买商已通过银行支付 23 400 万元,其中货款 20 000 元应计入_____(属损益科目),收取的 3 400 元增值税销项税应计入_____(属负债类科目);同时,结转了这批产品的成本 10 000 元应计入_____(属损益类科目)。本月发生的广告费、送货费 800 元应计入_____(属损益类科目),厂部行政部门管理费 1 000 元应计入_____(属损益类科目)。

发生营业范围以外(非日常活动发生)的收入 500 元应计入_____(属损益类科目);发生了营业范围以外的支出 300 元则应计入_____(属损益类科目)。

3. 资金退出阶段:

到了本月月底,本月的利润总额为"销售收入－销售成本、费用＋营业外收支净额",应计算为 7 000 元(20 000－10 000－1 400－800－1 000＋500－300),乘以 25％,就是企业当月应交的所得税费用为 1 750 元,应计入_____(属损益类科目),同时计入_____(属负债类科目),以后从银行支付缴纳了税费,银行存款就会减少,这笔资金就实现了退出企业。

交完所得税后剩下的 75％就是企业的净利润,为 5 250 元,月底转入_____(属所有者权益类科目)。

会计天地

会计学之父——卢卡·帕乔利

意大利传教士著名数学家卢卡·帕乔利(Luca Pacioli,1445 年—1515 年)于 1494 年创作了《算术、几何、比与比例概要》,其中第三卷第九部第十一篇题为《计算与记录要论》,是世界会计理论研究之起点。

这部巨著改变了世界会计发展的历史航向,结束了簿记实务口授心会、单脉相传的时代,而把簿记实务与簿记理论结合在一起,使会计得以成为一门独立的科学。

他首次提出了复式簿记和借贷记账方法,并创立了三种主要会计账簿——序时账、分类账和备查簿,以及原始成本计价等会计基本原理。会计史学家们誉称他为"会计学之父。"

※轻松一刻※

有趣记账规则之歌

借增贷减是资产,权益和它正相反。

成本资产总相同,细细记牢莫弄乱。

损益账户要分辨,费用收入不一般。

收入增加贷方看,减少借方来结转。

第四章

制造业企业主要
经济业务的核算

【教学目标】

　　1.了解制造业企业的主要经济业务内容,掌握主要账户的设置和复式记账法的运用;

　　2.掌握企业资金筹集、供应过程、生产过程、销售过程和财务成果的形成与分配等业务的核算;

　　3.掌握企业产品成本计算的内容、程序和基本方法。

【导入案例】

　　小林和小张是计算机专业毕业的大学生,经过深入的市场调查后,两人决定开一个电脑维修公司,从事电脑维修,并附带销售电脑配件。2020 年 8 月 1 日他们各出资 5 000 元存入公司账户。款项到位后,他们首先租了一间门面,每月房租 1 000 元,8 月 1 日付清了当月房租;花费了 2 500 元购买了一些修理用的工具和配件;为了方便出行,花费 400 元买了一部自行车;在报纸上做了广告,广告费为 750 元,其中 250 元的广告费未支付;支付请来帮助修理电脑工作人员的报酬 300 元。8 月 15 日,小林和小张从银行提取 1 000 元用于个人生活支出。31 日,收到水电费缴费单,共计 100 元,尚未支付。当月电脑维修全部收入已存入银行,31 日银行账户余额为 7 000 元。

　　小林和小张认为他们第一个月经营情况不错,尽管亏了 3 000 元,但是却打开了市场。

　　1.分析小林和小李依据什么计算亏了 3 000 元,依据正确吗?

　　2.分析电脑维修公司 8 月底有哪些资产和负债。

　　3.计算电脑维修公司 8 月份的收入和费用是多少?

第一节　制造业企业主要经济业务的内容

一、制造业企业的性质

　　制造业企业与其他企业类会计主体,如商业企业和服务性企业等一样,都是以盈利为主要经营目的的经济组织。与其他企业类会计主体不同的是,制造业企业是以生产和销售一定的产品为主要经营活动内容的经济组织。进行产品的生产制造是制造业企业的基本业务活动内容,经过生产过程能够生产出为社会生产和人们的生活所需要的产品;经过产品的销售过程能够把生产出来的产品提供给消费者。企业通过对产品生产和销售活动的组织,力争为企业创造更多的经济效益,为社会的生产和人们的生活提供丰富的生产资料和生活资料。

二、制造业企业主要经济业务内容

根据制造业企业经营管理活动的特点,可以将制造业企业的主要经济业务分为以下五类:

(1)资金筹集经济业务:企业在筹集生产经营资金过程中发生的经济业务,包括吸收投资者投资和向债权人借款等经济业务。

(2)供应过程经济业务:企业在产品生产的准备过程中发生的经济业务,包括企业购买生产经营所需要的材料物资、购买设备和建造房屋等固定资产所发生的经济业务。

(3)生产过程经济业务:企业利用筹集的资金、储备起来的材料和购置的设备等资源,来具体组织产品生产过程中所发生的经济业务。

(4)销售过程经济业务:企业将生产出来的产品进行销售的过程中所发生的经济业务。

(5)财务成果形成与分配经济业务:企业在计算一定会计期间的经营成果以及进行这些成果的分配过程中所发生的经济业务。

以上这些业务是制造业企业在其日常的基本业务活动中最常见的。此外,企业还可能发生一些其他业务活动,如对外投资、处置闲置不用的资产等。另外,企业还可能会偶尔发生一些与其日常经营活动没有直接关系的事项,如用于处理自然灾害或人为原因给企业的资产造成损害等,但这些都不属于企业的主要经济业务。

对制造业企业主要经济业务的内容,可结合图 4-1 加深理解。从图 4-1 可以看出,制造业企业的资金运动与企业所发生的经济业务有着密切联系;经济业务的发生是企业经营资金运动的根本原因,或者说企业资金的运动就是由这些经济业务的发生所引起的。由于这些经济业务的发生,才会使企业的经营资金从一种资金形态转化为另外一种资金形态,从而使企业的各种会计要素在经济业务的持续发生的过程中呈现出纷繁多样的变化,并最终为企业带来经济利益的流入。

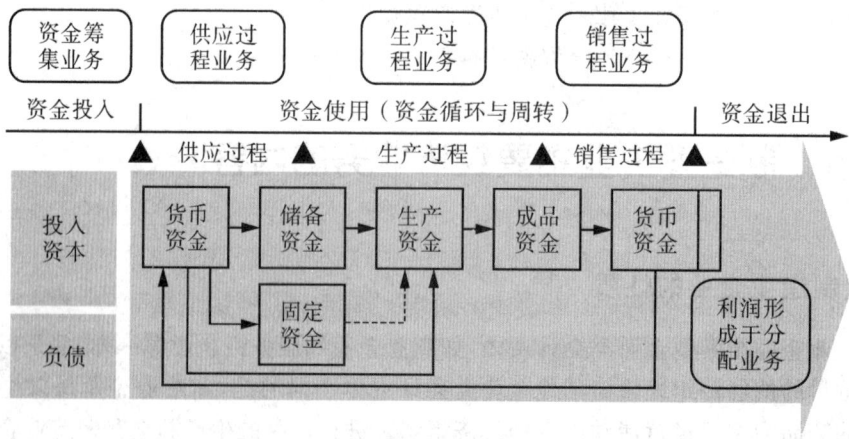

图 4-1 制造业企业的主要经济业务内容

在所有的会计主体中,制造业企业的经济业务内容是最为复杂,也是最为丰富多彩的;而运用会计的方法对这些经济业务进行处理,正是企业会计人员的职责所在。

三、制造业企业常用会计科目简要说明

(一)资产类

(1)库存现金——企业存放在保险柜里供企业日常零星开支的现金。

(2)银行存款——企业存放在银行或其他金融机构里的资金,包括人民币和外币。

(3)其他货币资金——企业除库存现金和银行存款以外的资金,例如:外埠存款、银行汇票存款、银行本票存款、信用证存款、信用卡存款、存出投资款等。

(4)应收票据——企业销售商品、提供劳务而收到的商业汇票,按承兑人不同可分为商业承兑汇票和银行承兑汇票。它直接与企业经营业务相关。

(5)应收账款——企业因销售商品或提供劳务而应该向对方收取的款项或代垫的运杂费,它直接与企业经营业务相关。

(6)预付账款——按购货合同规定预付给卖方的货款。

(7)应收股利——股权投资过程中已宣告发放但尚未领取的现金股利。

(8)应收利息——债权投资应收的利息。

(9)其他应收款——企业在商品交易业务以外发生的各种应收、暂付款项,包括:职工借款、应收的各种赔款、罚款、应收出租包装物租金等。

(10)坏账准备——年末,对无法收回或收回可能性极小的应收账款计提损失。为应收账款和其他应收款的备抵账户。

(11)材料采购——核算企业已购入但未验收入库的材料物资的实际成本。一般用于原材料按计划成本计价的企业。

(12)在途物资——核算企业已购入但未验收入库的材料物资的实际成本。一般用于原材料按实际成本计价的企业(本书采用此方法)。

(13)原材料——在企业生产过程中构成产品主要实体的各种原料及主要材料、辅助材料、修理用备件、包装材料、燃料等。为已验收入库的"材料采购"或"在途物资"的材料项目。

(14)库存商品——已验收入库等待销售的商品。

(15)固定资产——企业为生产产品、提供劳务、出租或者经营管理而持有的、使用时间超过一年的非货币资产。如:房屋、建筑物、生产经营设备、价值较高的工具器具等。固定资产按原值计价。

(16)累计折旧——固定资产由于磨损和损耗而转移到产品成本中或构成企业费用的那一部分价值。它是固定资产的备抵科目,为资产类,但记账方向和资产类相反。

(17)在建工程——企业基建、更新改造等在建工程所发生的实际支出。工程完工达到预定可使用状态后转入"固定资产"。

(18)固定资产清理——核算企业因出售、报废、毁损、转让等原因转出的固定资产净值以及在清理过程中发生的清理费用和清理收入等。

(19)无形资产——企业持有的无形资产的实际成本,包括专利权、非专利技术、商标

权、著作权等。

(20)待处理财产损溢——企业在清查财产过程中查出的各种财产盘盈、盘亏和毁损的价值,在没有查明原因的情况下用本科目挂账,待原因查明后即转销掉本科目。

(二)负债类

(1)短期借款——企业向银行或其他金融机构借入的期限在一年以下(含一年)的各种借款。

(2)应付票据——企业购买材料、商品和接受劳务等开出、承兑的商业汇票,包括商业承兑汇票和银行承兑汇票。它直接与经营业务相关。

(3)应付账款——企业因购买材料、商品和接受劳务等应支付给对方的款项。它直接与经营业务相关。

(4)预收账款——企业按合同规定向购货单位预收的款项。

(5)应付职工薪酬——本科目核算应付给职工的各种薪酬,包括薪酬的提取、结算、使用等情况,可按"工资""福利费""社会保险费""住房公积金""工会经费""非货币性福利"等进行明细核算。

(6)应交税费——核算企业根据税法规定应交纳的各种税费,包括:增值税、消费税、城市维护建设税、资源税、所得税、土地增值税、房产税、车船使用税、土地使用税、教育费附加等。

印花税、耕地占用税和契税可以不通过"应交税费"核算,于发生时直接计入"管理费用"。

(7)应付利息——企业按照合同约定应支付的利息,包括分期付息到期还本的长期借款、企业债券等应支付的利息。

(8)应付股利——企业应该分配而暂未发放的分配给投资者的现金股利和利润。

(9)其他应付款——与企业购销业务没有直接关系的一切暂收、应付款项。如应付的各种赔款、罚款、借款、暂收的押金等。

(10)长期借款——企业向银行或其他金融机构借入的期限在一年以上(不含一年)的借款。

(11)应付债券——企业为筹集(长期)资金而发行的债券。

(三)所有者权益

(1)实收资本——企业接受投资者投入的资本(股份公司为股本),包括货币投资、实物投资、无形资产投资等。

(2)资本公积——在筹集资本过程中所取得的由投入资本所引起的各种增值,包括资本溢价、其他资本公积等。资本公积的主要用途有两个:一是转增资本,二是弥补亏损。

(3)盈余公积——企业按规定从净利润中提取的企业积累资金,包括法定盈余公积和任意盈余公积。公司制企业按10%提取法定盈余公积。法定盈余公积累计达到注册资本的50%时,可不再提取。盈余公积主要用于弥补亏损、转增资本等用途,也可用于发放现金股利或利润。

(4)本年利润——核算企业当期实现的净利润或发生的净亏损。期末,将所有损益类科目中的成本、费用、支出转入本科目借方,所有损益类科目中的收入、收益转入本科目贷方。

（5）利润分配——本科目核算历年来的累计净盈余及未弥补的净亏损。年末,将本年实现的净利润(即本年利润科目贷方减借方的余额)转入本科目,盈利记本科目贷方,亏损记本科目借方。

（四）成本类

（1）生产成本——用来归集和分配生产车间生产费用,计算产品成本的账户。它由直接材料、直接人工和月末转入的"制造费用"组成。产品完工后即转入"库存商品"科目。

（2）制造费用——用来归集和分配企业生产车间为生产而发生的各项间接费用(如水电费、折旧费、修理费等)。月末转入"生产成本"科目。

（五）损益类

（1）主营业务收入——核算企业主业取得的收入。月末转入"本年利润"。

（2）其他业务收入——企业除主营业务以外其他业务取得的收入,比如销售材料、出租包装物等,月末转入"本年利润"。

（3）投资收益——核算企业投资所发生的损益。月末转入"本年利润"科目。

（4）营业外收入——与企业日常经营活动无直接关系的收入,如捐赠收入、罚款收入、赔款收入等。月末转入"本年利润"。

（5）主营业务成本——企业因取得主营业务收入而发生的实际成本,也就是取得主营业务收入的本钱。月末转入"本年利润"。

（6）其他业务成本——取得其他业务收入而发生的实际成本。月末转入"本年利润"。

（7）税金及附加——反映企业经营的各种业务而产生的应向国家缴纳的相关税费,如消费税、城建税、教育费附加等(不包括增值税和所得税)。月末转入"本年利润"。

（8）销售费用——企业在销售商品过程中发生的费用,包括运输费、包装费、广告费、销售人员薪酬等。月末转入"本年利润"。

（9）管理费用——企业行政管理部门为组织和管理生产经营所发生的各种费用,包括公司经费、工会经费、业务招待费、行政人员薪酬等。月末转入"本年利润"。

（10）财务费用——企业为筹集生产经营所需资金而发生的各项费用,包括利息支出、手续费等。月末转入"本年利润"。

（11）营业外支出——与企业生产经营活动没有直接的关系,但应从企业实现的利润总额中扣除的支出;包括固定资产盘亏、报废、毁损和出售的净损失,捐赠支出,赔偿金,违约金等。月末转入"本年利润"。

（12）所得税费用——根据企业应纳税所得额的一定比例上交的一种税费。月末转入"本年利润"。

第二节 筹资业务的核算

对于一个企业而言,其资产形成的资金来源一般有两条渠道:一是投资人的投资及其增值,形成投资人的权益,这部分资本属于企业的永久性资本,它既享受企业的经营收益,也承担企业的经营风险,该部分业务可以称为权益资金筹集业务;二是企业向债权人借入的,形成债权人的权益,这部分资本具有明确的、受法律保护的还本付息期限,该部分业务可以称为负债资金筹集业务。

一、权益资金筹集业务的核算

企业从投资人处筹集到的资金形成企业所有者权益的重要组成部分,企业的所有者权益包括实收资本、资本公积金、盈余公积金和未分配利润四部分内容。其中实收资本和资本公积是所有者直接投入企业的资本和资本溢价,一般也将实收资本和资本公积称为投入资本;盈余公积和未分配利润则是企业在经营过程中所实现的留存于企业的部分,也称为留存收益。在本部分内容的学习中我们将着重介绍所有者权益中的实收资本和资本公积金业务的核算,至于盈余公积和未分配利润即留存收益的内容将在本章财务成果业务的核算中进行阐述。

(一)账户设置

为进行实收资本等所有者权益业务的核算,应设置"实收资本(股本)"和"资本公积"等总分类账户。

1."实收资本"账户(在股份制企业为"股本"账户)

该账户属于所有者权益账户,用以核算和反映企业所有者的资本投入情况。该账户的贷方登记所有者投资的增加额,借方登记所有者投资的减少额。但为了保护企业债权人的利益,法律一般不允许所有者在企业经营期间抽回其投资额,因此,本账户平时一般没有借方发生额。其期末余额在贷方,表示所有者投资的实有数额。本账户应按所有者设置明细账。

"实收资本"账户的结构可表示如图 4-2 所示。

借方	实收资本	贷方
实收资本的减少额	实收资本的增加额	
	期末余额:实收资本的实有额	

图 4-2 "实收资本"账户结构

企业收到投资者投资,应按其实际投资数额,或按其在企业的注册资本或股本中所占份额确定的数额入账。其中,以货币资金投资的,应以企业实际收到或者存入企业开户银行的金额,借记"银行存款"账户,贷记"实收资本"账户;收到投资者投入的非货币资金投资时,应以经协商确认的价值作为投资额入账;收到投资者投入的无形资产形式的投资时,应按照经评估确定的价值作为投资额入账。企业收到投资者的投资超过其在注册资本中所占份额的部分,作为资本溢价或股本溢价,在"资本公积"账户核算,不记入本账户。

2."资本公积"账户

该账户属于所有者权益类账户,用以核算企业取得的各种资本公积金。该账户贷方登记企业取得的资本公积数额(增加数),如资本(或股本)溢价等;借方登记资本公积的减少数,如转增资本金等。该账户期末为贷方余额,反映企业资本公积金的实际结存数。该账户应按资本公积形成的类别设置明细账户,进行明细分类核算。

　　企业收到投资者投入的投资,按实际收到的金额或协商确定的价值,借记"银行存款"等资产类账户,贷记"实收资本"账户,按投资者投入企业的资金超过其在注册资本中所占的份额的差额贷记"资本公积"账户。

　　"资本公积"账户的结构可表示如图 4-3 所示。

借方	资本公积	贷方
资本公积金的减少额	资本公积金的增加额	
	期末余额:资本公积金的结余数	

图 4-3　"资本公积"账户结构

　　(二)权益资金筹集业务核算的会计处理

　　【例 4-1】2020 年 1 月 2 日,企业收到 A 公司投入资本 100 000 元,已存入银行。

　　该项业务发生一方面使企业的银行存款增加了 100 000 元,另一方面使实收资本增加了 100 000 元。编制会计分录如下:

```
借:银行存款                                        100 000
    贷:实收资本——A 公司                                    100 000
```

　　【例 4-2】2020 年 1 月 3 日,企业收到 A 企业投入的汽车一台,价值 200 000 元。

　　该项业务的发生一方面使企业的固定资产增加了 200 000 元,另一方面使实收资本增加了 200 000 元。编制会计分录如下:

```
借:固定资产                                        200 000
    贷:实收资本——A 企业                                    200 000
```

　　【例 4-3】2020 年 1 月 4 日,企业原注册资本 40 万元,E 投资者希望加入,为了占有企业注册资本的 20%的份额,投入银行存款 25 000 元和一台机器,该机器双方确认的价值为 100 000 元,加入后注册资本为 50 万元,将现金收存银行,并已对机器验收。

　　该项业务的发生一方面使企业固定资产增加 100 000 元、银行存款增加25 000元,另一方面使实收资本增加 100 000 元(500 000×20%),差额 25 000 为资本溢价,计入资本公积。

```
借:银行存款                                        25 000
    固定资产                                        100 000
    贷:实收资本                                            100 000
        资本公积——资本溢价                                    25 000
```

二、负债资金筹集的核算

　　企业的负债业务种类繁多,包括企业借款的借入与偿还业务、企业与供应商之间的货款拖欠及偿还业务、企业与内部职工之间的薪酬计算与支付业务等。从企业资金筹集的角度看,负债主要体现为企业从银行或其他金融机构借入与偿还借款,企业债券的发行与偿还等。

　　(一)账户设置

　　1."短期借款"账户

　　该账户属于负债类账户,是用来核算和监督企业向银行或其他金融机构借入的期限在 1 年以下(含 1 年)的各种借款。其贷方登记企业借入的各种短期借款本金数额;借方登记企业归还的短期借款本金数额;期末余额在贷方,表示企业尚未偿还的短期借款本金数额。该账户应按债权人设置明细分类账,并按借款的种类进行明细分类核算。

"短期借款"账户的结构可表示如图 4-4 所示。

借方	短期借款	贷方
短期借款的本金的偿还(减少)	短期借款本金的取得(增加)	
	期末余额: 短期借款本金结余额	

图 4-4 "短期借款"账户结构

2."长期借款"账户

该账户属于负债类账户,是用来核算和监督企业借入的期限在 1 年以上(不含 1 年)的各种借款。其贷方登记企业借入的各种长期借款的本金和发生的利息数额,借方登记各种长期借款本金和利息的归还数额;期末余额在贷方,表示企业尚未偿还的各种长期借款的本金和利息数额。该账户应按借款单位设置明细账,并按借款种类进行明细分类核算。

"长期借款"账户的结构可表示如图 4-5 所示。

借方	长期借款	贷方
长期借款本息的偿还(减少)	长期借款本金的取得和利息的计算(增加)	
	期末余额:长期借款本息的结余	

图 4-5 "长期借款"账户结构

3."财务费用"账户

该账户属于损益类账户,是用来核算和监督企业为筹集生产经营所需资金而发生的各项费用。该账户的借方登记企业发生的各项财务费用,包括借款利息、借款手续费、债券发行成本、汇兑损失等;贷方登记发生的应冲减财务费用的利息收入、汇兑收益和结转到"本年利润"账户的财务费用;月末结转后该账户无余额。该账户应按照费用项目设置明细账,进行明细分类核算。

"财务费用"账户的结构可表示如图 4-6 所示。

借方	财务费用	贷方
发生的费用:	利息收入	
利息支出	期末转入"本年利润"	
手续费	账户的财务费用额	
汇兑损失	汇兑收益	

图 4-6 "财务费用"账户结构

4."应付利息"账户

该账户属于负债类账户,是用来核算按照合同约定应支付的利息。其借方登记实际支付的利息,贷方登记应付未付的利息,期末余额在贷方,反映企业应付未付的利息。

"应付利息"账户的结构可表示如图4-7所示。

借方	应付利息	贷方
实际支付利息(减少)	应付未付的利息(增加)	
	期末余额:应付未付的利息	

图4-7 "应付利息"账户结构

(二)负债资金筹集业务核算的会计处理

1.取得借款时的核算

【例4-4】2020年12月1日企业取得一项期限为3个月,年利率为6%,到期还本付息的银行借款40 000元,所得款项存入银行。

该项经济业务的发生,一方面使企业的银行存款增加40 000元,另一方面使企业短期借款增加40 000元。因此,该项经济业务涉及"银行存款"和"短期借款"两个账户。银行存款的增加是企业资产的增加,应记入"银行存款"账户的借方;短期借款的增加是负债的增加,应记入"短期借款"账户的贷方。该项经济业务编制会计分录如下:

借:银行存款   40 000
   贷:短期借款   40 000

【例4-5】2019年1月1日向银行借入3年期、年利率为7%、到期一次还本付息的款项200 000元,已存入银行。企业用该借款建造厂房,工程于2020年年末完工,达到可使用状态。

该项经济业务的发生,一方面使企业银行存款增加200 000元,另一方面使企业长期借款增加200 000元。因此,该项经济业务涉及"银行存款"和"长期借款"两个账户。银行存款的增加是企业资产的增加,应记入"银行存款"账户的借方;长期借款的增加是负债的增加,应记入"长期借款"账户的贷方。该项经济业务编制会计分录如下:

借:银行存款   200 000
   贷:长期借款   200 000

2.借入资金利息的核算

企业借入短期借款的利息支出在财务费用中列支,发生的短期借款利息不按月支付的,根据权责发生制原则,需按月计提利息,应借记"财务费用"账户,贷记"应付利息"账户;实际支付利息时,借记"应付利息"账户,贷记"银行存款"账户。

企业借入长期借款的利息支出应区别不同情况处理:(1)为购建固定资产发生的长期借款利息,在固定资产达到可使用状态前发生的,借记"在建工程"账户,贷记"长期借款"账户;发生在固定资产达到可使用状态后发生的,计入当期损益,借记"财务费用"账户,贷记"长期借款"账户。(2)不是为购建固定资产而发生的长期借款利息,在生产经营期间发生的,计入当期财务费用。

【例4-6】承例4-4,2020年12月末计提本月短期借款利息200元(40 000×6%÷12)。

该项经济业务的发生,一方面使企业承担的利息费用增加 200 元,另一方面使企业未付利息的债务增加 200 元。利息费用增加计入"财务费用"账户借方,未付短期借款利息债务增加计入"应付利息"账户贷方。该项经济业务编制会计分录如下:

借:财务费用　　　　　　　　　　　　　　　　　　　　200
　　贷:应付利息　　　　　　　　　　　　　　　　　　　　　　200

以后两个月每月末计提利息做同样的分录。

【例 4-7】承例 4-5,2019 年年末计算本年应计长期工程借款利息 1 166.67 元(200 000×7%÷12)。

该项经济业务的发生,一方面使企业应由工程负担的利息支出增加 1 166.67 元,另一方面使企业应付长期借款利息债务增加 1 166.67 元。工程负担的利息支出计入"在建工程"账户,应付长期借款利息债务计入"长期借款"账户。该项经济业务编制会计分录如下:

借:在建工程　　　　　　　　　　　　　　　　　　　1 166.67
　　贷:长期借款　　　　　　　　　　　　　　　　　　　　　1 166.67

2013 年应计利息的会计分录与 2019 年相同。

2013 年年末工程已完工,2014 年年末应计利息应计入财务费用,会计分录应记为:

借:财务费用　　　　　　　　　　　　　　　　　　　1 166.67
　　贷:长期借款　　　　　　　　　　　　　　　　　　　　　1 166.67

3.到期还本付息核算

【例 4-8】承例 4-4、例 4-6,2021 年 3 月 1 日归还到期短期借款本金 40 000 元,利息 600 元。

该项经济业务的发生,一方面使企业短期借款减少 40 000 元,未付短期利息债务减少了 600 元;另一方面使企业银行存款减少 40 600 元。短期借款本金的减少,应计入"短期借款"账户的借方;未付利息债务的减少,应计入"应付利息"账户的借方;银行存款的减少应计入"银行存款"账户的贷方。该项经济业务编制会计分录如下:

借:短期借款　　　　　　　　　　　　　　　　　　　40 000
　　应付利息　　　　　　　　　　　　　　　　　　　　600
　　贷:银行存款　　　　　　　　　　　　　　　　　　　　40 600

【例 4-9】承例 4-5、例 4-7,2021 年 12 月 31 日归还到期长期借款本金 200 000 元,利息 42 000 元。

该项经济业务的发生,一方面使企业长期借款减少 200 000 元,未付长期利息债务减少了 42 000 元;另一方面使企业银行存款减少 242 000 元。长期借款本金未付利息债务的减少,都应计入"长期借款"账户的借方;银行存款的减少应计入"银行存款"账户的贷方。该项经济业务编制会计分录如下:

借:长期借款　　　　　　　　　　　　　　　　　　　242 000
　　贷:银行存款　　　　　　　　　　　　　　　　　　　　242 000

第三节　供应过程的核算

制造企业要进行正常的产品生产,就必须购置机器设备、建造厂房、建筑物等固定资产,还要购买和储备一定品种与数量的材料等存货。因此,固定资产购建业务和材料采购业务,就构成了供应过程业务核算的主要经济业务。

一、固定资产购置业务的核算

(一)固定资产的含义

固定资产是指使用期超过一年的房屋、建筑物、机器、器械、运输工具以及其他与生产、经营有关的设备、器具、工具等。不属于生产、经营主要设备的物品,单位价值在 2 000元以上,并且使用期限超过 2 年的,也应当作为固定资产。

(二)固定资产入账价值

固定资产应按其取得时的成本作为入账的价值。

(1)企业外购固定资产的成本,包括购买价款、进口关税和其他税费,以及使固定资产达到预定可使用状态前所发生的可归属于该项资产的场地整理费、运输费、装卸费、安装费和专业人员服务费等。

自 2009 年 1 月 1 日起,增值税一般纳税人购进或者自制固定资产发生的进项税额,可根据《中华人民共和国增值税暂行条例》和《中华人民共和国增值税暂行条例实施细则》的有关规定,凭增值税专用发票、海关进口增值税专用缴款书和运输费用结算单据从销项税额中抵扣。因此,增值税不计入固定资产成本。

(2)企业自行建造固定资产的成本,由建造该项资产达到预定可使用状态前所发生的必要支出构成,包括发生的材料费和人工费等。如果自行建造的固定资产的项目资金来自于银行的长期借款,其在建设期间所发生的应计入固定资产成本的借款费用,也应计入固定资产的成本。

(3)由投资者投入固定资产的成本,应当按照投资合同或协议约定的价值确定。

(4)融资租赁固定资产。融资租赁是指实质上转移了与资产所有权有关的全部风险和报酬的租赁。在租赁期开始日,承租企业应当将租赁开始日租赁资产公允价值与最低租赁付款额现值两者中的较低者作为租入资产的入账价值。承租人在租赁谈判和签订租赁合同过程中发生的,可归属于租赁项目的手续费、律师费、差旅费、印花税等初始直接费用,应当计入租入资产价值。

此外,由于企业合并、非货币性资产交换和债务重组等也会取得固定资产,它们的成本也应根据具体情况和企业会计准则的规定采用不同的计量方法。

(三)账户设置

为进行固定资产购置业务的核算,应设置"固定资产"和"在建工程"等总分类账户。

1."固定资产"账户

该账户属于资产类账户,用以核算企业固定资产的原价,即固定资产的实际成本。

该账户的借方登记以各种方式形成的固定资产的原始价值,贷方登记由于各种原因而减少的固定资产的原始价值。该账户期末为借方余额,反映企业期末固定资产的原始价值。该账户应按固定资产类别、使用部门和单项固定资产设置明细账户,进行明细分类核算。对于固定资产在使用过程中发生的价值损耗,即固定资产的折旧额,不在本账户核算,而是专门设置"累计折旧"账户进行核算。

"固定资产"账户的结构可表示如图 4-8 所示。

借方	固定资产	贷方
固定资产取得成本的增加	固定资产取得成本的减少	
期末余额:原价的结余		

图 4-8 "固定资产"账户结构

2."在建工程"账户

该账户属于资产类账户。用以核算企业进行设备安装工程(包括需要安装设备的购买价值)、自行建造固定资产工程等发生的实际支出。该账户的借方登记进行设备安装或建造工程的施工所发生的全部支出;贷方登记安装或建造工程完成后结转入"固定资产"账户的工程实际成本。该账户期末为借方余额,反映企业期末尚未完工的在建工程所发生的各项实际支出。该账户应按建筑工程、安装工程等设置明细账户,进行明细分类核算。

"在建工程"账户的结构可表示如图 4-9 所示。

借方	在建工程	贷方
工程发生的全部支出	结转完工工程成本	
期末余额:未完工工程成本		

图 4-9 "在建工程"账户结构

(四)固定资产购进业务的会计处理(不考虑增值税因素)

1.购入不需安装的固定资产

【例 4-10】2020 年 12 月 1 日购入一台不需要安装的设备,该设备的买价300 000元,包装运杂费等 6 000 元,全部款项通过银行支付,设备当即投入使用。

该项经济业务的发生,一方面使企业固定资产增加 306 000 元,另一方面使企业银行存款减少 306 000 元。因此,该项经济业务涉及"固定资产"和"银行存款"两个账户。固定资产的增加是企业资产的增加,应记入"固定资产"账户的借方;银行存款的减少是资产的减少,应记入"银行存款"账户的贷方。该项经济业务编制会计分录如下:

借:固定资产 306 000
　贷:银行存款 306 000

2.购入需要安装的固定资产

如果购入的是需要安装的固定资产,则应通过"在建工程"账户核算其安装工程成本,安装工程完工交付使用时,应按安装工程的全部支出(即实际成本),从"在建工程"账户的贷方转入"固定资产"账户的借方。

【例 4-11】2020 年 12 月 2 日购入需要安装的机器设备一台,买价 66 000 元,包装费和运杂费 1 500 元,款项以银行存款支付。安装过程中耗用材料 5 000 元,发生工资费 4 500元。

该项经济业务的发生,一方面使企业的在建工程支出增加 77 000(66 000＋1 500＋5 000＋4 500)元;另一方面使企业银行存款减少 67 500 元,库存材料减少 5 000 元,应付职工薪酬增加 4 500 元。因此,该项经济业务涉及"在建工程"、"银行存款"、"原材料"、"应付职工薪酬"四个账户。在建工程支出的增加是固定资产购建成本的增加,应记入"在建工程"账户的借方;银行存款和库存材料的减少是资产的减少,应记入"银行存款"和"原材料"账户的贷方;应付职工薪酬的增加是负债的增加,应记入"应付职工薪酬"账户的贷方。该项经济业务编制会计分录如下:

借:在建工程　　　　　　　　　　　　　　　　　　　　　　　77 000
　　贷:银行存款　　　　　　　　　　　　　　　　　　　　　　　67 500
　　　　原材料　　　　　　　　　　　　　　　　　　　　　　　　5 000
　　　　应付职工薪酬　　　　　　　　　　　　　　　　　　　　　4 500

【例 4-12】2020 年 12 月 4 日上述所购设备安装工作完毕,经验收合格交付使用,结转安装工程成本。

安装工程完工交付使用,使企业固定资产增加 77 000 元,应按实际成本记入"固定资产"账户的借方,结转完工工程成本,记入"在建工程"账户的贷方。应编制会计分录如下:

借:固定资产　　　　　　　　　　　　　　　　　　　　　　　77 000
　　贷:在建工程　　　　　　　　　　　　　　　　　　　　　　　77 000

二、材料采购业务的核算

企业要进行正常的产品生产经营活动,就必须购买和储备一定品种和数量的原材料,原材料是产品制造企业生产产品不可缺少的物质要素,在生产过程中,材料经过加工而改变其原来的实物形态,构成产品实体的一部分,或者实物消失而有助于产品的生产。因此,产品制造企业要有计划地采购材料,既要保证及时、按质、按量地满足生产上的需要,同时又要避免储备过多,不必要地占用资金。

企业储存备用的材料,通常都是向外单位采购而得。在材料采购过程中,一方面是企业从供应单位购进各种材料,要计算购进材料的采购成本;另一方面企业要按照经济合同和约定的结算办法支付材料的买价和各种采购费用,与供应单位发生货款结算关系。在材料采购业务的核算过程中,还涉及增值税进项税额的计算与处理问题。为了完成材料采购业务的核算,需要设置一系列的账户。

对于制造业企业原材料的核算,其中一个非常重要的问题就是原材料成本的确定,包括取得原材料成本的确定和发出原材料成本的确定。

关于取得原材料成本的确定,不同方式取得的原材料,其成本的确定方法不同,成本构成内容也不同。其中购入的原材料,其实际采购成本由以下几项内容组成:

(1)买价,指购货发票所注明的货款金额;

(2)采购过程中发生的运输费、包装费、装卸费、保险费、仓储费等;

(3)材料在运输途中发生的合理损耗；

(4)材料入库之前发生的整理挑选费用；

(5)按规定应计入材料采购成本中的各种税费,如从国外进口材料支付的关税等；

(6)其他费用,如大宗物资的市内运杂费等。

这里需要注意的是:市内零星运杂费、采购人员的差旅费以及采购机构的经费等不构成材料的采购成本,而是直接计入期间费用。

按照《企业会计制度》的规定,企业的材料可以按照实际成本计价组织收发核算(实际成本法),也可以按照计划成本计价组织收发核算(计划成本法),具体采用那一种方法,由企业根据具体情况自行决定。

（一）账户设置

1.“在途物资”“材料采购”账户

在实际成本法下使用“在途物资”账户,计划成本法下使用“材料采购”账户,为简化计算,本书采用实际成本法。

该账户的性质属于资产类,用来核算企业外购材料的买价和各种采购费用,据以计算确定购入材料的实际采购成本。其借方登记购入材料的买价和采购费用,贷方登记结转完成采购过程、验收入库材料的实际采购成本；期末余额在借方,表示尚未运达企业或者已经运达企业但尚未验收入库的在途材料的采购成本。“在途物资”账户应按照购入材料的品种或种类设置明细账户,进行明细分类核算。

“在途物资”账户的结构可表示如图 4-10 所示。

借方	在途物资	贷方
购入材料的买价和采购费用增加	结转采购成本	
期末余额:未验收入库的采购成本		

图 4-10 “在途物资”账户结构

对于“在途物资”账户,在具体使用时,要注意以下几个问题:

第一,对于购入的材料,不论是否已经付款,一般都应该先记入该账户,在材料验收入库结转成本时,将其成本转入“原材料”账户。

第二,购入材料过程中发生的除买价之外的采购费用,如果能够分清是某种材料直接负担的,可直接计入该材料的采购成本,否则就应进行分配。分配时,首先根据材料的特点确定分配的标准,一般来说可以选择的分配标准有材料的重量、体积、买价等,然后计算材料采购费用分配率,最后计算各种材料的采购费用负担额,即:

材料采购费用分配率＝共同采购费用总额÷分配标准的合计

某材料应负担的采购费用额＝采购费用分配率×该材料的分配标准

2.“原材料”账户

该账户的性质属于资产类,是用来核算企业库存材料实际成本的增减变动及其结存情况的账户。其借方登记已验收入库材料实际成本的增加,贷方登记发出材料的实际成本(即库存材料成本的减少)；期末余额在借方,表示库存材料实际成本的期末结余额。

"原材料"账户应按照材料的保管地点、材料的种类或类别设置明细账户,进行明细分类核算。

"原材料"账户的结构可表示如图 4-11 所示。

借方	原材料	贷方
验收入库材料实际成本的增加	库存材料实际成本的减少	
期末余额:库存材料实际成本结余		

图 4-11　"原材料"账户结构

3."应付账款"账户

该账户的性质属于负债类,用来核算企业因购买材料、商品、接受劳务供应等而应付给供应单位的款项。其贷方登记应付供应单位等款项(买价、税费和代垫运杂费等)的增加,借方登记应付供应单位款项的减少(即偿还);期末余额一般在贷方,表示尚未偿还的应付款的结余额。该账户应按照供应单位等的名称设置明细账户,进行明细分类核算。

"应付账款"账户的结构可表示如图 4-12 所示。

借方	应付账款	贷方
偿还应付供应单位款项(减少)	应付供应单位款项的增加	
	期末余额:尚未偿还的应付款	

图 4-12　"应付账款"账户结构

4."应付票据"账户

该账户的性质属于负债类,是用来核算企业单位采用商业汇票结算方式购买材料、商品等而开出、承兑商业汇票的增减变动及其结余情况的账户。其贷方登记企业开出、承兑商业汇票的增加,借方登记到期商业汇票的减少;期末余额在贷方,表示尚未到期的商业汇票的期末结余额。该账户不设置明细账户,但要设置"应付票据备查簿"登记其具体内容。

"应付票据"账户的结构可表示如图 4-13 所示。

借方	应付票据	贷方
到期应付票据的减少(不论是否已经付款)	开出、承兑商业汇票的增加	
	期末余额:尚未到期商业汇票的结余额	

图 4-13　"应付票据"账户结构

5."预付账款"账户

该账户的性质属于资产类,用来核算企业按照购货合同规定预付给供应单位的款项。该账户借方登记按照合同规定预付给供应单位的货款和补付的款项,贷方登记收到所购货物和退回多付的款项;期末余额一般在借方,表示尚未结算的预付款的结余额。该账户应按照供应单位的名称设置明细账户,进行明细分类核算。

"预付账款"账户的结构可表示如图 4-14 所示。

借方	预付账款	贷方
预付供应单位款项的增加	冲销预付供应单位的款项	
期末余额：尚未结算的预付款		

图 4-14 "预付账款"账户结构

6."应交税费"账户

该账户的性质属于负债类,用来核算企业按税法规定应交纳的各种税款(印花税等不需要预计税额的税种除外)的计算与实际缴纳情况的账户。其贷方登记计算出的各种应交而未交税费的增加,包括计算出的增值税、消费税、城建税、所得税、资源税等;借方登记实际缴纳的各种税费,包括支付的增值税进项税额。期末余额方向不固定,如果在贷方,表示未交税费的结余额;如果在借方,表示多交的税金。"应交税费"账户应按照税种设置明细账户,进行明细分类核算。

在材料物资采购业务中设置"应交税费"账户主要是核算增值税。增值税是对在我国境内销售货物或者提供劳务以及进口货物的单位和个人,就其取得的货物或应税劳务销售额计算税款,并实行税款抵扣制的一种流转税。

增值税是对商品生产或流通各个环节的新增价值或商品附加值进行征税,所以称之为增值税。这是一种价外税,采取两段征收法,分为增值税进项税额和销项税额。

当期应纳税额＝当期销项税额－当期进项税额

其中,销项税额是指纳税人销售货物或应税劳务,按照销售额和规定的税率计算并向购买方收取的增值税额,销项税额＝销售额×增值税税率。

进项税额是指纳税人购进货物或接受应税劳务所支付或负担的增值税额,进项税额＝购进货物或劳务价款×增值税税率。

增值税的进项税额与销项税额是相对应的,销售方的销项税额就是购买方的进项税额。

"应交税费"账户的结构可表示如图 4-15 所示。

借方	应交税费	贷方
实际缴纳的各种税费 (增值税进项税额)	计算出的应交而未交的税费 (增值税销项税额)	
期末余额：多交的税费	期末余额：未交的税费	

图 4-15 "应交税费"账户结构

(二)材料购进业务核算的会计处理

【例 4-13】2020 年 12 月 5 日向北方工厂购入甲材料,收到北方工厂开来的增值税专用发票,数量是 600 千克,单价 25 元,价款 15 000 元,增值税 2 550 元,货款及增值税均以银行存款支付。

该项经济业务的发生,一方面使材料的买价支出增加 15 000 元,增值税进项税额支出增加 2 550 元;另一方面使企业银行存款减少 17 550 元。因此,该项经济业务涉及"在途物资""应交税费""银行存款"三个账户。支出的材料买价构成材料采购成本,应记入

"在途物资"账户的借方;增值税进项税额记入"应交税费(应交增值税－进项税额)"账户的借方;银行存款的减少是资产的减少,应记入"银行存款"账户的贷方。该项经济业务编制会计分录如下:

借:在途物资——甲材料　　　　　　　　　　　　　　　　15 000
　　应交税费——应交增值税(进项税额)　　　　　　　　　2 550
　　贷:银行存款　　　　　　　　　　　　　　　　　　　　　　　　17 550

【例4-14】2020年12月5日用银行存款支付上述购入甲材料的运费500元。

该项经济业务的发生,一方面使材料的采购费用支出增加500元,另一方面使企业银行存款减少500元。因此,该项经济业务涉及"在途物资"和"银行存款"两个账户。支出的运费构成在途物资成本,应记入"在途物资"账户的借方;银行存款的减少是资产的减少,应记入"银行存款"账户的贷方。该项经济业务编制会计分录如下:

借:在途物资——甲材料　　　　　　　　　　　　　　　　　500
　　贷:银行存款　　　　　　　　　　　　　　　　　　　　　　　　500

【例4-15】2020年12月7日向南方工厂购入乙、丙材料,收到南方工厂开来的专用发票,乙材料数量2 000千克,单价50元,丙材料1 000千克,单价12元,共计112 000元,增值税19 040元,款项未付。

该项经济业务的发生,一方面使材料的买价支出增加112 000(2 000×50＋1 000×12)元,增值税进项税额支出增加19 040元;另一方面使企业应付账款增加131 040元。因此,该项经济业务涉及"在途物资""应交税费""应付账款"三个账户。支出的材料买价构成在途物资成本,应记入"在途物资"账户的借方;增值税进项税额应记入"应交税费——应交增值税(进项税额)"账户的借方;应付账款的增加是负债的增加,应记入"应付账款"账户的贷方。该项经济业务编制会计分录如下:

借:在途物资——乙材料　　　　　　　　　　　　　　　100 000
　　　　　　——丙材料　　　　　　　　　　　　　　　　12 000
　　应交税费——应交增值税(进项税额)　　　　　　　　　19 040
　　贷:应付账款——南方工厂　　　　　　　　　　　　　　　　131 040

【例4-16】2020年12月7日以银行存款支付上述乙、丙两种材料的运费600元。

由乙、丙两种材料共同负担的运杂费600元,按材料重量比例分配如下:

$$分配率=\frac{600}{2\ 000+1\ 000}=0.2(元/千克)$$

乙材料应分摊的采购费用＝2 000×0.2＝400(元)
丙材料应分摊的采购费用＝1 000×0.2＝200(元)

该项经济业务的发生,一方面使材料的采购费用支出增加600元,另一方面使企业银行存款减少600元。因此,该项经济业务涉及"在途物资"和"银行存款"两个账户。支出的材料采购费用构成材料采购成本,应记入"在途物资"账户的借方;银行存款的减少是资产的减少,应记入"银行存款"账户的贷方。该项经济业务编制会计分录如下:

借:在途物资——乙材料　　　　　　　　　　　　　　　　400
　　　　　　——丙材料　　　　　　　　　　　　　　　　　200
　　贷:银行存款　　　　　　　　　　　　　　　　　　　　　　　600

【例4-17】2020年12月8日以银行存款偿还前欠南方工厂货款131 040元。

该项经济业务的发生,一方面使企业应付账款减少131 040元;另一方面使企业银行存款减少131 040元。因此,该项经济业务涉及"应付账款"和"银行存款"两个账户。应付账款的减少是负债的减少,应记入"应付账款"账户的借方;银行存款的减少是资产的减少,应记入"银行存款"账户的贷方。该项经济业务编制会计分录如下:

借:应付账款——南方工厂　　　　　　　　　　　　　　131 040
　　贷:银行存款　　　　　　　　　　　　　　　　　　　　　　131 040

【例4-18】2020年12月10日向东方工厂购买甲材料,根据合同规定预付款项5 850元,以银行存款支付。

该项经济业务发生,一方面使企业预付账款增加5 850元,另一方面使银行存款减少5 850元。因此,该项经济业务涉及"预付账款"和"银行存款"两个账户。预付账款的增加是资产的增加,应记入"预付账款"账户的借方;银行存款的减少是资产的减少,应记入"银行存款"账户的贷方。该项经济业务编制会计分录如下:

借:预付账款——东方工厂　　　　　　　　　　　　　　　5850
　　贷:银行存款　　　　　　　　　　　　　　　　　　　　　　5 850

【例4-19】2020年12月13日收到上述东方工厂发来的甲材料,专用发票载明数量200千克,单价25元,价款5 000元,增值税850元。

该项经济业务的发生,一方面使材料的买价支出增加5 000元,增值税进项税额支出增加850元;另一方面使企业预付账款减少5 850元。因此,该项经济业务涉及"在途物资""应交税费""预付账款"三个账户。支出的材料买价构成材料采购成本,应记入"在途物资"账户的借方;增值税进项税额应记入"应交税费(应交增值税——进项税额)"账户的借方;预付账款的减少是资产的减少,应记入"预付账款"账户的贷方。该项经济业务编制会计分录如下:

借:在途物资——甲材料　　　　　　　　　　　　　　　5 000
　　应交税费——应交增值税(进项税额)　　　　　　　　　850
　　贷:预付账款——东方工厂　　　　　　　　　　　　　　　5 850

【例4-20】2020年12月16日前述甲、乙、丙三种材料均已验收入库,结转其采购成本。

根据甲、乙、丙三种材料的在途物资明细分类账(见表4-1至表4-3),编制入库材料的采购成本计算表,其格式见表4-4。甲、乙、丙三种材料实际采购成本确定以后,应从"在途物资"账户的贷方转入"原材料"账户的借方。编制会计分录如下:

借:原材料——甲材料　　　　　　　　　　　　　　　20 500
　　　　——乙材料　　　　　　　　　　　　　　　100 400
　　　　——丙材料　　　　　　　　　　　　　　　12 200
　　贷:在途物资——甲材料　　　　　　　　　　　　　　20 500
　　　　　　——乙材料　　　　　　　　　　　　　　100 400
　　　　　　——丙材料　　　　　　　　　　　　　　12 200

表 4-1　在途物资明细分类账(一)

材料名称:甲材料　　　　　　　　　　　　　　　　　　　　　　　　　　　　单位:元

2020 年		凭证号	摘　要	借方			贷方
月	日			买价	运杂费	合计	
	略	略	购甲材料 600 千克	15 000		15 000	
			支付甲材料运费		500	500	
			购甲材料 200 千克	5 000		5 000	
			验收入库结转采购成本				20 500
			本期发生额	20 000	500	20 500	20 500

表 4-2　在途物资明细分类账(二)

材料名称:乙材料　　　　　　　　　　　　　　　　　　　　　　　　　　　　单位:元

2020 年		凭证号	摘　要	借方			贷方
月	日			买价	运杂费	合计	
	略	略	购乙材料 2 000 千克	100 000		100 000	
			支付运费		400	400	
			验收入库结转采购成本				100 400
			本期发生额	100 000	400	100 400	100 400

表 4-3　在途物资明细分类账(三)

材料名称:丙材料　　　　　　　　　　　　　　　　　　　　　　　　　　　　单位:元

2020 年		凭证号	摘　要	借方			贷方
月	日			买价	运杂费	合计	
	略	略	购丙材料 1 000 千克	12 000		12 000	
			支付运费		200	200	
			验收入库结转采购成本				12 200
			本期发生额	12 000	200	12 200	12 200

表 4-4　在途物资成本计算表

单位:元

项目	甲材料(800 千克)		乙材料(2 000 千克)		丙材料(1 000 千克)		成本合计
	总成本	单位成本	总成本	单位成本	总成本	单位成本	
买价	20 000	25	100 000	50	12 000	12	132 000
采购费用	500	0.625	400	0.2	200	0.2	1 100
采购成本	20 500	25.625	100 400	50.2	12 200	12.2	133 100

第四节　生产过程的核算

生产过程是制造业企业的经营活动最具特色的过程,也是对企业资产的耗费过程。在这一过程中,企业为了取得收入而生产产品或提供劳务,必然会发生各种各样的耗费,包括原材料等劳动对象的耗费和机器设备等劳动资料和劳动力等方面的耗费。这些耗费称为生产费用,发生以后应计入产品的生产成本。

除产品生产耗费外,企业在经营活动中还会发生其他方面的耗费,如销售费用、管理费用和财务费用等。这些费用与产品的生产没有直接关系,发生以后不计入产品的生产成本,而是作为期间费用处理,即直接计入发生当期的费用。

一、生产费用的组成内容

企业的生产费用主要由直接材料、直接人工和制造费用三个部分组成:

(1)直接材料。这是指企业在产品生产中消耗并构成产品实体的原料、主要材料以及有助于产品形成的辅助材料、设备配件和外购的半成品等。

(2)直接人工。这是指企业支付给直接参加产品生产的工人的工资,以及按生产工人工资总额一定比例计算提取并计入产品生产成本的职工福利费等。

(3)制造费用。这是指直接作用于产品生产,但在发生后不便于直接计入产品成本的费用,以及间接作用于产品生产的各项费用。如企业的生产部门管理人员的工资及职工福利费、生产单位固定资产的折旧费和修理费、物料消耗、办公费、水电费、保险费和劳动保护费等。

二、生产费用计入生产成本的一般程序

直接材料、直接计入直接人工和制造费用等生产费用在发生后一般都要计入所生产产品的成本,在会计上通常将其称为成本项目。企业按成本项目将发生的有关费用计入产品生产成本的过程就是生产费用的归集和分配过程。生产费用计入生产成本的一般程序有以下两种:

(1)直接计入。直接计入是指直接为生产产品所发生,并能够直接确定受益对象的各项费用,如直接材料和直接人工,一般易于辨别是为生产哪一种产品而发生的,因而在发生时就可按照成本计算对象进行归集,直接计入所生产产品的成本。由于这两项费用是可以直接计入产品生产成本的,因而,也被称之为直接费用。

(2)间接计入。间接计入或称分配计入,是指为生产产品所发生的制造费用。制造费用的内容比较复杂,包括产品生产车间为产品生产发生的机器设备使用费、车间管理管理人员的工资和办公费等。这些费用虽然也与产品生产有关,最终也要计入产品的生产成本,但由于这些费用是企业为组织和管理生产经营活动而发生的共同费用和不能直接计入产品成本的各项费用,因此,企业对发生的制造费用一般是平时先利用"制造费用"账户归集其在当期的发生额,待期末(一般为月末)时再采用一定的分配方法计入有关产品的

成本。可见,制造费用正是以这种间接方式而计入产品生产成本的,相对于直接材料和直接人工资等直接费用,制造费用也被称为间接费用。

三、生产费用的归集和分配的核算

(一)材料费用的归集与分配的核算

对于企业在产品生产过程中发生的直接材料费,可以在发生时直接计入产品生产成本,也可以在月末时,根据按用途编制的"发出材料汇总表"的汇总结果计入产品生产成本。如果生产车间领用的材料不是用于产品的生产,而是用于车间或设备的维修护理等,应先计入制造费用,而不应直接计入产品生产成本。

1.账户设置

为进行材料费用的归集与分配业务的核算,应设置"生产成本"和"制造费用"等总分类账户。

(1)"生产成本"账户

该账户属于成本类账户,也是产品生产成本的计算账户,用以核算企业在产品生产过程中发生的各种费用,计算确定产品的生产成本。该账户的借方登记由于进行产品生产而发生的直接材料、直接人工和制造费用(增加数);贷方登记结转的已生产完工的产品的实际成本(减少数)。该账户期末为借方余额,反映企业期末时尚未完工产品(即在产品)的实际成本。生产成本的余额表示企业未完工的在产品,体现在资产负债表中的存货中。该账户应按成本核算对象(如产品的品种、类别、订单、批别、生产阶段等)设置明细账,并按照规定的成本项目设置专栏,进行明细分类核算。

生产成本账户的结构可表示如图 4-16 所示。

借方	生产成本	贷方
发生的生产费用: (1)直接材料 (2)直接工资 (3)其他直接支出 (4)制造费用	完工验收入库产成品成本	
期末余额:在产品成本		

图 4-16　"生产成本"账户结构

(2)"制造费用"账户

该账户属于成本类账户,也是产品生产成本的计算账户,用以核算企业在产品生产过程中发生的制造费用,如生产车间发生的机器物料消耗,生产车间管理人员等的薪酬,生产车间计提的固定资产折旧,生产车间支付的办公费、修理费、水电费等。该账户的借方登记日常所发生的各种制造费用(增加数),贷方登记按照一定的分配方法计入产品生产成本的制造费用(减少数)。在一般情况下,该账户贷方的分配数与其借方的实际发生数相等(即各个月份发生的制造费用都要在月末时全部分配完),因而该账户在期末一般没有余额。该账户应按照不同的生产车间、部门和费用项目进行明细核算。

制造费用账户的结构可表示如图 4-17 所示。

借方	制造费用	贷方
归集车间范围内发生的各项间接费用	期末分配转入"生产成本"账户的制造费用	

图 4-17 "制造费用"账户结构

"生产成本"和"制造费用"两个账户,是在生产过程业务核算的整个过程中都要采用的账户。不仅在材料归集与分配业务的核算中要用到,而且在直接人工资和制造费用业务的核算中也会用到。关于这两个账户的其他核算内容在下面会陆续介绍。

(3)"原材料"账户

该账户属于资产类账户,用以核算企业库存各种材料的增减变动及其结余情况。该账户的借方登记外购(或自制等)材料的实际成本(或计划成本)的增加数,贷方登记发出材料的实际成本(或计划成本)的减少数。该账户期末为借方余额,反映企业期末时各种库存材料的成本。该账户应按材料的种类、品种和规格等设置明细账户,进行明细分类核算。

2.材料费用核算的会计处理

【例 4-21】2020 年 12 月仓库发出材料,其用途如表 4-5 所示。

表 4-5 发出材料汇总表

单位:元

用途	甲材料		乙材料		材料耗用合计
	数量	金额	数量	金额	
制造产品领用:					
A 产品耗用	2 000	80 000	1 800	45 000	125 000
B 产品耗用	3 000	120 000	1 000	25 000	145 000
小计	5 000	200 000	2 800	70 000	270 000
车间一般耗用	800	32 000	600	15 000	47 000
合　计	5 800	232 000	3 400	85 000	317 000

从上表资料可以看出,该企业的材料费用可以分为两个部分。一部分为直接用于产品制造的直接材料费用,A、B 两种产品共耗用 270 000 元,其中 A 产品耗用 125 000 元,B 产品耗用 145 000 元。另一部分为车间一般性消耗的材料费 47 000 元。这项经济业务的发生,一方面使得公司生产产品的直接材料费增加 270 000 元,间接材料费增加 47 000 元;另一方面使得公司的库存材料减少计 317 000 元;涉及"生产成本"、"制造费用"、"原材料"三个账户。生产产品的直接材料费和间接材料费的增加是费用的增加,应分别记入"生产成本"和"制造费用"账户的借方,库存材料的减少是资产的减少,应记入"原材料"账

户的贷方。所以,这项经济业务应编制的会计分录如下:

```
借:生产成本——A产品                                        125 000
        ——B产品                                        145 000
    制造费用                                              47 000
    贷:原材料——甲材料                                               232 000
           ——乙材料                                               85 000
```

(二)人工费用的归集与分配的核算

人工费用包括企业应当支付给企业职工的薪酬等,一般应根据工资的不同计算方法定期进行计算,同时应根据工资的不同用途分配计入成本或有关费用:如产品生产工人的工资应直接计入产品生产成本,车间管理人员的工资应计入制造费用等。

1.账户设置

为进行直接人工费用归集与分配业务的核算,应设置"应付职工薪酬""生产成本"和"制造费用"等总分类账户。

(1)"应付职工薪酬"账户

该账户属于负债类账户,用以核算企业应付职工(包括生产工人、生产单位管理人员和企业管理人员等)的薪酬总额。该账户的贷方登记应付职工薪酬总额(增加数),并应按工资的不同用途记入有关的成本、费用账户,即薪酬的分配;借方登记实际支付给职工的薪酬等(减少数)。该账户期末为贷方余额,反映企业应付未付的职工薪酬。

"应付职工薪酬"账户的结构可表示如图4-18所示。

借方	应付职工薪酬	贷方
实际发放的工资额		月末计算分配的工资额
期末余额:多发放的工资		期末余额:应付未付的工资

图4-18 "应付职工薪酬"账户结构

(2)"生产成本"账户、"制造费用"账户

在直接人工费用的归集与分配业务的核算中涉及的"生产成本"和"制造费用"等总分类账户在前面已讲述,可参见"直接材料费用的归集与分配"部分的有关内容。

2.人工费用核算的会计处理

【例4-22】2020年12月末,根据工资和考勤记录,计算出应付职工工资总额39 000元,其中制造A产品生产工人工资12 000元,制造B产品生产工人工资20 000元,基本生产车间技术、管理人员工资4 000元,企业行政管理人员工资3 000元。

在生产经营活动中,所发生的工资费用增加,应按工资的用途进行分配。生产工人工资是直接费用,其增加数应记入"生产成本"账户的借方;基本生产车间技术、管理人员的工资属于间接费用,应记入"制造费用"账户的借方;企业行政管理人员的工资属于期间费用,不构成产品成本,应记入"管理费用"账户的借方。同时,由于企业所发生的工资并没有实际支付,因此,形成企业对职工的负债,应记入"应付职工薪酬"账户的贷方。该项经济业务编制会计分录如下:

借:生产成本——A产品	12 000	
——B产品	20 000	
制造费用	4 000	
管理费用	3 000	
贷:应付职工薪酬		39 000

【例4-23】2020年12月31日开出现金支票,从银行提取现金39 000元,准备发放工资。

这项经济业务的发生,一方面使得公司的库存现金增加39 000元,另一方面使得公司的银行存款减少39 000元,涉及"库存现金"和"银行存款"两个账户。现金的增加是资产的增加,应记入"库存现金"账户的借方;银行存款的减少是资产的减少,应记入"银行存款"账户的贷方。编制的会计分录如下:

借:库存现金	39 000	
贷:银行存款		39 000

【例4-24】2020年12月31日以现金39 000元发放工资。

这项经济业务的发生,一方面使得公司的现金减少39 000元,另一方面使得公司的应付职工薪酬减少39 000元,涉及"库存现金"和"应付职工薪酬"两个账户。库存现金的减少是资产的减少,应记入"库存现金"账户的贷方;应付职工薪酬的减少是负债的减少,应记入"应付职工薪酬"账户的借方。所以编制的会计分录如下:

借:应付职工薪酬	39 000	
贷:库存现金		39 000

(三)制造费用的归集与分配的核算

制造费用是指企业的各生产部门(如生产车间等)为组织和管理生产所发生的各项费用,包括制造部门管理人员的工资和福利费、固定资产的折旧费和办公费等。这些费用在发生时一般不能直接确定受益对象,如企业在同时生产多种产品的情况下,发生的制造部门管理人员的工资就是为组织和管理这些产品的生产而共同发生的,由于当期的产品生产活动尚未结束,究竟每一种产品应当分配多少,就很难直接确定。因此,只能在期末时采用一定的方法进行分配计入各种产品的成本。这样,平时发生的制造费用就需要专门设置账户进行归集,以便于在期末时进行分配。

1.账户设置

为进行制造费用归集与分配业务的核算,应设置"制造费用""生产成本""累计折旧"等总分类账户。

(1)"制造费用"账户与"生产成本"账户

这两个账户同属于企业用以核算产品生产成本的专门账户,在前面已经介绍,不再详述。

(2)"累计折旧"账户

该账户属于资产类账户,用以核算企业的固定资产在使用过程中累计损耗的价值。该账户的贷方登记按月计算提取的固定资产折旧数和盘盈固定资产的已提折旧数等(增加数);借方登记出售、报废和盘亏固定资产的已提折旧额(减少数)。该账户期末为贷方余额,反映企业期末时累计折旧的实有数额。该账户应按固定资产的类别等分别设置明细账户,进行明细分类核算。

　　需要注意的是:"累计折旧"账户属于资产类账户,但是,它是一个在基本结构上非常特殊的资产类账户。这种特殊结构是根据会计核算的需要而特别设计的。因为在固定资产的核算中,要求"固定资产"账户应当始终保持有原始价值记录,这样,就需要设置和运用"累计折旧"账户,单独反映固定资产的累计损耗(减少)的价值。从反映的经济内容角度看,它与"固定资产"账户一样,都属于反映资产要素的内容,因此,该账户的经济性质仍属于资产类。但从该账户所反映的具体内容看,它与"固定资产"账户反映的实际成本又有着截然相反的含义,实质上是固定资产实际成本的减少。为体现"累计折旧"账户所反映的这种特殊内容,在结构上就设计成了与正常的资产类账户方向相反的另一种结构。在会计上,利用这两个账户的余额,可以计算出企业固定资产的折余价值,即固定资产净值。由此可见,"累计折旧"账户对"固定资产"账户具有一定的调整作用,为此,"固定资产"在账户按用途和结构分类方法分类时也被称为被调整账户,"累计折旧"账户被称为调整账户。

　　"累计折旧"账户的结构可表示如图 4-19 所示。

借方	累计折旧	贷方
固定资产折旧的减少(注销)	提取的固定资产折旧的增加	
	期末余额:现有固定资产折旧额	

图 4-19　"累计折旧"账户的结构

2.制造费用的分配方法

企业进行制造费用分配时,一般要运用以下两个计算公式:

$$分配率=\frac{本期制造费用总额}{确定的分配标准总量(生产工人总工资或总工时等)}$$

$$\begin{matrix}每种产品应分摊\\的\ 制\ 造\ 费\ 用\end{matrix}=\begin{matrix}该\ 种\ 产品实际耗用的标准量\\(生产工人实际工资或实际工时等)\end{matrix}×分配率$$

公式中的"分配标准"可以是生产工人工资总额和产品的数量等。

3.制造费用核算的会计处理

【例 4-25】2020 年 12 月月末计提固定资产折旧 25 000 元,其中,生产车间用固定资产折旧费 20 000 元,行政管理部门用固定资产折旧 5 000 元。

　　该经济业务的发生,一方面企业计提的生产车间用固定资产折旧费使得制造费用增加 20 000 元,记入"制造费用"账户的借方;行政管理部门用固定资产折旧费使得管理费用增加 5 000 元,应记入"管理费用"账户的借方。另一方面固定资产损耗的价值记入累计折旧,使得累计折旧增加 25 000 元,记入"累计折旧"账户的贷方。该项经济业务编制会计分录如下:

借:制造费用　　　　　　　　　　　　　　　　　　　　　　20 000
　　管理费用　　　　　　　　　　　　　　　　　　　　　　5 000
　　贷:累计折旧　　　　　　　　　　　　　　　　　　　　　　　25 000

【例 4-26】2020 年 12 月 31 日用银行存款支付生产车间报刊费 500 元。

该经济业务的发生,一方面使制造费用增加 500 元,应记入"制造费用"账户的借方;另一方面使银行存款减少 500 元,应记入"银行存款"账户的贷方。该项经济业务编制会计分录如下:

借:制造费用 500
　贷:银行存款 500

【例 4-27】2020 年 12 月 31 日用银行存款支付生产车间的办公费 2 000 元、电话费 100 元,行政管理部门办公费 1 500 元。

该项经济业务的发生,一方面使得制造费用增加 2 100 元,记入"制造费用"账户的借方;管理费用增加 1 500 元,记入"管理费用"账户借方。另一方面使得银行存款减少 3 600元,记入"银行存款"账户的贷方。该项经济业务编制会计分录如下:

借:制造费用 2 100
　管理费用 1 500
　贷:银行存款 3 600

【例 4-28】2020 年 12 月月末,根据上述例 4-21 至例 4-27 资料,按 A、B 两种产品生产工人工资比例分配制造费用。

对于本项业务,首先应归集本月发生的制造费用额。根据材料费用归集、人工费用归集、制造费用归集等业务内容可以确定本月发生的制造费用为73 600元(47 000＋4 000＋20 000＋500＋2 100),然后按照 A、B 两种产品生产工人工资比例分配,即:

$$制造费用分配率 = \frac{制造费用总额}{AB 产品工资总和} = \frac{73\ 600}{12\ 000+20\ 000} = 2.3(元/工时)$$

A 产品负担的制造费用额 $=2.3 \times 12\ 000 = 27\ 600$(元)

B 产品负担的制造费用额 $=2.3 \times 20\ 000 = 46\ 000$(元)

在实际工作中,制造费用计入产品成本,往往是通过编制"制造费用分配表"进行的。制造费用分配表是根据"制造费用明细账"上汇总的制造费用合计和分配标准资料计算编制而成的。结合本例资料,我们可以编制"制造费用分配表",如表 4-6 所示。

表 4-6　制造费用分配表

单位:元

分配对象	分配标准(生产工人工资)	分配率	分配金额
A 产品	12 000	2.3	27 600
B 产品	20 000	2.3	46 000
合　计	32 000		73 600

将分配的结果计入产品成本时,一方面使得产品生产费用增加 73 600 元,另一方面使得公司的制造费用减少 73 600 元,涉及"生产成本"和"制造费用"两个账户。产品生产费用的增加作为已分配的间接费用应记入"生产成本"账户的借方;制造费用的减少是费用的结转,应记入"制造费用"账户的贷方。编制的会计分录如下:

借:生产成本——A 产品 27 600
　　　　——B 产品 46 000
　贷:制造费用 73 600

（四）完工产品成本结转的核算

1.完工产品成本的计算

在月末时,企业应对本月已经生产完工的产品进行成本计算,并将生产完工产品的实际成本从"生产成本"账户结转到反映产成品成本的"库存商品"账户中去。可见,完工产品成本的计算是结转完工产品成本的前提。计算完工产品成本的基本公式为：

$$\frac{本月完工}{产品成本} = \frac{该产品月初}{在产品成本} + \frac{本月新发生}{的\ 费\ 用} - \frac{月末在产品}{成\ \ \ \ 本}$$

该计算公式中的各项均应具体包括直接材料、直接人工资和制造费用三种费用。所生产的产品如果存在"月初在产品成本",说明该产品是以前月份投入生产的,"月初在产品成本"即为该产品在以前月份的生产过程中发生的费用;"本月新发生的费用"是指以前月份结转下来的在产品在本月继续生产的过程中又发生的费用。以上两方面的数据资料构成了生产该产品所发生的全部费用,均可从"生产成本明细分类账"中取得。"月末在产品成本"是指在本月末仍然没有完工的那部分在产品所占用的费用,需要采用一定的方法计算取得。

2.完工产品成本的结转

完工产品成本的结转就是在计算本月完工产品成本的基础上,将完工产品成本从"生产成本"账户结转到"库存商品"账户中的过程。

（1）账户设置

为进行完工产品成本的计算与结转业务的核算,应设置"生产成本"、"库存商品"等总分类账户。

①"生产成本"账户

该账户属于成本类账户,是企业用以核算产品生产成本的专门账户。在产品生产过程中发生的各种费用都要利用这个账户加以记录（借方）,以便为计算产品的生产成本提供资料。在月末计算出来的已经完工的产品的实际成本应从这个账户（贷方）结转入"库存商品"账户。该账户的结构等内容已在前面讲述,不再详述。

从"生产成本"账户结转出去的只是本月已经完工的那部分产品的成本,而对尚未完工的那部分产品的成本是不能结转的,尚未完工的产品是企业的在产品,其费用资料仍应保留在"生产成本"账户,形成了"生产成本"账户的余额。

②"库存商品"账户

该账户属于资产类账户,用以核算企业库存各种商品成本的增减变动及其结存情况。该账户的借方登记已经验收入库的完工产品的实际成本,贷方登记发出商品（如销售或本企业有关部门领用）的实际成本。该账户期末为借方余额,反映企业在期末时库存的各种商品的实际成本。该账户应按商品的种类、品种和规格等设置明细账户,进行明细分类核算。

"库存商品"账户的结构可表示如图 4-20 所示。

借方	库存商品	贷方
验收入库商品成本的增加	库存商品成本的减少	
期末余额:结存的商品成本		

图 4-20 "库存商品"账户结构

3.完工产品成本结转核算的会计处理

【例 4-29】2020 年 12 月生产完工 A、B 两种产品,其中 A 产品完工总成本为 139 000 元,B 产品完工总成本为 182 000 元。A、B 产品现已验收入库,结转成本。

产品生产完工入库结转成本时,一方面使得公司的库存商品增加,另一方面由于结转入库商品实际成本而使生产过程中占用的资金减少 321 000 元,涉及"生产成本"和"库存商品"两个账户,库存商品成本的增加是资产的增加,应记入"库存商品"账户的借方,结转入库产品成本使生产成本减少,应记入"生产成本"账户的贷方。这项业务应编制的会计分录如下:

借:库存商品——A 产品　　　　　　　　　　　　　　　139 000
　　　　　——B 产品　　　　　　　　　　　　　　　182 000
　　贷:生产成本——A 产品　　　　　　　　　　　　　　　　　139 000
　　　　　　　　——B 产品　　　　　　　　　　　　　　　　　182 000

第五节　销售过程的核算

企业经过了产品生产过程,生产出符合要求、可对外销售的商品,就形成了商品存货,接下来就要进入销售过程。销售过程是企业产品价值实现的过程。通过销售过程,将生产出来的产品销售出去,实现它们的价值。销售过程是企业经营过程的最后一个阶段。产品制造企业在销售过程中,通过销售产品,按照销售价格收取产品价款,形成商品销售收入,在销售过程中结转的商品销售成本,以及发生的运输、包装、广告等销售费用,按照国家税法的规定计算缴纳的各种销售税费等都应该从销售收入中得到补偿,补偿之后的差额即为企业销售商品的业务成果,即销售利润或亏损。企业在销售过程中除了发生销售商品、自制半成品以及提供工业性劳务等业务即主营业务外,还可能发生一些其他业务,如销售材料、出租包装物、出租固定资产等,所以,我们在这一节中主要介绍企业主营业务收支和其他业务收支的核算内容。

一、主营业务收支的核算

制造业企业的主营业务范围包括销售商品、自制半成品、代制品、代修品以及提供工业性劳务等。主营业务核算的主要内容就是主营业务收入的确认与计量、主营业务成本的计算与结转、销售费用的发生与归集、主营业务税金的计算与缴纳、主营业务利润或亏损的确定以及货款的收回等。我们在这里主要介绍主营业务中商品销售业务的核算内容,包括商品销售收入的确认与计量、商品成本的计算与结转以及销售税费的计算和缴纳等内容。

(一)商品销售收入的确认与计量

销售过程的核算首先需要解决的就是销售收入的确认与计量的问题。收入的确认实际上就是解决收入在什么时间入账的问题,而收入的计量就是解决收入以多大的金额入账的问题。企业生产经营活动所获得的收入应当以权责发生制原则为基础,根据收入实现原则加以确认与计量。由于商品销售收入是制造业企业收入的重要组成部分,作为企业经营业绩的重要表现形式,对商品销售收入到底应该如何确认和计量,直接关系到企业经营成果和财务状况能否得到准确报告的问题。按照《企业会计准则——收入》准则的要求,企业销售商品收入的确认,必须同时符合以下四个条件。

(1)企业已将商品所有权上的主要风险和报酬转移给买方。

这里的风险主要指商品由于贬值、损坏、报废等造成的损失;报酬是指商品中包含的未来经济利益,包括商品因升值等给企业带来的经济利益。如果商品发生的任何损失均不需要本企业承担,带来的经济利益也不归本企业所有,则意味着该商品所有权上的风险和报酬已移出该企业。在大多数情况下,所有权上的风险和报酬的转移伴随着所有权凭证的转移或实物的交付而转移,如零售交易等;有些情况下,企业已将所有权凭证或实物交付给买方,但商品所有权上的主要风险和报酬并未转移,如企业销售的商品在质量、品种、规格等方面不符合合同规定的要求,又未根据正当的保证条款予以弥补,因而仍负有责任;有些情况下,企业已将商品所有权上的主要风险和报酬转移给买方,但实物尚未交付,这种情况下,应在所有权上的主要风险和报酬转移时确认收入,而不管实物是否交付,如交款提货销售等。

(2)企业既没有保留通常与所有权相联系的继续管理权,也没有对已售出的商品实施控制。

企业将商品所有权上的主要风险和报酬转移给买方后,如仍然保留通常与所有权相联系的继续管理权,或仍然对售出的商品实施控制,则此项销售不能成立,不能确认相应的销售收入,要注意这里所说的与所有权相联系的管理权。如果对售出商品保留了与所有权无关的管理权,则不受本条件的限制,如房产售后的物业管理权等。

(3)与交易相关的经济利益能够可靠地流入企业。

经济利益是指直接或间接流入企业的现金或现金等价物。在销售商品的交易中,与交易相关的经济利益即为销售商品的价款。销售商品的价款能否有把握地收回,是收入确认的一个重要条件。企业在销售商品时,如果估计价款收回的可能性不大,即使收入确认的其他条件均已满足,也不应当确认收入。

企业在判断价款收回的可能性时,应进行定性分析,当确定价款收回的可能性大于不能收回的可能性时,即认为价款能够收回。一般情况下,企业售出的商品符合合同或协议规定的要求,并已将发票账单交付买方,买方也承诺付款,即表明销售商品的价款能够收回。如果企业判断价款不能收回,应提供可靠的证据。

(4)相关的收入和成本能够可靠地计量。

收入能否可靠地计量即予以量化,是确认收入的基本前提,收入不能可靠地计量,则无法确认收入。企业在销售商品时,售价通常已经确定,但销售过程中由于某种不确定因素,也有可能出现售价变动的情况,则新的售价未确定前不应确认收入。所以,一项收入能否在会计中进行确认,除了应考虑风险和报酬是否已经转移之外,同样不可忽视的是其能否进行可靠的计量,也正因为如此,到目前为止,有很多内容如企业自创的商誉等,应该说其风险和报酬可以转移,但由于其难以可靠地计量而无法对其进行会计反映。因而在对收入予以确认时,就应该按照配比原则要求的时间上的配比和因果关系上的配比,必须在成本能够可靠计量的同一期间确认收入。

(二)账户设置

销售商品业务属于企业的主营业务,为了核算这种主营业务收入的实现、销售成本的结转、销售税费的计算等内容,在会计上,一般需要设置"主营业务收入""应交税费""应收账款""应收票据""预收账款""主营业务成本""税金及附加"等账户,分别核算收入的实现及其结转、成本的发生及其转销、税费的计算及其转销的具体内容。

1．"主营业务收入"账户

该账户属于损益类的收入账户,用以核算企业在销售商品和提供劳务等主营业务的收入。该账户的贷方登记企业所实现的主营业务收入(增加数),借方登记发生的销售退回和在会计期末时转入"本年利润"账户的收入数(减少数)。该账户一般为贷方余额,反映企业在当期实现的收入数。但在会计期末将本账户的余额结转入"本年利润"账户后,该账户应无余额。该账户应按主营业务收入的种类设置明细账户,进行明细分类核算。

"主营业务收入"账户的结构可表示如图4-21所示。

借方 主营业务收入	贷方
(1)销售退回等 (2)期末转入"本年利润"账户的净收入	实现的主营业务收入(增加)

图4-21 "主营业务收入"账户结构

2．"应交税费"账户

该账户属于负债类账户,用以核算企业按照税法等的规定计算的应交纳的各种税费,包括增值税、消费税、所得税费用、城市维护建设税、土地使用税、教育费附加和矿产资源补偿费等。该账户的贷方登记按规定计算出来的各种应交纳税费(增加数),借方登记已经交纳的各种税费(减少数)。该账户期末为贷方余额时,反映企业未交纳的税费;如果为借方余额,反映企业多交或尚未抵扣的税费。该账户应按税费的项目设置明细账户,进行明细分类核算。

在供应过程的业务核算中用到"应交税费"账户,主要是核算企业随同购买材料等一并支付的,即已经交纳的增值税中"进项税额"。与这种情况不同,在销售过程业务的核算过程中用到这个账户,主要是核算企业应当交纳的增值税中"销项税额"。销项税额是销售企业在销售商品时随同货款一并向购货方收取的,收取后应上交国家。因而,企业在收到销项税额时,不能作为企业的收入处理,应记入"应交税费"账户的贷方,反映对国家负债的增加;实际交纳时,记入该账户的借方,反映应交税费的减少。但企业这时所交纳的增值税税额是根据"销项税额"(应交数)与"进项税额"(已交数)的差额确定的,这种做法称为税费的抵扣。因而,当"应交税费"账户有贷方余额时,就可能是尚未与增值税的"进项税额"相抵扣的"销项税额"。

3."应收账款"账户

该账户属于资产类账户,用以核算企业因销售商品、提供劳务等经营活动应收取的款项。该账户的借方登记所发生的各种应收款项,贷方登记实际收回的各种应收款项。该账户期末为借方余额,反映企业应收但尚未收回的款项。该账户应按购货单位的名称等设置明细账户,进行明细分类核算。

"应收账款"账户主要用于企业在其主营业务(如销售商品、提供劳务等)中所产生的应收款项。其他业务所产生的应收款项,应在"其他应收款"等账户核算;另外,在不单独设置"预收账款"账户的企业,预收到的账款以及预收账款的结算业务可以在本账户核算。预收账款是企业的一种负债,如果将预收账款在属于资产类账户的"应收账款"账户中核算时,"应收账款"账户的核算内容也就具有了双重性质。在这种情况下,该账户的期末余额方向也会具有不确定性,可能是借方余额(应收账款),也可能是贷方余额(预收账款)。

"应收账款"账户的结构可表示如图 4-22 所示。

借方	应收账款	贷方
发生的应收账款(增加)	收回的应收账款(减少)	
期末余额:应收未收款	期末余额:预收款	

图 4-22 "应收账款"账户结构

4."应收票据"账户

该账户属于资产类账户,用以核算企业因销售商品等而收到的商业汇票,包括银行承兑汇票和商业承兑汇票。该账户的借方登记企业收到的应收票据,贷方登记票据到期收回的票面金额等。该账户期末为借方余额,反映企业尚未到期的暂未收回的应收票据金额。该账户应按开出、承兑商业汇票的单位设置明细账户,进行明细核算。企业还应设置"应收票据备查簿",逐笔登记商业汇票的种类、号数、出票日期、票面金额、交易合同号、付款人、承兑人的姓名或单位名称和到期日等内容。商业汇票到期结清票款或退票后,应在备查簿中注销。

"应收票据"账户的结构可表示如图 4-23 所示。

借方	应收票据	贷方
本期收到的商业汇票的增加	到期(或提前贴现)票据应收款的减少	
期末余额:尚未收回的票据应收款		

图 4-23 "应收票据"账户结构

5."预收账款"账户

该账户属于负债类账户,用来核算企业按照合同的规定预收购买单位订货款的增减变动及其结余情况。其贷方登记预收购买单位订货款的增加,借方登记销售实现时冲减的预收货款。期末余额如在贷方,表示企业预收款的结余额;期末余额如在借方,表示购货单位应补付给本企业的款项。本账户应按照购货单位设置明细账户,进行明细分类核算。

"预收账款"账户的结构可表示如图 4-24 所示。

借方	预收账款	贷方
预收货款的减少	预收货款的增加	
期末余额:购货单位应补付的款项	期末余额:预收款的结余	

图 4-24 "预收账款"账户结构

6."主营业务成本"账户

企业在销售过程中通过销售商品等,一方面减少了库存的存货;另一方面作为取得主营业务收入而垫支的资金,表明企业发生了费用,我们把这项费用称为主营业务成本。将销售发出的商品成本转为主营业务成本,应遵循配比原则的要求,也就是说,不仅主营业务成本的结转应与主营业务收入在同一会计期间加以确认,而且应与主营业务收入在数量上保持一致。主营业务成本的计算确定如下:

本期应结转的主营业务成本＝本期销售商品的数量×单位商品的生产成本

上式中单位商品生产成本的确定,应考虑期初库存的商品成本和本期入库的商品成本情况,可以分别采用先进先出法、后进先出法、加权平均法等方法来确定,方法一经选定,不得随意变动。关于这些发出商品的计价方法的具体内容,将在以后的课程内容中进行介绍。

"主营业务成本"账户的性质是损益类,是用来核算企业经营主营业务而发生的实际成本及其结转情况的账户。其借方登记主营业务发生的实际成本,贷方登记期末转入"本年利润"账户的主营业务成本。经过结转之后,该账户期末没有余额。"主营业务成本"账户应按照主营业务的种类设置明细账户,进行明细分类核算。

"主营业务成本"账户的结构可表示如图 4-25 所示。

借方	主营业务成本	贷方
发生的主营业务成本	期末转入"本年利润"账户的主营业务成本	

图 4-25 "主营业务成本"账户结构

7."税金及附加"账户

企业在销售商品过程中,实现了商品的销售额,就应该向国家征税机关缴纳各种销售税费及附加,包括消费税、城市维护建设税、资源税以及教育费附加等。这些税费及附加一般是根据当月销售额或税额,按照规定的税率计算并于下月初缴纳的。其中:

消费税额＝应税消费品的销售额×消费税率

城建税额＝(消费税＋增值税的应交额)×城建税税率

教育费附加的计算方式同于城建税,只是比例不同。由于这些税费及附加是在当月计算而在下个月缴纳的,因而计算税费及附加时,一方面形成企业的一项负债,另一方面作为企业发生的一项费用支出。

"税金及附加"账户的性质是损益类,用来核算企业经营业务负担的各种税金及附加的计算及其结转情况的账户。其借方登记按照有关的计税依据计算出的各种税金及附加额,贷方登记期末转入"本年利润"账户的税金及附加额。经过结转之后,该账户期末没有余额。

"营业税金及附加"账户的结构可表示如图 4-26 所示。

借方	税金及附加	贷方
按照计税依据计算出的消费税、城建税等	期末转入"本年利润"账户的税金及附加	

图 4-26　"营业税金及附加"账户结构

(三)主营业务收支核算的会计处理

【**例 4-30**】2020 年 12 月 5 日向甲公司销售 A 产品 30 件,每件售价 1 500 元,货款计45 000 元,增值税 7 650 元,收到对方开来的商业汇票。

该项经济业务发生,一方面使应收票据增加 52 650 元,记入"应收票据"账户的借方;另一方面使企业主营业务收入增加 45 000 元,记入"主营业务收入"账户的贷方。企业向购货方收取的增值税销项税额增加 7 650 元,应记入"应交税费——应交增值税(销项税额)"账户的贷方。该项经济业务编制会计分录如下:

```
借:应收票据——甲公司                                    52 650
    贷:主营业务收入——A 产品                                      45 000
        应交税费——应交增值税(销项税额)                             7 650
```

【**例 4-31**】2020 年 12 月 6 日向乙公司销售 B 产品 30 件,每件 2 000 元,货款计 60 000元,增值税 10 200 元,商品已发出,款项尚未收到。

该项经济业务发生,一方面使企业应收账款增加 70 200 元,记入"应收账款"账户的借方;另一方面使企业主营业务收入增加 60 000 元,记入"主营业务收入"账户的贷方。企业向购货方应收取的增值税销项税额增加 10 200 元,应记入"应交税费——应交增值税(销项税额)"账户的贷方。该项经济业务编制会计分录如下:

```
借:应收账款——乙公司                                    70 200
    贷:主营业务收入——B 产品                                      60 000
        应交税费——应交增值税(销项税额)                            10 200
```

【**例 4-32**】2020 年 12 月 6 日预收丙公司购买 B 产品价款 46 800 元,存入银行。

该项经济业务发生,一方面使企业预收账款增加 46 800 元,记入"预收账款"账户的贷方;另一方面,银行存款增加 46 800 元,记入"银行存款"账户的借方。该项经济业务编制会计分录如下:

```
借:银行存款                                              46 800
    贷:预收账款——丙公司                                          46 800
```

【**例 4-33**】2020 年 12 月 7 日向丙公司发出 B 商品 20 件,单价 2 000 元,价款 40 000 元,增值税 6 800 元。

该项经济业务发生,一方面使企业预收账款减少 46 800 元,应记入"预收账款"账户的借方;另一方面使企业主营业务收入增加 40 000 元,记入"主营业务收入"账户的贷方;企业向购货方收取的增值税销项税额增加 6 800 元,应记入"应交税费——应交增值税"账户的贷方。该项经济业务编制会计分录如下:

```
借:预收账款——丙公司                                   46 800
    贷:主营业务收入——B产品                                 40 000
        应交税费——应交增值税(销项税额)                         6 800
```

【**例 4-34**】2020 年 12 月 15 日接到银行通知,收到乙公司 B 产品的销货款 70 200 元。

该经济业务的发生,一方面使企业银行存款增加 70 200 元,应记入"银行存款"账户的借方;另一方面使企业应收账款减少 70 200 元,记入"应收账款"账户的贷方。该项经济业务编制会计分录如下:

```
借:银行存款                                          70 200
    贷:应收账款——乙公司                                    70 200
```

【**例 4-35**】2020 年 12 月末,计算并结转已售商品的销售成本,其中 A 产品的销售成本为 30 000 元,B 产品的销售成本为 70 000 元。

该经济业务说明,结转 A、B 产品的销售成本,一方面主营业务成本增加 100 000 元,记入"主营业务成本"账户的借方;另一方面,库存商品减少100 000元,记入"库存商品"账户的贷方。该项经济业务编制会计分录如下:

```
借:主营业务成本——A产品                                 30 000
            ——B产品                                 70 000
    贷:库存商品——A产品                                     30 000
          ——B产品                                     70 000
```

【**例 4-36**】2020 年 12 月末按规定计算 A、B 两种产品本期应交纳的消费税为 8 200 元,城市维护建设税 1 400 元,教育费附加 600 元。

企业因销售商品需交纳消费税,一方面,消费税增加 8 200 元、城市维护建设税增加 1 400元、教育费附加增加 600 元,应记入"税金及附加"账户的借方;另一方面,以上税款尚未实际支付,形成企业的一项负债,记入"应交税费"账户的贷方。该项经济业务编制会计分录如下:

```
借:税金及附加                                        10 200
    贷:应交税费——应交消费税                                  8 200
          ——应交城市维护建设税                               1 400
          ——应交教育费附加                                   600
```

二、其他业务收支核算

(一)其他业务收支的含义与内容

其他业务收支是指企业除主营业务以外的其他销售或其他业务取得的收入和发生的支出。其他业务包括销售材料、出租固定资产和包装物等业务。其他业务的发生,同样会给企业带来收入,称为其他业务收入;也会使企业产生一定的成本,称为其他业务成本。

从其他业务收入和其他业务成本的组成内容可以看出,其他业务的内容范围是有所界定的,即其他业务并不是除主营业务以外的所有业务都称为其他业务。例如,在前面提到的营业外收入和营业外支出业务就不能称为其他业务,它们应属于在企业正常营业活动以外偶尔发生的一些事项,发生以后应专门核算,不作为其他业务核算。

其他业务与制造业企业在供应过程、生产过程和销售过程发生的经济业务不同。企业在供、产、销过程中发生的业务是其主要经营业务,具有经常性和连续性等特点。而其他业务并不是每个企业都可能发生的业务,即使在存在其他业务的企业,也不像主营业务那样占有主导地位。但是,不论主营业务还是其他业务,都属于企业日常的经营活动内容,这两方面的业务统称为企业的营业业务。其他业务的发生,也能够为企业带来一定的经营成果。因此,在会计上也应加强对其他业务的核算。

(二)账户设置

为进行其他业务收支的核算,应设置"其他业务收入"和"其他业务成本"等总分类账户。

1."其他业务收入"账户

该账户属于损益类收入账户,用以核算企业确认的除主营业务活动以外的其他经营活动实现的收入。该账户的贷方登记企业获得的各项其他业务收入(增加数),借方登记在会计期末时结转入"本年利润"账户的已经实现的其他业务收入(减少数)。期末结转后,该账户应无余额。该账户应按其他业务的种类设置明细账户,进行明细分类核算。

"其他业务收入"账户的结构可表示如图 4-27 所示。

借方	其他业务收入	贷方
期末转入"本年利润"账户的其他业务收入	其他业务收入的实现(增加)	

图 4-27 "其他业务收入"账户结构

2."其他业务成本"账户

该账户属于损益类费用账户,用以核算企业确认的除主营业务活动以外的其他经营活动所发生的支出。该账户的借方登记企业为获得各项其他业务收入而发生的相关成本(增加数);贷方登记在会计期末时结转入"本年利润"账户的已经实现的其他业务成本(减少数)。期末结转后,该账户应无余额。该账户应按其他业务的种类设置明细账户,进行明细分类核算。

"其他业务支出"账户的结构可表示如图 4-28 所示。

借方	其他业务成本	贷方
其他业务支出的发生(增加)	期末转入"本年利润"账户的其他业务支出	

图 4-28 "其他业务支出"账户结构

(三)其他业务收支核算的会计处理

【例 4-37】2020 年 12 月 20 日销售甲材料一批,价款 20 000 元,增值税 3 400 元,款项收到存入银行。

销售材料的收入属于其他业务收入。这项经济业务的发生,一方面使得公司的银行存款增加计 23 400(20 000+3 400)元,另一方面使得公司的其他业务收入增加 20 000元、增值税销项税额增加 11 186 元,涉及"银行存款"、"其他业务收入"和"应交税费——应交增值税"三个账户。银行存款的增加是资产的增加,应记入"银行存款"账户的借方;其他业务收入的增加是收入的增加,应记入"其他业务收入"账户的贷方;增值税销项税额的增加是负债的增加,应记入"应交税费——应交增值税"账户的贷方。所以这项业务应编制的会计分录如下:

借:银行存款   23 400
  贷:其他业务收入   20 000
    应交税费——应交增值税(销项税额)   3 400

【例 4-38】确认并结转企业出售甲材料的成本 15 000 元。

这项经济业务的发生,一方面使得公司的其他业务支出增加 15 000 元,另一方面使得公司的库存材料成本减少 15 000 元,涉及"其他业务成本"和"原材料"两个账户。其他业务成本的增加是费用成本的增加,应记入"其他业务成本"账户的借方;库存材料成本的减少是资产的减少,应记入"原材料"账户的贷方。所以这项业务应编制的会计分录如下:

借:其他业务成本   15 000
  贷:原材料——甲材料   15 000

第六节 财务成果形成与分配的核算

企业作为一个独立的经济实体,其经营活动的主要目的就是要不断地提高企业的盈利水平,增强企业的获利能力。利润就是一个反映企业获利能力的综合指标,是企业在竞争激烈的市场环境下生存发展的前提以及利润分配的依据。利润水平的高低不仅反映企业的盈利水平,而且还能反映企业向整个社会所做贡献的大小,同时又是社会各界及企业内部管理部门对企业进行财务预测和投资决策的重要依据。

一、财务成果的概念

所谓财务成果是指企业在一定会计期间所实现的最终经营成果,也就是企业所实现的利润或亏损总额。利润是按照配比原则的要求,将一定时期内存在因果关系的收入与费用进行配比而产生的结果,收入大于费用支出的差额部分为利润,反之则为亏损。利润是综合反映企业在一定时期生产经营成果的重要指标,在市场经济环境下,企业愿意承担因市场环境的变化而带来的风险,其目的就在于追求高于投入的产出,即获取利润。企业各方面的情况,如劳动生产率的高低、产品是否适销对路、产品成本和期间费用的节约与否等,都会通过利润指标得到综合的反映。因此,获取利润成为企业生产经营的主要目的之一。一个企业的获利与否,不仅关系到企业的稳定发展和职工生活水平的提高问题,而且也会影响到社会的积累与发展,所以,企业必须采取一切措施,增收节支,增强企业的盈利能力,提高经济效益。

二、利润的构成

企业的利润一般可以表示为营业利润、利润总额和净利润。

(一)营业利润

营业利润是指企业一定期间从事生产经营所获得的利润。

其计算公式为:

营业利润＝营业收入－营业成本－税金及附加－销售费用－管理费用－财务费用－

资产减值损失＋公允价值变动收益(－公允价值变动损失)＋投资收益(－投资损失)

(二)利润总额

利润总额是指企业一定期间所实现的全部利润总数,也称税前利润。

其计算公式为:

利润总额＝营业利润＋营业外收入－营业外支出

(三)净利润

净利润又称为税后利润,是指利润总额减去所得税后的金额。它是所有者权益的重要组成部分,也是企业进行利润分配的依据。

其计算公式为:

净利润＝利润总额－所得税额

三、利润形成的核算

(一)期间费用的核算

期间费用是指不能直接归属于某个特定的产品成本,而应直接计入当期损益的各种费用。它是企业在经营过程中随着时间的推移而不断地发生、与产品生产活动的管理和销售有一定的关系,但与产品的制造过程没有直接关系的各种费用。一般来说,我们能够很容易地确定期间费用应归属的会计期间,但难以确定其应归属的产品,也就是说,难以确定其直接的负担者,所以,期间费用不计入产品制造成本,而是从当期损益中予以扣除。

期间费用包括为管理企业的生产经营活动而发生的管理费用、为筹集资金而发生的财务费用、为销售产品而发生的销售费用等。这些费用的发生对企业取得收入有很大的影响,但很难与各类收入直接配比,所以将其视为与某一期间的营业收入相关的期间费用,按其实际发生额予以确认。

管理费用是指企业行政管理部门为组织和管理企业的生产经营活动而发生的各种费用,包括行政管理部门发生的管理人员工资及福利费、办公费、水电费、机器设备修理费、折旧费、报刊费、劳动保险费、待业保险费、业务招待费、差旅费、坏账损失、提取的存货跌价准备、存货的盘盈和盘亏、工会经费、职工教育经费、董事会费、咨询费、诉讼费、税费等。

其中的劳动保险费是指支付离退休职工的退休金、价格补贴、医药费等;税费是指企业按规定缴纳的房产税、车船使用税、土地使用税和印花税。

销售费用是指企业在销售商品、提供劳务等日常经营过程中发生的各项费用以及专设销售机构(含销售网点、售后服务网点等)的各项经费。包括产品自销发生的运输费、装卸费、包装费、保险费,产品促销发生的展览费、广告费、租赁费,以及为销售本企业商品而专设的销售机构的职工工资、福利费、业务招待费等经常性费用。

财务费用是指企业为筹集生产经营所需资金等而发生的筹资费用,包括利息支出(减利息收入)、汇兑损益以及相关的手续费、企业发生的现金折扣或收到的现金折扣等。

1.账户设置

(1)"管理费用"账户

该账户的性质是损益类,用来核算企业行政管理部门为组织和管理企业的生产经营活动而发生的各项费用的账户。其借方登记发生的各项管理费用,贷方登记期末转入"本年利润"账户的管理费用额,经过结转之后,本账户期末没有余额。管理费用账户应按照费用项目设置明细账户,进行明细分类核算。

"管理费用"账户的结构可表示如图 4-29 所示。

借方	管理费用	贷方
发生的管理费用		期末转入"本年利润"账户的管理费用

图 4-29 "管理费用"账户结构

(2)"销售费用"账户

该账户的性质是损益类,用来核算企业在销售商品过程中发生的各项销售费用及其结转情况的账户。其借方登记发生的各项销售费用,贷方登记期末转入"本年利润"账户的销售费用额,经结转后,该账户期末没有余额。"销售费用"账户应按照费用项目设置明细账户,进行明细分类核算。

"销售费用"账户的结构可表示如图 4-30 所示。

借方	销售费用	贷方
发生的销售费用(销售费用增加)		期末转入"本年利润"账户的销售费用额

图 4-30 "销售费用"账户结构

(3)"财务费用"账户(该账户在负债资金筹集业务中已介绍)

该账户的性质是损益类,用以核算企业为筹集生产经营所需资金等而发生的筹资费用。该账户的借方登记企业发生的各种财务费用(增加数),贷方登记在会计期末时结转入"本年利润"账户的财务费用(减少数)。期末结转后,该账户应无余额。该账户应按费用项目设置明细账户,进行明细分类核算。

"财务费用"账户的结构可表示如图 4-31 所示。

借方	财务费用	贷方
发生的财务费用		期末转入"本年利润"账户的财务费用

图 4-31　"财务费用"账户结构

2.期间费用核算的会计处理

【例 4-39】2020 年 12 月 21 日管理部门刘明出差归来报销差旅费 2 000 元,原借款 2 500 元,余额退回现金。

差旅费属于企业的期间费用,在"管理费用"账户核算。这项经济业务的发生,一方面使得公司的管理费用增加 2 000 元,库存现金增加 500 元(2 500－2 000);另一方面使得公司的其他应收款这项资产减少 2 500 元。涉及"管理费用""库存现金"和"其他应收款"三个账户。管理费用的增加是费用的增加,应记入"管理费用"账户的借方;现金的增加是资产的增加,应记入"库存现金"账户的借方;其他应收款的减少是资产(债权)的减少,应记入"其他应收款"账户的贷方。这项业务应编制的会计分录如下:

借:管理费用　　　　　　　　　　　　　　　　　　　　2 000
　库存现金　　　　　　　　　　　　　　　　　　　　　500
　　贷:其他应收款——刘明　　　　　　　　　　　　　　　　　　2 500

【例 4-40】2020 年 12 月 21 日用银行存款 5 000 元支付销售产品的运输费。

这项经济业务的发生,一方面使得公司的销售费用增加 5 000 元,另一方面使得公司的银行存款减少 5 000 元,涉及"销售费用"和"银行存款"两个账户。销售费用的增加是费用的增加,应记入"销售费用"账户的借方;银行存款的减少是资产的减少,应记入"银行存款"账户的贷方。这项业务应编制的会计分录如下:

借:销售费用　　　　　　　　　　　　　　　　　　　　5 000
　　贷:银行存款　　　　　　　　　　　　　　　　　　　　　　5 000

【例 4-41】2020 年 12 月 25 日用银行存款 8 000 元支付销售产品的广告费。

销售产品的广告费属于公司的销售费用,因而这项经济业务的发生,一方面使得公司的销售费用增加 8 000 元,另一方面使得公司的银行存款减少 8 000 元,涉及"销售费用"和"银行存款"两个账户。销售费用的增加是费用的增加,应记入"销售费用"账户的借方;银行存款的减少是资产的减少,应记入"银行存款"账户的贷方。这项业务应编制的会计分录如下:

借:销售费用　　　　　　　　　　　　　　　　　　　　8 000
　　贷:银行存款　　　　　　　　　　　　　　　　　　　　　　8 000

【例 4-42】2020 年 12 月 26 日用银行存款支付电汇手续费 100 元。

借:财务费用　　　　　　　　　　　　　　　　　　　　100
　　贷:银行存款　　　　　　　　　　　　　　　　　　　　　　100

(二)投资收益的核算

投资收益是指企业确认的对外投资取得的收益或发生的损失等。当企业对外投资时，从被投资方分得了利润或股利时，即为企业获得的投资收益；当处置对外投资收回数小于实际投资数时，即为企业发生的投资损失。投资收益包括企业购买债券的利息收入、购买股票的股利收入以及以其他投资方式获得的收入或发生的损失。

1.账户设置

（1）"投资收益"账户

该账户属于损益类账户，用以核算企业确认的对外投资取得的收益或发生的损失。该账户的贷方登记取得的投资收益（增加数）或期末时结转入"本年利润"账户的净损失（减少数），借方登记发生的投资损失（增加数）和期末时转入"本年利润"账户的投资净收益（减少数）。期末结转后该账户应无余额。该账户应按投资收益种类设置明细账户，进行明细分类核算。

"投资收益"账户的结构可表示如图4-32所示。

借方	投资收益	贷方
(1)发生的投资损失 (2)期末转入"本年利润"账户的投资净收益	(1)实现的投资收益 (2)期末转入"本年利润"账户的投资净损失	

图4-32 "投资收益"账户结构

（2）"应收股利"账户

该账户属于资产类账户，用以核算企业应收取的现金股利和应收取其他单位分配的利润。被投资单位宣告发放现金股利或利润，按应归本企业享有的金额，借记"应收股利"账户，贷记"投资收益"等账户；收到现金股利或利润，借记"银行存款"等账户，贷记"应收股利"账户。该账户期末借方余额，反映企业尚未收回的现金股利或利润。该账户应按被投资单位进行明细核算。

"应收股利"账户的结构可表示如图4-33所示。

借方	应收股利	贷方
被投资单位宣告发放现金股利或利润	收到现金股利或利润	
企业尚未收回的现金股利或利润		

图4-33 "应收股利"账户结构

2.投资收益核算的会计处理

【例4-43】2020年12月31日，企业所投资的单位宣告分配本年的现金股利，其中本企业应得6 000元，款尚未收到。

这项经济业务的发生，一方面使投资收益增加6 000元，另一方面使应收股利增加6 000元，涉及"投资收益"和"应收股利"两个科目。对这项经济业务应编制的会计分录如下：

借：应收股利　　　　　　　　　　　　　　　　　　　　　　　6 000
　　贷：投资收益　　　　　　　　　　　　　　　　　　　　　　　　6 000

（三）营业外收支的核算

企业的营业外收支是指与企业正常的生产经营业务没有直接关系的各项收入和支出，包括营业外收入和营业外支出。

营业外收入是指与企业正常的生产经营活动没有直接关系的各种收入。这种收入不是由企业经营资金耗费所产生的，一般不需要企业付出代价，因而无法与有关的费用支出相配比。营业外收入包括：固定资产盘盈收入、处置固定资产净收益、处置无形资产净收益、罚款收入、教育费附加返还款等。

营业外支出是指与企业正常的生产经营活动没有直接关系的各项支出。这种支出不属于企业的生产经营费用。营业外支出包括：固定资产盘亏支出、处置固定资产的净损失、处置无形资产的净损失、非常损失、罚款支出、债务重组损失、捐赠支出、计提的无形资产减值准备、计提的固定资产减值准备等。

1.账户设置

(1)"营业外收入"账户

该账户的性质是损益类，用来核算企业各项营业外收入的实现及其结转情况。其贷方登记营业外收入的实现即营业外收入的增加，借方登记会计期末转入"本年利润"账户的营业外收入额，结转后，该账户期末没有余额。营业外收入账户应按照收入的具体项目设置明细账户，进行明细分类核算。

"营业外收入"账户的结构可表示如图 4-34 所示。

借方	营业外收入	贷方
期末转入"本年利润"账户的营业外收入	实现的营业外收入（增加）	

图 4-34　"营业外收入"账户结构

(2)"营业外支出"账户

该账户的性质是损益类，用来核算企业各项营业外支出的发生及其转销情况。其借方登记营业外支出的发生即营业外支出的增加，贷方登记期末转入"本年利润"账户的营业外支出额，结转后，该账户期末没有余额。营业外支出账户应按照支出的具体项目设置明细账户，进行明细分类核算。

"营业外支出"账户的结构可表示如图 4-35 所示。

借方	营业外支出	贷方
营业外支出的发生（增加）	期末转入"本年利润"账户的营业外支出	

图 4-35　"营业外支出"账户结构

2.营业外收支核算的会计处理

【例 4-44】2020 年 12 月 31 日，收到某单位的违约罚款收入 18 000 元，存入银行。

罚款收入属于企业的营业外收入。这项经济业务的发生,一方面使得公司的银行存款增加 18 000 元,另一方面使得公司的营业外收入增加 18 000 元,涉及"银行存款"和"营业外收入"两个账户。银行存款的增加是资产的增加,应记入"银行存款"账户的借方,营业外收入的增加是收益的增加,应记入"营业外收入"账户的贷方。所以这项业务应编制的会计分录如下:

借:银行存款　　　　　　　　　　　　　　　　　　　　　　18 000

　　贷:营业外收入　　　　　　　　　　　　　　　　　　　　　　18 000

【例 4-45】2020 年 12 月 31 日,用银行存款 12 000 元支付税收罚款滞纳金。

企业的税收罚款滞纳金属于营业外支出。这项经济业务的发生,一方面使得公司的银行存款减少 12 000 元,另一方面使得公司的营业外支出增加 12 000 元,涉及"银行存款"和"营业外支出"两个账户。营业外支出的增加是费用支出的增加,应记入"营业外支出"账户的借方,银行存款的减少是资产的减少,应记入"银行存款"账户的贷方。所以这项业务应编制的会计分录如下:

借:营业外支出　　　　　　　　　　　　　　　　　　　　　　12 000

　　贷:银行存款　　　　　　　　　　　　　　　　　　　　　　12 000

(四)所得税的核算

所得税费用是指企业按照税法的规定,根据其经营所得而计算出来的应当上交给国家的一种税费。

企业的所得税通常是按年计算,分期预交,年末汇算清缴的,其计算公式为:

所得税额=应纳税所得额×所得税率(25%)

应纳税所得额=利润总额+所得税前利润中予以调整的项目

公式中的"应纳税所得额"是计算企业应交纳所得税费用额的基数,这个数据一般是在企业计算出来的"利润总额"的基础上,按照税法的有关规定进行一定的调整而得到的。为研究问题简便起见,在本书中假设对应纳税所得额不需要进行调整,而是以企业的利润总额为基数直接计算应交纳所得税费用额。

1.账户设置

"所得税费用"账户属于损益类账户,用以核算企业确认的应从当期利润总额中扣除的所得税费用。该账户的借方登记企业按照税法规定应交纳所得税费用额(增加数),贷方登记期末时结转入"本年利润"账户的所得税费用额(减少数)。期末结转后该账户应无余额。

"所得税"账户的结构可表示如图 4-36 所示。

借方	所得税费用	贷方
计算出的所得税费用额	期末转入"本年利润"账户的所得税费用额	

图 4-36　"所得税"账户结构

2.所得税核算的会计处理

【例 4-46】根据前述内容,可以计算本期实现的利润总额为 27 000 元,按照 25％的税率计算本期的所得税(假设没有纳税调整项目)。

本期应纳所得税税额为 6 750(27 000×25％)元。所得税额计算出来之后,一般在当期并不实际缴纳,所以在形成所得税费用的同时也产生了企业的一项负债。这项经济业务的发生,一方面使得公司的所得税费用增加 6 750 元,另一方面使得公司的应交税费增加 6 750 元,涉及“所得税”和“应交税费”两个账户。所得税费用的增加是费用支出的增加,应记入“所得税”账户的借方;应交税费的增加是负债的增加,应记入“应交税费”账户的贷方。所以这项业务应编制的会计分录如下:

借:所得税费用　　　　　　　　　　　　　　　　　　　　　　　　6 750
　　贷:应交税费——应交所得税　　　　　　　　　　　　　　　　　　　　6 750

(五)净利润形成的核算

企业在经营过程中实现了各项收入,相应地也发生了各项支出,这些收入和支出都已经在各有关的损益类账户中得到了相应的反映。根据前面介绍的内容我们已经知道,企业的利润总额、净利润额是由企业的收益与其相关的支出进行配比、抵减而确定的,这里就涉及何时配比、抵减和怎样配比、抵减的问题。

按照我国企业会计制度的要求,企业一般应当按月核算利润,按月核算利润有困难的,经批准,也可以按季或者按年核算利润。企业计算确定本期利润总额、净利润和本年累计利润总额、累计净利润的具体方法有“账结法”和“表结法”两种。账结法是在每个会计期末(一般是指月末)将各损益类账户记录的金额全部转入“本年利润”账户,通过“本年利润”账户借、贷方的记录结算出本期损益额和本年累计损益总额,在这种方法下需要在每个会计期末通过编制结账分录,结清各损益类账户。表结法是在每个会计期末(月末)各损益类账户余额不作转账处理,而是通过编制利润表进行利润的结算,根据编制损益类项目的本期发生额、本年累计数,填报会计报表(主要是指利润表),在会计报表中直接计算确定损益额即利润总额、净利润额;年终,在年度会计决算时再用账结法,将各损益类账户全年累计发生额通过编制结账分录转入“本年利润”账户。“本年利润”账户集中反映了全年累计净利润的实现或亏损的发生情况。

1.账户设置

“本年利润”账户的性质是所有者权益类,用来核算企业一定时期内净利润的形成或亏损的发生情况。其贷方登记会计期末转入的各项收入,包括主营业务收入、其他业务收入、营业外收入和投资净收益等,借方登记会计期末转入的各项支出,包括主营业务成本、税金及附加、其他业务成本、管理费用、财务费用、销售费用、营业外支出、投资净损失和所得税等。该账户年内期末余额如果在贷方,表示实现的全年累计净利润,如果在借方,表示全年累计发生的亏损。年末应将该账户的余额转入“利润分配”账户(如果是净利润,应自该账户的借方转入“利润分配”账户的贷方,如果是亏损,应自该账户的贷方转入“利润分配”账户的借方),经过结转之后,该账户年末没有余额。关于“本年利润”账户的核算内容,应结合利润形成核算的“账结法”和“表结法”加以理解。

“本年利润”账户的结构可用表示如图 4-37 所示。

借方   本年利润   贷方

期末转入的各项支出：	期末转入的各项收入：
(1)主营业务成本	(1)主营业务收入
(2)税金及附加	(2)其他业务收入
(3)其他业务成本	(3)营业外收入
(4)管理费用	(4)投资净收益
(5)财务费用	
(6)销售费用	
(7)投资净损失	
(8)营业外支出	
(9)所得税费用	
期末余额：累计亏损	期末余额：累计净利润

图 4-37 "本年利润"账户结构

2.本年利润核算的会计处理

会计期末(月末或年末)结转各项收入时,借记"主营业务收入""其他业务收入""投资收益""营业外收入"等科目,贷记"本年利润"科目;结转各项支出时,借记"本年利润"科目,贷记"主营业务成本""税金及附加""其他业务成本""管理费用""财务费用""销售费用""营业外支出""所得税"等科目。如果"投资收益"科目反映的为投资损失,则应进行相反的结转。

以下举例说明利润总额和净利润额形成业务的总分类核算。

【例 4-47】期末将本期实现的各项收入包括主营业务收入 145 000 元、其他业务收入 20 000 元、投资净收益 6 000 元、营业外收入 18 000 元转入"本年利润"账户。

会计期末,企业未结转各种损益类账户之前,本期实现的各项收入以及与之相配比的成本费用分散反映在不同的损益类账户上,为了遵循配比会计原则,使本期的收支相抵减,以便确定本期经营成果,就需要编制结账分录,结清各损益类账户。这项经济业务的发生,一方面使得公司的有关损益类账户所记录的各种收入减少了,另一方面使得公司的成本利润额增加了,涉及"主营业务收入""其他业务收入""投资收益""营业外收入"和"本年利润"五个账户。各项收入的结转是收入的减少,应记入"主营业务收入""其他业务收入""投资收益""营业外收入"账户的借方;本年利润的增加是所有者权益的增加,应记入"本年利润"账户的贷方。所以这项业务应编制的会计分录如下:

借:主营业务收入   145 000
　　其他业务收入   20 000
　　投资收益   6 000
　　营业外收入   18 000
　　贷:本年利润   189 000

【例 4-48】期末将本期发生的各项支出包括主营业务成本 100 000 元、税金及附加 10 200元、其他业务支出 15 000 元、管理费用 11 500 元、财务费用 300 元、销售费用 13 000元、营业外支出 12 000 元转入"本年利润"账户。

这项经济业务的发生,一方面需要将记录在有关损益类账户中的各项支出予以转销,另一方面结转支出会使得公司的利润减少,涉及"本年利润""主营业务成本""其他业务支出""管理费用""财务费用""销售费用""营业外支出"七个账户。各项支出的结转是费用支出的减少,应记入"主营业务成本""其他业务成本""管理费用""财务费用""销售费用""营业外支出"账户的贷方;利润的减少是所有者权益的减少,应记入"本年利润"账户的借方。这项业务应编制的会计分录如下:

借:本年利润　　　　　　　　　　　　　　　　　　　162 000
　贷:主营业务成本　　　　　　　　　　　　　　　　　　100 000
　　　税金及附加　　　　　　　　　　　　　　　　　　　10 200
　　　其他业务成本　　　　　　　　　　　　　　　　　　15 000
　　　管理费用　　　　　　　　　　　　　　　　　　　　11 500
　　　财务费用　　　　　　　　　　　　　　　　　　　　　 300
　　　销售费用　　　　　　　　　　　　　　　　　　　　13 000
　　　营业外支出　　　　　　　　　　　　　　　　　　　12 000

通过上项结转,本月的各项收入和支出都汇集于"本年利润"账户,遵循配比原则将收入与费用进行抵减,我们就可以根据"本年利润"账户的借、贷方的记录确定利润总额。本期企业实现的利润总额为 27 000 元(189 000－162 000)。根据利润总额就可以计算所得税,所得税作为一项费用应在会计期末转入"本年利润"账户,以便计算净利润。

【例 4-49】期末将计算出的所得税费用转入"本年利润"账户。

本期计算出的所得税费用为 6 750 元。这项经济业务的发生,一方面使得公司的所得税费用减少 6 750 元,另一方面使得公司的利润额减少 6 750 元。所得税费用的减少是费用支出的减少,应记入"所得税费用"账户的贷方;利润的减少是所有者权益的减少,应记入"本年利润"账户的借方。所以这项业务应编制的会计分录如下:

借:本年利润　　　　　　　　　　　　　　　　　　　　　6 750
　贷:所得税费用　　　　　　　　　　　　　　　　　　　　　6 750

所得税费用转入"本年利润"账户之后,就可以根据"本年利润"账户的借、贷方记录的各项支出和收入计算确定企业的净利润额,即:

净利润＝27 000－6 750＝20 250(元)

净利润额形成过程的核算如图 4-38 所示。

企业通过净利润形成过程的核算,实现了一定时期内的财务成果即净利润。对于实现的净利润应按照国家的有关规定在各相关方面进行合理的分配。

四、利润分配的核算

(一)利润分配的顺序

根据《中华人民共和国公司法》等有关法规的规定,企业当年实现的净利润,首先应弥补以前年度尚未弥补的亏损,对于剩余部分,应按照下列顺序进行分配:

(1)提取法定盈余公积,法定盈余公积金应按照本年实现净利润的一定比例提取;

(2)提取任意盈余公积,任意盈余公积一般按照股东大会决议提取;

(3)向投资者分配利润或股利。

(二)利润分配业务的核算

利润分配的具体顺序前已述及,由于利润分配的核算内容比较复杂,政策性较强,其

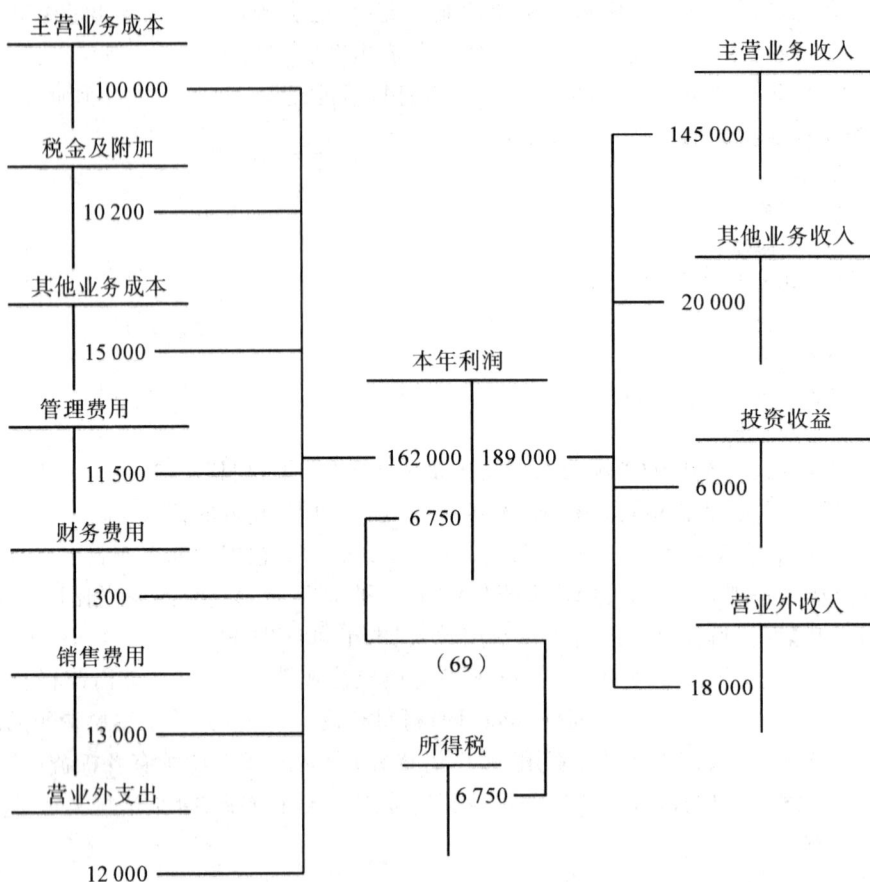

图 4-38　净利润形成过程核算示意图

中有些内容如弥补亏损等的核算将在《财务会计》等课程中作介绍,所以我们这里仅介绍
利润分配中的提取盈余公积金和向投资人分配利润的核算内容。

1.账户设置

(1)"利润分配"账户

该账户的性质是所有者权益类,用来核算企业一定时期内净利润的分配或亏损的弥
补以及历年结存的未分配利润(或未弥补亏损)情况的账户。其借方登记实际分配的利润
额,包括提取的盈余公积金和分配给投资人的利润以及年末从"本年利润"账户转入的全
年累计亏损额;贷方登记用盈余公积金弥补的亏损额等其他转入数以及年末从"本年利
润"账户转入的全年实现的净利润额。年内各期期末借方余额,表示已分配的利润额,年
末余额如果在借方,表示未弥补的亏损额;期末余额如果在贷方,表示未分配利润额。

"利润分配"账户一般应设置以下几个主要的明细账户:"提取法定盈余公积""提取
法定公益金""应付优先股股利""提取任意盈余公积""应付普通股股利""转作资本(或股
本)的普通股股利""未分配利润"等。年末,应将"利润分配"账户下的其他明细账户的余
额转入"未分配利润"明细账户,经过结转后,除"未分配利润"明细账户有余额外,其他各
个明细账户均无余额。

"利润分配"账户的结构可表示如图 4-39 所示。

借方	利润分配	贷方
已分配的利润额： (1)提取法定盈余公积 (2)提取法定公益金 (3)应付优先股股利 (4)应付普通股股利 年末转入的亏损	(1)盈余公积转入 (2)年末从"本年利润" 账户转入的全年净利润	
期末余额：未弥补亏损额	期末余额：未分配利润	

图 4-39 "利润分配"账户结构

注意：企业对实现的净利润进行利润分配，意味着企业实现的净利润这项所有者权益的减少，本应在"本年利润"账户的借方进行登记，表示直接冲减本年已实现的净利润额，但是如果这样处理，"本年利润"账户的期末贷方余额就只能表示实现的利润额减去已分配的利润额之后的差额即未分配利润额，而不能提供本年累计实现的净利润额这项指标。而累计净利润指标又恰恰是企业管理上需要提供的一个非常重要的指标。因此，为了使"本年利润"账户能够真实地反映企业一定时期内实现的净利润数据，同时又能够通过其他账户提供企业未分配利润数据，在会计核算中，我们专门设置了"利润分配"账户，用以提供企业已分配的利润额。这样就可以根据需要，将"本年利润"账户的贷方余额即累计净利润与"利润分配"账户的借方余额即累计已分配的利润额相抵减，以求得未分配利润这项管理上所需要的指标。因而，对于"利润分配"账户，一定要结合"本年利润"账户加以深刻理解。

(2)"盈余公积"账户

该账户的性质是所有者权益类，用来核算企业从税后利润中提取的盈余公积金包括法定盈余公积、法定公益金和任意盈余公积的增减变动及其结余情况的账户。其贷方登记提取的盈余公积金即盈余公积金的增加，借方登记实际使用的盈余公积金即盈余公积金的减少。期末余额在贷方，表示结余的盈余公积金。"盈余公积"应设置下列明细账户："法定盈余公积""法定公益金""任意盈余公积"。

"盈余公积"账户的结构可表示如图 4-40 所示。

借方	盈余公积	贷方
实际使用的盈余公积金(减少)	年末提取的盈余公积金(增加)	
	期末余额：结余的盈余公积金	

图 4-40 "盈余公积"账户结构

(3)"应付股利"账户

该账户的性质是负债类，用来核算分配给投资人股利(现金股利)或利润的增减变动及其结余情况的账户。其贷方登记应付给投资人股利(现金股利)或利润的增加；借方登记实际支付给投资人的股利(现金股利)或利润，即应付股利的减少。期末余额在贷方，表示尚未支付的股利(现金股利)或利润。这里需要注意的是企业分配给投资人的股票股利不在本账户核算。

"应付股利"账户的结构可表示如图 4-41 所示。

借方	应付股利	贷方
实际支付的利润或股利	应付未付的利润或股利	
	期末余额:尚未支付的利润或股利	

图 4-41 "应付股利"账户结构

2.利润分配业务核算的会计处理

【例 4-50】经董事会决议,决定按全年净利润的 10％提取法定盈余公积金(本年 1—11 月净利润 300 000 元)。

根据前述业务可知,12 月实现的净利润为 20 250 元,本年实现净利润计为 320 250 元(300 000＋20 250)。因而,提取的法定盈余公积金为 32 025 元(320 250×10％)。公司提取盈余公积金业务的发生,一方面使得公司的已分配的利润额增加计 32 025 元,另一方面使得公司的盈余公积金增加了 32 025 元,涉及"利润分配"和"盈余公积"两个账户。已分配利润额的增加是所有者权益的减少,应记入"利润分配"账户的借方;盈余公积金的增加是所有者权益的增加,应记入"盈余公积"账户的贷方。这项业务应编制的会计分录如下:

借:利润分配——提取法定盈余公积　　　　　　　　　　　　　　　　 32 025
　　贷:盈余公积——法定盈余公积　　　　　　　　　　　　　　　　　　　　　 32 025

【例 4-51】根据批准的利润分配方案,向投资者分配利润 150 000 元。

这项经济业务的发生,一方面使得公司的已分配利润额增加 150 000 元;另一方面,利润虽然已决定分配给股东,但在分配的当时并不实际支付,所以形成公司的一项负债,使得公司的应付股利增加 150 000 元。涉及"利润分配"和"应付股利"两个账户。已分配利润的增加是所有者权益的减少,应记入"利润分配"账户的借方;应付股利的增加是负债的增加,应记入"应付股利"账户的贷方;对于股票股利,在分配时,应按面值记入"股本"科目(如有超面值部分应增加资本公积)。这项业务应编制的会计分录如下:

借:利润分配——应付股利　　　　　　　　　　　　　　　　　　　　 150 000
　　贷:应付股利　　　　　　　　　　　　　　　　　　　　　　　　　　　　　 150 000

【例 4-52】2013 年年末结转本年实现的净利润 320 250 元。

这项经济业务的发生,一方面使得公司记录在"本年利润"账户的累计净利润减少 320 250 元,另一方面使得公司可供分配的利润增加 320 250 元。涉及"本年利润"和"利润分配"两个账户。结转净利润时,应将净利润从"本年利润"账户的借方转入"利润分配"账户的贷方(如果结转亏损,则进行相反的处理)。这项业务应编制的会计分录如下:

借:本年利润　　　　　　　　　　　　　　　　　　　　　　　　　　 320 250
　　贷:利润分配——未分配利润　　　　　　　　　　　　　　　　　　　　　 320 250

【例 4-53】2013 年年末结清利润分配账户所属的各有关明细科目。

通过前述有关的经济业务的处理,可以确定"利润分配"所属有关明细科目的记录分别为:"提取法定盈余公积"明细科目余额为 32 025 元,"应付股利"明细科目的余额为 150 000 元。结转时,应将各个明细科目的余额从其相反方向分别转入"未分配利润"明细科目中去,也就是借方的余额从贷方结转,贷方的余额从借方结转。所以这项业务应编制的会计分录如下:

借:利润分配——未分配利润　　　　　　　　　　　　　　　182 025

　　贷:利润分配——提取法定盈余公积　　　　　　　　　　　　32 025

　　　　——应付股利　　　　　　　　　　　　　　　　　150 000

本年实现的净利润经过上述的分配之后,就可以确定本年年末的未分配利润:

年末未分配利润＝320 250－182 025＝138 225(元)

本章小结

制造企业的基本经济业务主要包括资金筹集业务、供应过程业务、生产过程业务、销售过程业务以及企业财务成果的形成和分配业务。本章以制造业企业基本经济业务核算为例,系统介绍了如何运用借贷记账法对上述经济业务进行会计核算及相应的账务处理,具体包括主要账户的设置和运用,各种业务的会计处理方法,成本计算的内容、程序和基本方法。本章从以下几个环节阐述了制造企业主要经济业务核算内容:

资金筹集的核算主要包括投资者投入的资金和向银行及其他金融机构借入资金两个方面。前者属于企业的所有者权益,后者属于企业债权人权益——企业的负债。

供应过程的核算主要包括固定资产购建、材料采购成本归集、增值税业务、货款的结算和材料采购成本的计算等。

生产过程的核算主要包括材料费用、工资费用、其他费用等生产费用的归集和分配、产品成本的计算等。

销售过程的核算主要包括确认产品销售收入的实现、与购买单位货款的结算、结转产品销售成本、支付产品销售费用、计算和交纳产品销售税费。

财务成果的核算主要包括利润形成与利润分配。

案例解析

本章"导入案例"解析:

1.小林和小李依据什么计算亏了 3 000 元,依据正确吗?

小林和小张只是依据了月末银行存款 7 000 元少于月初的银行存款10 000 元,就认为他们的经营亏损了 3 000 元。该依据不正确,因为计算盈亏不能以货币资金的余额为依据。

2.分析电脑维修公司 8 月底有哪些资产和负债?

资产:

(1)工具和配件(存货):2 500 元

(2)自行车(固定资产):400 元

（3）银行存款（货币资金）：7 000 元

（4）生活费支出（其他应收款）：1 000 元

资产总额：10 900 元

（注：个人的生活支出，不能作为电脑维修公司这个"会计主体"的费用，而应作为小林和小张对公司的借款）

负债：

（1）未付广告费用：250 元

（2）未付水电费：100 元

合计：350 元

3.计算电脑维修公司 8 月份的收入和费用是多少？

收入：7 000＋1 000＋2 500＋400＋（750－250）＋300＋1 000－10 000＝2 700元（假定所有的收入都收到现金）

费用：1 000＋750＋300＋100＝2150 元

利润为：2 700－2 150＝550 元

按会计等式计算：资产＝负债＋所有者权益

8 月末：10 900＝350＋所有者权益

所有者权益＝10 550 元

所有者权益的增加：10 550－10 000＝550 元也就是毛利润增加了 550 元，跟上面的结果是一样的。

习题精选

资料：中驰公司 2020 年 12 月发生下列经济业务：

（1）收到投资者（盛大公司）投入资本 50 000 元，存入银行。

（2）向长江公司购买甲材料 6 000 千克，每千克 50 元，购买乙材料 4 000 千克，每千克 35 元，增值税率 17％，款项以银行存款支付。

（3）以银行存款支付购买甲、乙材料的运输费 1 500 元，以现金支付购买甲、乙材料的装卸费 500 元；运输费、装卸费按照甲乙材料的重量分配。

（4）向黄河公司购买丙材料 1 000 千克，每千克 30 元，增值税税率 17％，款项以商业承兑汇票结算。

（5）上述购买的甲、乙、丙材料验收入库，按材料的实际成本入账。

（6）洞庭公司归还前欠货款 200 000 元，款项存入银行。

（7）以银行存款支付应交的消费税 2 500 元。

（8）以银行存款向"希望工程"捐赠 2 000 元。

（9）以现金支付企业行政管理部门的办公费 200 元。

（10）从工商银行取得为期 3 个月的短期借款 30 000 元，年利息率为 2％，存入银行。

（11）取得罚款收入 1 000 元，存入银行。

（12）企业签发的商业承兑汇票到期，以银行存款向黄河公司支付票据款 35 100 元。

(13)以现金支付企业销售部门的办公经费300元。

(14)以银行存款支付本月的水电费1 300元,其中:生产车间的水电费为900元,企业管理部门的水电费为400元。

(15)企业行政管理部门的职工刘明出差回来,报销差旅费1 200元,不足部分财会部门以现金支付,刘明上月的出差借款为1 000元。

(16)以银行存款支付本月发生的广告费1 000元。

(17)计提本月固定资产折旧费4 000元,其中车间用固定资产折旧3 000元,企业行政管理部门用固定资产折旧1 000元。

(18)计提本月应付的短期借款利息300元。

(19)以银行存款支付本月的电话费2 300元,其中:生产车间的电话费为1 900元,企业管理部门的电话费为400元。

(20)结算本月份应付职工工资15 000元,其用途分类如下:

生产A产品工人工资:6 000元

生产B产品工人工资:4 000元

车间管理人员工资:3 000元

企业管理人员工资:2 000元

(21)从银行提取现金15 000元,以备发放工资。

(22)发放本月职工工资。

(23)出售多余的甲材料200千克,每千克售价60元,增值税率17%,款项已收到,存入银行。

(24)结转上述出售材料的实际成本10 000元。

(25)汇总本月使用的甲、乙、丙材料的使用情况,具体领用情况见下表:

材料领用情况表

项　目	甲材料		乙材料		丙材料		金额合计（元）
	数量（千克）	金额（元）	数量（千克）	金额（元）	数量（千克）	金额（元）	
A产品耗用	3 500	175 000	2 000	70 000	700	21 000	266 000
B产品耗用	1 000	50 000	500	17 500			67 500
生产车间一般耗用	300	15 000	100	3 500	50	1 500	20 000
合　计	4 800	240 000	2 600	91 000	750	22 500	353 500

(26)将制造费用按生产工人工资比例摊入A、B产品成本。

(27)本月完工验收入库的A产品750件,结转完工产品成本300 000元。

(28)本月出售A产品500件,每件售价650元;出售B产品400件,每件售价350元。增值税率17%,款项已存入银行。

(29)结转上述出售的A、B产品成本,A产品的每件成本400元,B产品的每件成本200元。

(30)根据本月应交的流转税,计提本月应交的城市维护建设税 210 元,教育费附加 90 元。

(31)将本月各损益类账户余额转入本年利润账户,结出 12 月份的利润。

(32)按 12 月份利润总额的 25% 计算应交的所得税(假设没有其调整项目)。

(33)按 12 月份税后利润的 10% 计算应提取的盈余公积。

(34)按 12 月份税后利润的 10% 计算登记应付给投资者的利润。

(35)将 12 月份的所得税费用转入"本年利润"账户。

(36)将全年实现的净利润自"本年利润"账户转入"利润分配"账户。

要求:根据上述资料编制会计分录。

会计天地

会计名家——阎达五

阎达五是我国会计管理学派的创始人之一。阎达五出生于 1929 年 1 月,山西省祁县人,1947 年考入私立北平华北文法学院的法律系和经济系,1949 年初进入华北大学(中国人民大学前身),中国人民大学正式成立后,阎教授作为该校会计专业的创始人之一,一直从事会计教学和科研工作。1960—1963 年,他作为中国会计专家赴越南讲学,所获评价甚高;1986 年 11 月,他应邀参加了在东京召开的日本国际会计研究会议,并作了学术报告,同时到早稻田大学、亚细亚大学作了专题报告。1980 年,他与杨纪琬教授合作,在中国会计学会成立大会上发表了题为《开展我国会计理论研究的几点意见——兼论会计学的科学属性》的学术论文,第一次明确提出了会计管理的概念。之后,他们又连续发表论文和专著,进一步阐述和论证会计管理理论,在我国会计学界和会计实际工作者中产生了重大影响,并引起国外会计学者的浓厚兴趣。

代表作品:《工业会计核算》、《会计理论专题》、《责任会计的理论与实践》、《社会会计》

※轻松一刻※

一笔十人九错的账

一天,有个年轻人来到王老板的店里买了一件礼物,这件礼物成本是 18 元,标价是 21 元。结果是,这个年轻人掏出 100 元要买这件礼物。王老板当时没有零钱,用那 100 元向街坊换了 100 元的零钱,找给年轻人 79 元。但是街坊后来发现那 100 元是假钞,王老板无奈还了街坊 100 元。请问:王老板在这次交易中一共损失了多少钱?

第五章

会计凭证

【教学目标】
　　1.熟悉会计凭证的概念及作用
　　2.了解会计凭证的种类
　　3.掌握各类原始凭证的填制与审核方法
　　4.掌握记账凭证的填制与审核方法
　　5.理解会计凭证的传递和保管

【导入案例】
　　小陈大学毕业后在中驰公司从事出纳工作,由于工作的疏忽将20万元的现金支票存根弄丢了,会计主管严肃批评了小陈,并要求他到银行补开20万现金支票的证明,由此造成的损失全部由小陈承担。小陈听后很不服气,心想:上个月同事张桐丢了一张记账凭证,会计主管只是提醒张明以后要多加注意,为什么自己丢一张凭证就要受这样的处罚?难道是因为自己资历太浅了吗?

第一节　会计凭证概述

一、会计凭证的概念和作用

　　会计凭证是记录经济业务、明确经济责任和据以登记账簿的书面证明,也是登记账簿、进行会计监督的重要依据。会计记录必须如实地反映会计主体的经济活动情况,任何企业、事业和行政单位在从事任何一项经济活动时,都必须办理会计凭证,即由有关人员根据有关规定按照一定的程序填制和取得会计凭证,对整个经济活动过程作出书面记录。有关部门和人员要在会计凭证上盖章签字,表示对会计凭证的真实性、正确性与合法性负责。

　　例如,企业购买商品或用品时要由供货单位开出发票,支付款项时要由收款单位开出收据,商品收进或发出时要有收货单、发货单等,这些都是会计凭证。填制和取得以及审核会计凭证是会计工作的起点和基本环节。任何单位办理一切经济业务,都要由经办人员或有关部门填制或取得能证明经济业务的内容、数量、金额的凭证,并且签名盖章,所有凭证都必须由会计部门审核,只有经过审核无误的凭证才能作为记账的依据。

会计凭证在经济管理中的作用主要有以下四个方面：

（一）正确、及时地反映各项经济业务的完成情况

会计信息是经济信息的重要组成部分，它一般是通过数据，以凭证、账簿、报表等形式反映出来的。随着生产的发展，及时准确的会计信息在企业管理中的作用越来越重要。任何一项经济业务的发生，都要编制或取得会计凭证。会计凭证是记录经济活动的最原始资料，是经济信息的原始载体，并且为会计分析和会计检查提供了基础资料。

（二）加强企业生产经营管理

由于会计凭证记录了每项经济业务的内容，并要由有关部门和经办人员签章，这就要求有关部门和有关人员对经济活动的真实性、正确性、合法性负责。这样，无疑会增强有关部门和有关人员的责任感，促使他们严格按照有关政策、法令、制度、计划或预算办事。如有违法乱纪或经济纠纷事件，也可借助于会计凭证确定各经办部门和人员所负的经济责任，并据以进行正确的裁决和处理，从而加强经营管理的岗位负责制。

（三）发挥会计的监督作用

通过会计凭证的审核，可以查明各项经济业务是否符合法规制度的规定、有无贪污盗窃、铺张浪费和损公肥私行为，从而发挥会计的监督作用，保护各会计主体所拥有资产的安全完整，维护投资者、债权人和有关各方的合法权益。

（四）会计凭证是登记账簿的依据

任何单位每发生一项经济业务，都必须通过填制会计凭证如实记录经济业务的内容数量和金额，然后经过审核无误，才能登记入账。如果没有合法的凭证作依据，任何经济业务都不能登记到账簿中去。因此，作好会计凭证的填制和审核工作，是保证会计账簿资料真实性、正确性的重要条件。

二、会计凭证的种类

企业发生的经济业务内容非常复杂丰富，用以记录、监督经济业务的会计凭证，也必然是五花八门、名目繁多。为了具体地认识、掌握和运用会计凭证，首先要对会计凭证加以分类。按照会计凭证的填制程序和用途一般可以分为原始凭证和记账凭证两类，在两大类下又可划分为诸多小类，详细的内容将在第二节、第三节中具体介绍。

第二节 原始凭证

一、原始凭证的概念及分类

（一）原始凭证的概念

原始凭证是在经济业务发生时取得或填制的凭证，用以明确经济责任，作为记账依据的最初的书面证明文件，如出差乘坐的车船票、采购材料的发货票、到仓库领料的领料单等，都是原始凭证。原始凭证是在经济业务发生的过程中直接产生的，是经济业务发生的最初证明，在法律上具有证明效力，所以也可叫作"证明凭证"。它是进行会计核算的原始

资料和重要依据。原始凭证按其取得的来源不同,可以分为自制原始凭证和外来原始凭证两类。

（二）原始凭证的分类

通常,原始凭证按其来源不同,可分为自制原始凭证和外来原始凭证两种。

1.自制原始凭证

自制原始凭证,是由本单位经办业务的部门和人员在执行或完成某项经济业务时所填制的凭证。自制原始凭证按其填制手续和内容不同,又可分为一次凭证、累计凭证和汇总原始凭证三种。

（1）一次凭证,亦称一次有效凭证,是指只记载一项经济业务或同时记载若干项同类经济业务,填制手续一次完成的凭证。例如,收料单（见表5-1）、领料单（见表5-2）、发货发票等都是一次凭证。一次凭证只能反映一笔业务的内容,使用方便灵活,但凭证数量较多。

表 5-1　收料单

供货单位:华峰公司　　　　　　　　　　　　　　　　　　　　　凭证编号:0098

发票编号:0028　　　　　　　　　　2020 年 12 月 16 日　　　　　　收料仓库:2 号库

材料类别	材料编号	材料名称及规格	计量单位	数量		金额			
				应收	实收	单价	买价	运杂费	合计
晶闸管	102011	30 mm 晶闸管	千克	2 000	2 000	4.00	8 000	400	8 400
备注						合计			8 400

主管（签章）　　　会计（签章）　　　审核（签章）　　　记账（签章）　　　收料（签章）

表 5-2　领料单

领料单位:一车间　　　　　　　　　　　　　　　　　　　　　凭证编号:2110

用途:制造牵引变流器　　　　　　　2020 年 12 月 18 日　　　　　　发料仓库:2 号库

材料类别	材料编号	材料名称及规格	计量单位	数量		金额		
				请领	实发	单价	金额（元）	合计
晶闸管	102011	30 mm 晶闸管	千克	1 000	1 000	4.20	4 200	4 200
备注						合计		4 200

主管（签章）　　　记账（签章）　　　发料人（签章）　　　领料人（签章）

（2）累计凭证,亦称多次有效凭证,是指连续记载一定时期内不断重复发生的同类经济业务,填制手续是在一张凭证中多次进行才能完成的凭证。例如,限额领料单（见表5-3）就是一种累计凭证。使用累计凭证,由于平时随时登记发生的经济业务,并计算累计数,期末计算总数后作为记账的依据,所以能减少凭证数量,简化凭证填制手续。

表 5-3 限额领料单
2020 年 10 月

领料单位:一车间   用途:制造牵引变流器   编号:2036

材料编号:10268   名称规格:16 mm 晶闸管   计划产量:2 000 台

单价:4.00 元   消耗定量:0.2 千克/台   计量单位:公斤

                                                       领用限额:1 000

2012 年		请 领		实 发					
月	日	数量	领料单位负责人	数量	累计	发料人	领料人	限额结余
10	5	300	王明	300	300	张三	李四	700
10	15	200	王明	200	500	张三	李四	500
10	31	200	王明	200	700	张三	李四	300

累计实发金额(大写) 人民币贰仟捌佰元整   ￥2 800 元

供应部门负责人(签章)   生产计划部门负责人(签章)   仓库负责人(签章)

　　(3)汇总原始凭证(亦称原始凭证汇总表),是根据许多同类经济业务的原始凭证定期加以汇总而重新编制的凭证。例如,月末根据月份内所有领料单汇总编制的领料单汇总表(亦称发料凭证汇总表,格式见表 5-4),就是汇总原始凭证。汇总原始凭证可以简化编制记账凭证的手续,但它本身不具备法律效力。

表 5-4 发料凭证汇总表
2020 年 10 月 31 日
单位:元

应借科目	应贷科目:材料					发料合计
	明细科目:原材料				辅助材料	
	1—10 日	11—20 日	21—30 日	小计		
生产成本	15 000	22 000	20 000	57 000	3 000	60 000
制造费用				1 000	500	1 500
管理费用				2 000	1 500	35 000
合 计	—	—	—	60 000	5 000	65 000

2.外来原始凭证

　　外来原始凭证,是指在经济业务发生时,从其他单位或个人取得的凭证。例如,供货单位开来的增值税专用发票(格式见表 5-5),运输部门开来的运费收据,银行开来的收款通知(格式见表 5-6)和付款通知(格式见表 5-7)等都属于外来原始凭证。外来原始凭证一般都是一次凭证。

表 5-5 增值税专用发票

NO.14521154

开票日期：2020 年 12 月 26 日

购货单位	名称：光大实业有限公司 纳税人识别号：142736580027162 地址、电话：江滨市江东路 359 号，80223569 开户行及账号：工行江东办，8841518010004783							密码区	
货物及应税劳务的名称	规格型号	单位	数量	单价	金额	税率	税额		
晶闸管	20 mm	吨	60	3 000	180 000	17%	30 600		
晶闸管	15 mm	吨	15	4 200	63 000	17%	10 710		
合 计					243 000		41 310		
价税合计（大写）	人民币贰拾捌万肆仟叁佰壹拾元整					（小写）¥284 310.00			
销货单位	名称：信达新材有限公司 纳税人识别号：126258946876824 地址、电话：晋北市北塔路 125 号，62337085 开户行及账号：工行晋北支行，003021532171547							备注	

表 5-6 中国工商银行进账单（收款通知）

2020 年 12 月 22 日　　　　　　　　　　　　　　第 123 号

出票人	全　称	中驰实业公司	收款人	全　称	信达新材有限公司
	账　号	6854773912		账　号	25284419824
	开户银行	工行淮河路分理处		开户银行	工行向阳分理处
人民币（大写）壹拾肆万捌仟贰佰伍拾陆元整				（小写）¥148 256.00	
票据种类	银行本票				
票据张数	1				
单位主管　会计　复核　记账			收款人开户行盖章		

表 5-7 同城特约委托收款凭证（付款通知）

委托日期 2020 年 12 月 30 日　　　　　　　　委托号码 第 15623 号

付款人	全　称	中驰实业公司	收款人	全　称	太河市自来水公司
	账　号	6854773912		账　号	42059633125
	开户银行	工行淮河路分理处		开户银行	工行迎宾路分理处
委收金额	人民币（大写）肆万陆仟玖佰壹拾叁元整			（小写）¥46 913.00	
票据种类	银行本票		付款人注意：		
票据张数	1		1.公用事业收款人与你方签订合同后方能办理。		
用水量 22 600 吨			2.如无合同，可备函说明情况，于 1 个月内向收款单位办理同城特约委托收款，将原款划回。		

二、原始凭证应具备的基本内容

由于各项经济业务的内容和经济管理的要求不同,各类记录经济业务的原始凭证的名称、格式和内容也是多种多样的。但是,每一种原始凭证都必须客观、真实地记录和反映经济业务的发生、完成情况,都必须明确有关单位部门及人员的经济责任。这些共同的要求,决定了每种原始凭证都必须具备以下几方面的基本内容:

(1) 原始凭证的名称;

(2) 填制凭证的日期及编号;

(3) 填制和接受凭证的单位名称;

(4) 经济业务的内容,其中包括业务发生的数量和金额;

(5) 填制单位及有关人员的签章。

有些原始凭证除了包括上述基本内容以外,为了满足计划、统计等其他业务工作的需要,还要列入一些补充内容。例如,在有些原始凭证上,还要注明与该笔经济业务有关的计划指标、预算项目和经济合同等。

各会计主体根据会计核算和管理的需要,按照原始凭证应具备的基本内容和补充内容,设计和印刷适合本主体需要的各种原始凭证。但是,为了加强宏观管理、强化监督,堵塞偷税、漏税的漏洞,各有关主管部门应当为同类经济业务设计统一的原始凭证格式。例如,由中国人民银行设计统一的银行汇票、本票、支票;由交通部门设计统一的客运、货运单据;由税务部门设计统一的发票、收款收据等。这样,不但可使反映同类经济业务的原始凭证内容在全国统一,便于加强监督管理,而且也可以节省各会计主体的印刷费用。

三、原始凭证的填制要求

(一)原始凭证填制的基本要求

(1)经济内容真实合法。原始凭证填制的日期、业务内容和数字必须是真实可靠的,同时必须符合法律、行政法规和国家统一的会计制度的规定。

(2)填制及时。原始凭证必须按照经济业务的完成情况,及时填制,并按规定程序及时递交会计部门,以保证会计信息的时效性。

(3)项目齐全。原始凭证的基本内容要填写齐全、不得遗漏,并且填写手续要完备,文字说明应简明扼要。

(4)经济责任明确。从外单位取得的原始凭证,必须盖有填制单位的公章;从个人处取得的原始凭证,必须有填制人员的签名或者盖章。自制原始凭证必须有经办单位领导人或其指定人员的签名或者盖章。对外开出的原始凭证,必须加盖本单位公章。

(二)原始凭证填制的其他要求

(1)填有大写和小写金额的原始凭证,大写与小写金额必须相符。购买实物的原始凭证,必须有验收证明。支付款项的原始凭证,必须有收款单位和收款人的收款证明。

(2)一式几联的原始凭证,应当注明各联的用途,只能以一联作为报销凭证。一式几联的发票和收据,必须用双面复写纸(发票和收据本身具备复写纸功能的除外)套写,并连续编号,作废时应当加盖"作废"戳记,连同存根一起保存,不得撕毁。

(3)发生销货退回的,除填制退货发票外,还必须有退货验收证明;退款时,必须取得对方的收款收据或者汇款银行的凭证,不得以退货发票代替收据。

(4)职工因公出差借款凭据,必须附在记账凭证之后;收回借款时,应当另开收据或者退还借据副本,不得退还原借款收据。

(5)经上级有关部门批准的经济业务,应当将批准文件作为原始凭证附件,如果批准文件需要单独归档,应当在凭证上注明批准机关名称、日期和文件字号。

(6)文字和数字的书写要符合规范。原始凭证上的文字、数字的填写应按《会计基础工作规范》的要求填写。具体要求包括以下几个方面:

①阿拉伯数字不得连笔书写,单位对外和外来的原始凭证,阿拉伯数字金额前应当书写货币币种符号,如人民币"￥"字符号(用外币计价、结算的凭证,金额前要加注外币符号,如"HK＄""US＄"等),币种符号与阿拉伯数字金额之间不得留有空白。

②所有以人民币元为单位(或其他币种的基本单位,以下主要以人民币为单位说明)的阿拉伯数字,除表示单位等情况外,一律填写到角分;无角分的,角位和分位可写"00",或者"—";有角无分的,分位应当写"0",不能用"—"代替。

③汉字大写数字金额如零、壹、贰、叁、肆、伍、陆、柒、捌、玖、拾、佰、仟、万、亿等,一律用正楷或者行书体书写,不得用0、一、二、三、四、五、六、七、八、九、十等简化字代替,更不得任意自造简化字。

④凡原始凭证上预印有"万仟佰拾元角分"金额数额位数的,应按预印的空格填写,实有大写金额的前一空位用"￥"(或其他币种符号)注销不需用的空格。凡原始凭证上未预印有"万仟佰拾元角分"金额数字位数的,应在"人民币"(或其他币种名称)之后书写大写金额。大写数字到元或角为止的,分字后面不写"整"字。若大写金额数字前未印有"人民币大写"字样(或其他货币名称)的,应加填相关币种的字样。货币名称与大写金额之间不得留有空白。

⑤阿拉伯数字金额中间有"0"时,汉字大写金额应写有"零"字;阿拉伯数字金额中间连续有几个"0"时,汉字大写金额中可以只写一个"零"字。例如"3 006.59元"可以写成"人民币叁仟零陆元伍角玖分"。阿拉伯数字金额元位是"0"或者数字中间连续有几个"0",元位也是"0",但角位不是"0"时,汉字大写金额可以只写一个"零"字,也可以不写"零"字,如"5 000.38元"汉字大写金额应写成"人民币伍仟元零叁角捌分"或"人民币伍仟元叁角捌分"。

(7)各种原始原始凭证需连续编号。没有编号的零散作废凭证,应立即销毁废弃。因为这类凭证在未按规定审核之前,一般视同废纸。印有编号的作废凭证,应盖有作废印记后保存,或将其各联号留下,粘入其下一号的各相应联上借以向有关部门说明此号作废,以便查改。特别重要的对外原始凭证,如发票、收据、支票、提货单等应将全部作废凭证连同存根联粘附在其下一号凭证之前,妥善保存。如作废支票已盖好银行预留印鉴,应将印鉴的大部分剪去销毁,只留极小部分,防止伪造印鉴。

(8)对于错填的原始凭证要按规定方法更正。审核原始凭证时,发现数码金额书写出现错误时,根据有关规定,不得更改,只能由原始凭证开出单位重开。因为如果一旦允许随意更改原始凭证上的金额,容易产生舞弊,不利于保证原始凭证的质量。原始凭证出具单位应当依法开具准确无误的原始凭证,对填写有错误的原始凭证,负有更正和重新开具的法律义务,不得拒绝。

(三)原始凭证填制举例

原始凭证的填制,除了上述基本的要求外,还必须结合经济业务的具体特征及原始凭证的具体内容,认真准确地填写。下面以"普通发货票"、"增值税专用发票"、"银行进账单"及"支票"为例具体说明原始凭证的填制方法。

【例 5-1】多彩文具有限公司,企业地址:滨江市南开区华宁道 119 号。公司税号:1210112700893248,电话:86690241,开户银行:工商银行黄河大道分理处,账号:1003652741883。公司 2020 年 9 月份部分经济业务如下:

(1)9 月 6 日,填开普通发票一张,销售给新华书店钢笔 290 支,单价 3 元,现金结算。要求:填制该业务的普通发票(见表 5-8)。

表 5-8 滨江市工业销售专用发票

购货单位:新华书店　　　　　　　　　　　　2020 年 9 月 6 日

产品名称	规格	件数	单位	数量	单价	金额
钢笔			支	290	3	870
合计				290		870
人民币(大写)捌佰柒拾元整						
经算方式	现金	合同	支 4 659	提货地点		
备注						

记账联

企业盖章:　　　　　会计:　　　　　复核:　　　　　制单:李明

(注:本发票一式四联,其他联次从略)

(2)9 月 18 日,收到转账支票一张金额 10 000 元,系红星塑料有限公司偿还前欠货款。当日将收受的支票送存银行,并开具收据交与对方(红星塑料有限公司开户银行:商业银行民主路分理处,账号:2216-0026869)。要求:填制银行进账单及收据(见表 5-9、表 5-10)。

表 5-9 中国工商银行进账单(收款通知)

2020 年 9 月 18 日　　　　　　　　　　　　　　　　　　第 116 号

付款人	全称	红星塑料有限公司	收款人	全称	多彩文具有限公司
	账号	2216-0026869		账号	1003652741883
	开户银行	商业银行民主路分理处		开户银行	工商银行黄河大道分理处
人民币(大写)壹万元整					(小写)￥10 000.00
票据种类	转账支票				
票据张数	1				
单位主管　会计　复核　记账			收款人开户行盖章		

(注:本单一式二联,本联为收款人开户行交给收款人的收款通知,其他联次略)

表 5-10 收据

滨江市工商统一收据

收据联

2020 年 9 月 18 日

NO.00315914

缴款单位(人)红星塑料有限公司				
款项内容	前欠货款	收款方式	转账支票	
人民币(大写)壹万元整			(小写)¥10 000.00	
备注		收款单位 盖章	收款人 签章	

（注:本收据只作为各单位之间"应收应付款"等结算往来账款凭证不得以本收据代替发票使用。收据一式三联,其他联次从略）

（3）9 月 22 日,批发销售钢笔 1 000 支,单价 2.5 元。购买单位:滨江市益达百货公司,地址:河东区大桥道 116 号,电话,22693018,税号:110233360201659,账号:工行大桥道分理处,6900-22358547。货款未付。要求:填制增值税专用发票(见表 5-11)。

表 5-11 滨江市增值税专用发票

NO.14521154　　　　　　　　开票日期:2020 年 9 月 22 日

购货单位	名称:滨江市益达百货公司 纳税人识别号:110233360201659 地址、电话:河东区大桥道 116 号,22693018 开户行及账号:工行大桥道分理处,6900-22358547						密码区	
货物及应税劳务的名称	规格型号	单位	数量	单价	金额	税率	税额
钢笔		支	1 000	2.5	2 500	17%	425
合计					2 500		425
价税合计(大写)	人民币贰仟玖佰贰拾伍元整				(小写)¥2 925.00		
销货单位	名称:多彩文具有限公司 纳税人识别号:1210112700893248 地址、电话:天津市南开区华宁道 119 号,86690241 开户行及账号:工商银行黄河大道分理处,1003652741883						备注	

（4）9 月 26 日,填开转账支票 14 000 元,预付给本市嘉兴塑料公司购料款。要求:签发转账支票(见表 5-12)。

表 5-12　转账支票

中国工商银行 转账支票（滨）XⅡ05558660		
出票日期(大写)贰零壹叁年零玖月贰拾陆日		
中国工商银行(存根)		
(滨)		
转账支票存根	付款行名称:工商银行黄河大道分理处	
XⅡ05558660	收款人:嘉兴塑料公司　出票人账号:1003652741883	
科目　预付账款	人民币(大写)壹万肆仟元整　(小写)￥14 000.00	
对方科目　银行存款	用途:预付购料款	科目(借)预付账款
出票日期 2020 年 9 月 26 日	上列款项请从	对方科目(贷)银行存款
收款人:嘉兴塑料公司	我账户内支付	转账日期 2020 年 9 月 26 日
金额:14 000.00	出票人签章	复核
用途:预付购料款		记账
单位主管　　　会计	本支票付款期限十天	

四、原始凭证的审核

审核会计凭证是正确组织会计核算和进行会计检查的一个重要方面,也是实行会计监督的一个重要手段。为了正确反映和监督各项经济业务,保证核算资料的真实、正确和合法,会计部门和经办业务的有关部门,必须对会计凭证,特别是对原始凭证进行严格认真的审核之后,才能作为记账的依据。这也是保证会计记录真实性、正确性,并充分发挥会计监督作用的重要环节。

会计人员要做好原始凭证的审核工作,必须具有较高的技术水平,熟悉业务。既要坚持原则,又要善于处理各种矛盾。为此,会计人员要熟悉国家有关的财经政策、会计法规以及计划、预算等的规定。同时还要全面了解和掌握本单位生产经营情况,这样才能正确认定哪些经济业务是合理、合法的,哪些是不合理、不合法的,从而发现问题,妥善加以处理。

审核原始凭证,一般要从以下几方面进行:

(一)审核原始凭证的真实性

判断经济业务是否真实,涉及业务发生的日期、计量单位、经办人员、数量和单价、业务经手人等等。总之,要审核所发生的经济业务是否属于本单位生产经营范围以内的,是否在正常情况下所应发生的。倘有反常现象,就应进一步深究。

(二)审核原始凭证的合法性

审核经济业务内容是否符合有关法规、政策、法令、制度、计划、预算和合同等的规定,是否符合审批权限和手续;审查经济业务是否符合节约原则,有无不讲经济效益、铺张浪费,甚至贪污、舞弊、盗窃企业资财的不法行为。

（三）审核原始凭证的完整性

在对原始凭证所反映的经济内容进行实质性的审查后,需要进一步检查原始凭证的基本内容,如各项内容是否填写齐全、手续是否完备、文字和数字是否填写清楚等等。

（四）审核原始凭证的正确性

审核原始凭证的摘要和数字是否填写清楚、正确,数量、单价、金额的计算有无差错,大写和小写金额是否相符等等;检查凭证有无刮擦、挖补、涂改和伪造凭证等情况。

对于原始凭证审核结果的处理,应根据不同情况,区分问题的性质,采取不同的处理方法。对于符合要求的原始凭证,应按照规定及时办理会计手续,编制记账凭证,并将原始凭证作为记账凭证的附件加以保存;对于业务真实,只是内容不全、手续不完备或数字、文字有差错的原始凭证,应予退回有关部门或人员,请其补办手续或进行更正;对于违反国家规定的不合法的原始凭证,会计人员应拒绝接受,不予报销和付款;对于伪造或涂改凭证、虚报冒领款项等严重违法行为的,应及时向领导和总会计师提出书面报告,请求严肃处理。

第三节　记账凭证

一、记账凭证的概念及分类

（一）记账凭证的概念

记账凭证是会计人员根据审核无误的原始凭证进行归类、整理而编制的会计分录凭证。通过前面的学习我们知道,企业发生经济业务应根据有关单据编制会计分录,然后据以登记账簿,在实际工作中,会计分录是通过填制记账凭证来完成的。

由于原始凭证来自不同的单位,种类繁多、数量庞大、格式不一,不能清楚地表明应记入的会计科目的名称和方向。为了便于登记账簿,需要根据原始凭证反映的不同经济业务,加以归类和整理,填制具有统一格式的记账凭证,并将相关的原始凭证附在后面。这样不仅可以简化记账工作、减少差错,而且有利于原始凭证的保管,便于对账和查账,提高会计工作质量。

（二）记账凭证的分类

记账凭证按其适用的经济业务,可分为专用记账凭证和通用记账凭证两类。

专用记账凭证是用来专门记录某一类经济业务的记账凭证。同时按照其所记录的经济业务是否与货币资金的收付有关,又分为收款凭证、付款凭证和转账凭证。

通用记账凭证是用来反映所有经济业务的记账凭证。

二、记账凭证的基本内容

记账凭证虽然种类不同,编制依据各异,但各种记账凭证的主要作用都在于对原始凭证进行归类整理,运用账户和复式记账方法,编制会计分录,为登记账簿提供直接依据。因此,所有记账凭证都应满足记账的要求,都必须具备下列基本内容:

（1）填制单位的名称；

（2）记账凭证的名称；

（3）填制凭证的日期和凭证的编号；

（4）经济业务的内容摘要。

（5）记账符号、账户（包括一级、二级或明细账户）名称和金额；

（6）过账备注；

（7）所附原始凭证的张数；

（8）有关人员的签名或盖章。

三、记账凭证的填制方法

记账凭证按不同的标准有不同的分类，在此将按照本节上述的分类分别阐述各类记账凭证的填制方法。

（一）专用记账凭证的填制方法

1.收款凭证和付款凭证的填制方法

收款凭证是用来反映库存现金和银行存款等货币资金收款业务的凭证。在借贷记账法下收款凭证的设证科目是借方科目。在收款凭证左上方所填制的借方科目是"库存现金"或"银行存款"科目，在凭证内所反映的贷方科目，应填列与"库存现金"或"银行存款"相对应的科目。金额栏填列交易或事项实际发生的数额，在凭证的右侧填写所附原始凭证的张数，并签名或盖章。

【例5-2】中驰公司2020年10月15日销售一批产品，价款20 000元，增值税销项税款3 400元，收到购方支票一张，收讫23 400元存入银行。会计人员根据审核无误的原始凭证填制银行存款收款凭证，具体内容与格式见表5-13。

表5-13　收款凭证

借方科目：银行存款　　　　　2020年10月15日　　　　　银收字第12号

摘　要	贷方科目		金额	记账	附件3张
	一级科目	二级或明细科目			
出售产品	主营业务收入 应交税费	略	20 000 3 400	√	
合计			23 400		

会计主管：陈英　　记账：吴云　　出纳：凌宏　　审核：李明　　制单：张三

付款凭证是用来反映库存现金和银行存款等货币资金付款业务的凭证。在借贷记账法下，付款凭证的设证科目是贷方科目，在付款凭证左上方所填列的贷方科目是"库存现金"或"银行存款"科目。在凭证内所反映的借方科目，应填列与"库存现金"或"银行存款"相对应的科目。金额栏填列交易或事项实际发生的数额，在凭证的右侧填写所附原始凭证的张数，并签名或盖章。

【例5-3】中驰公司2020年10月20日购入原材料一批，买价50 000元，增值税进项税额8 500元，共计58 500元，开出支票一张支付购料款。会计人员根据审核无误的原始凭证填制银行存款付款凭证,具体内容与格式见表5-14。

表 5-14　付款凭证

贷方科目:银行存款　　　　　　　2020 年 10 月 20 日　　　　　　　银付字第 16 号

摘　要	借方科目		金额	记账	附件6张
	一级科目	二级或明细科目			
购入材料 一批	原材料 应交税费	略	50 000 8 500	√	
合计			58 500		

会计主管:陈英　　　记账:吴云　　　出纳:凌宏　　　审核:李明　　　制单:张三

　　另外,对于涉及"**库存现金**"和"**银行存款**"两个账户的业务(即现金与银行存款之间的相互划转的业务),如将现金存入银行,以及从银行存款户提取现金等经济业务,只编制付款凭证,不编制收款凭证,以避免重复记账,以现金存入银行时,只填制现金付款凭证,从银行提取现金时,只填制银行存款付款凭证,然后据以登记对应账户。

　　收、付款凭证是出纳人员办理收、付款项的依据,也是登记现金日记账和银行存款日记账的依据。出纳人员不能仅仅根据收、付款业务的原始凭证收付款项,还必须根据由会计主管人员或其他会计人员审核无误的收款凭证和付款凭证办理收、付款项。这样可以加强货币资金的管理,有效地监督货币资金的使用。

2.转账凭证的填制方法

　　转账凭证是反映与现金或银行存款收付无关的转账业务的凭证,它是由会计人员根据审核无误的转账业务原始凭证填制的。在借贷记账法下,将交易或事项所涉及的会计科目全部填列在凭证内,借方科目在先,贷方科目在后,将各会计科目所记应借应贷的金额填列在"借方金额"或"贷方金额"栏内。借、贷方金额合计数应该相等。制单人应在填制凭证后签名盖章,并在凭证的右侧填写所附原始凭证的张数。

　　【例 5-4】中驰公司 2020 年 10 月 31 日计提当月折旧 10 000 元,其中生产车间提取折旧 7 000 元,厂部管理部门提取折旧 3 000 元。会计人员根据折旧提取计算表填制转账凭证,具体内容与格式见表5-15。

表 5-15　转账凭证

2020 年 10 月 31 日　　　　　　　转字第 62 号

摘要	一级科目	二级或明细科目	借方金额	贷方金额	记账	附件1张
计提本月 折旧	制造费用 管理费用	略	7 000 3 000		√	
	累计折旧			10 000		
合计			10 000	10 000		

会计主管:陈英　　　记账:吴云　　　审核:李明　　　制单:张三

3.通用记账凭证的填制方法

　　通用记账凭证是用以反映各种经济业务的凭证。采用通用记账凭证的企业,不再根据交易或事项的内容分别填制收款凭证、付款凭证和转账凭证,而是全部经济业务采用统一格式的一种记账凭证。在借贷记账法下,通用记账凭证的格式与转账凭证相同。

【例 5-5】信达公司 2020 年 10 月 15 日销售产品一批,售价 20 000 元,增值税销项税额 3 400 元,收到款项存入银行。出纳人员根据审核无误的原始凭证收款存入银行后,填制通用记账凭证,具体内容与格式见表 5-16。

表 5-16　记账凭证

2020 年 10 月 15 日　　　　　　　　　　　　　　　　　凭证编号·101 号

摘要	一级科目	二级或明细科目	借方金额	贷方金额	记账	
销售产品一批	银行存款	略	23 400			附件1张
	主营业务收入应交税费	略		20 000 3 400	√	
合计			23 400	23 400		

会计主管:陈英　　　记账:吴云　　　出纳:凌宏　　　审核:李明　　　制单:张三

四、记账凭证的填制要求

(一)记账凭证填制的基本要求

1.审核无误

会计机构或者会计人员对取得或填制的原始凭证要进行认真的检查、审核,确认其内容真实,确认无误后,才能逐一填制相应的记账凭证。

2.分类正确

会计机构或者会计人员应按照经济业务事项的性质对原始凭证加以归类,确定会计分录。记账凭证可以根据每一张原始凭证填制,或者根据若干张同类原始凭证汇总编制。但不得将不同内容和类别的原始凭证汇总填制在一张记账凭证上。

3.内容完整

记账凭证中的每一个项目都应按规定的要求填写,以自制的原始凭证或者原始凭证汇总表代替记账凭证的,也必须包括记账凭证应有的项目。

(二)记账凭证填制的具体要求

1.日期的填写

记账凭证的填制日期一般应为填制记账凭证当天的日期,月末的调整和结账分录虽然需要到下月才能编制,仍应填写当月月末的日期。

2.编号的填写

记账凭证必须按月连续编号,即每月月初从第 1 号编起。也可以根据所使用的记账凭证的不同形式,采用分类统一编号,即按"现收"、"现付"、"银收"、"银付"和"转账"分别进行编号,自成系统,如"现收字第 1 号"至"现收字第 × 号"等等。复杂的会计事项,需要填制两张或两张以上记账凭证的,应另编分号,即在原编号后面用分数形式表示。例如,第 8 号凭证编有三张记账凭证,则第一张编号为 8 1/3 号,第二张编号为 8 2/3 号,第三张编号为 8 3/3 号。为了避免记账凭证编号发生错漏,便于编号,收支业务较多的企业应当使用"记账凭证销号单"。

3.摘要的填写

记账凭证的"摘要"栏内容要真实,简明扼要,但又要完整地反映经济业务内容。

4.会计科目的填写

应正确填写所涉及的会计科目的名称(包括一级科目名称、子目或细目名称)。会计科目应写全称,不能简化或改变名称,不能用会计科目的统一编号代替会计科目的名称。

5.金额的填写

"金额"栏按要求填写至"分"。在合计金额前标明人民币符号"￥",合计金额要计算准确并保持借方与贷方之间的平衡。记账凭证填制经济业务事项完毕后,如有空行,应当自"金额"栏最后一笔金额数字下的空行处至合计数上的空行处画线注销。

6.记账符号的填写

根据审核无误的记账凭证登记账簿完毕后,记账人员要在记账凭证表格中的"记账"栏注明已经记账的符号(如打"√"或注明账页次),表示已经记账,避免重记、漏记。

7.附件张数的填写

除结账和更正错误的记账凭证可以不附原始凭证外,其他记账凭证必须附有原始凭证。原始凭证张数一般应以原始凭证的自然张数为准。如果附件中既有原始凭证又有原始凭证汇总表,应当把所附原始凭证和原始凭证汇总表的张数一并计入附件张数。如果原始凭证为零散车票、船票等,应当将其粘贴在"原始凭证粘贴单"上,以一张粘贴单作为一张附件计算。如果一张原始凭证所列的支出需要几个单位共同负担,应从保管原始凭证的单位取得"原始凭证分割单"作为原始凭证附在记账凭证后面。本单位保管的原始凭证和开出去的"原始凭证分割单"的存根,应同时作为记账凭证的附件。原始凭证分割单必须具备原始凭证的基本内容:凭证名称、填制凭证日期、填制凭证单位名称或者填制人姓名、经办人的签名或者盖章、接受凭证单位名称、经济业务内容、数量、单价、金额和费用分摊情况等。如果一张原始凭证涉及几张凭证,可以把原始凭证附在一张主要的记账凭证后面,并在其他记账凭证上注明附有原始凭证的记账凭证编号或附原始凭证复印件。如遇原始凭证单独保存时,应将其整理使用完毕后,加以保管,并在有关记账凭证上加以说明,以便查对。

8.签名与盖章

凡是与记账有关的人员,包括会计主管、稽核、记账和制单人员都要在记账凭证上签章,有关收款、付款凭证,还要有出纳人员签章。

五、记账凭证的审核

为了保证账簿记录的真实准确,有效监督各类经济业务,除了编制记账凭证的人员应当认真负责、正确填制、加强自审外,同时还需建立专人审核制度。记账凭证的审核,除了要对原始凭证进行复审外,还应包括以下方面:

(1)记账凭证是否附有原始凭证或原始凭证汇总表,所附原始凭证的张数、经济内容、金额合计等是否与记账凭证一致且合法。没附原始凭证的记账凭证是否属于调账、结账和更正错账类业务。收付款凭证后所附原始凭证是否加盖"收讫"、"付讫"章。

(2)经济业务是否正常,应借、应贷账户的名称和金额是否正确,账户对应关系是否清晰,所用账户的名称是否符合会计制度的规定。

（3）记账凭证中有关项目是否填写齐全，有关人员是否签名或盖章。

在审核过程中，如果发现记账凭证的记录有错误，应查明原因，及时更正。如果错误的记账凭证尚未登记入账，只需重新编制一张正确的记账凭证即可；若错误记账凭证（审核时未被发现）已据以登记入账簿，应用红字更正法或补充登记法更正（错账更正的各类方法将在后面章节中具体介绍）。记账凭证必须经过审核并认为正确以后，才能作为记账的依据。

第四节　会计凭证的传递和保管

一、会计凭证的传递

会计凭证的传递，是指会计凭证从取得或填制时起，经过审核、记账、装订到归档保管时为止，在单位内部各有关部门和人员之间按规定的时间、程序办理业务手续和进行处理的过程。例如，对材料收入业务的凭证传递，应明确规定：材料运达企业后，什么时候验收入库，由谁负责填制收据单，又由谁在何时将收料单送交会计及其他有关部门；会计部门由谁负责审核收料单，由谁在何时编制记账凭证和登记账簿，又由谁负责整理或保管凭证，等等。这样，既可以把材料收入业务从验收入库到登记入账的全部工作在本单位内部进行分工，并通过各部门的协调来共同完成，同时也便于考核经办业务的有关部门和人员是否按照规定的会计手续办事。

会计凭证尤其是原始凭证，其填制并非都在会计部门，但最终都必须集中到会计部门。会计人员将它们经过适当的处理全部登记入账。会计凭证除了作为记账依据之外，还有其他用途，如据以组织经济活动、协调业务关系、强化内部控制、明确岗位责任、加强会计监督等。因此，企业必须认真做好会计凭证的传递与保管工作。

科学的传递程序，应该使会计凭证沿着最简洁、最合理的流向运行。因此，在制定会计凭证传递流程时，应主要考虑会计凭证的传递的路线、时间和手续三个方面的内容。

（1）各单位应根据经济业务的特点、机构设置、人员分工情况，以及经营管理上的需要，明确规定会计凭证的联次及其流程。既要使会计凭证经过必要的环节进行审核和处理，又要避免会计凭证在不必要的环节停留，从而保证会计凭证沿着最简洁、最合理的路线传递。

（2）会计凭证的传递时间是指各种凭证在各经办部门、环节所停留的最长时间。它应考虑各部门和有关人员，在正常情况下办理经纪业务所需的时间来合理确定。明确会计凭证的传递时间，能防止拖延处理和积压凭证，保证会计工作的正常秩序，提高工作效率。一切会计凭证的传递和处理，都应在报告期内完成。否则，将会影响会计核算的及时性。

（3）建立健全凭证交接手续的签收制度。为了确保会计凭证的安全和完整，在各个环节中都应指定专人办理交接手续，做到责任明确、手续完备、严密、简便易行。

会计凭证的传递路线、传递时间和传递手续，还应该根据实际情况的变化及时加以修改，以确保会计凭证的科学化、制度化。

二、会计凭证的装订

(一)会计凭证装订前的准备

会计凭证装订前的准备,是指对会计凭证进行排序、粘贴和折叠。因为原始凭证的纸张面积与记账凭证的纸张面积不可能全部一样,有时前者大于后者,有时前者小于后者,这就需要会计人员在制作会计凭证时对原始凭证加以适当整理,以便下一步装订成册。对于纸张面积大于记账凭证的原始凭证,可按记账凭证的面积尺寸,先自右向后,再自下向后两次折叠。注意应把凭证的左上角或左侧面让出来,以便装订后,还可以展开查阅。对于纸张面积过小的原始凭证,一般不能直接装订,可先按一定次序和类别排列,再粘在一张同记账凭证大小相同的白纸上,粘贴时宜用胶水。证票应分张排列,同类、同金额的单据尽量粘在一起;同时,在一旁注明张数和合计金额。如果是板状票证,可以将票面票底轻轻撕开,厚纸板弃之不用。对于纸张面积略小于记账凭证的原始凭证,可先用回形针或大头针别在记账凭证后面,待装订时再抽去回形针或大头针。有的原始凭证不仅面积大,而且数量多,可以单独装订,如工资单、耗料单等,但在记账凭证上应注明保管地点。原始凭证附在记账凭证后面的顺序应与记账凭证所记载的内容顺序一致,不应按原始凭证的面积大小来排序。会计凭证经过上述的加工整理之后,就可以装订了。

(二)会计凭证的装订方法

会计凭证的装订是指把定期整理完毕的会计凭证按照编号顺序,外加封面、封底,装订成册,并在装订线上加贴封签。在封面上,应写明单位名称、年度、月份、记账凭证的种类、起讫日期、起讫号数,以及记账凭证和原始凭证的张数,并在封签处加盖会计主管的骑缝图章。如果采用单式记账凭证,在整理装订凭证时,必须保持会计分录的完整。为此,应按凭证号码顺序还原装订成册,不得按科目归类装订。对各种重要的原始单据,以及各种需要随时查阅和退回的单据,应另编目录,单独登记保管,并在有关的记账凭证和原始凭证上相互注明日期和编号。会计凭证装订的要求是既美观大方又便于翻阅,所以在装订时要先设计好装订册数及每册的厚度。一般来说,一本凭证,厚度以 1.5～2.0 厘米为宜,太厚了不便于翻阅核查,太薄了又不利于戳立放置。凭证装订册数可根据凭证多少来定,原则上以月份为单位装订,每月订成一册或若干册。有些单位业务量小,凭证不多,把若干个月份的凭证合并订成一册也可以,只要在凭证封面注明本册所含的凭证月份即可。为了使装订成册的会计凭证外形美观,在装订时要考虑到凭证的整齐均匀,特别是装订线的位置,如果太薄时可用纸折一些三角形纸条,均匀地垫在此处,以保证它的厚度与凭证中间的厚度一致。

有些会计在装订会计凭证时采用角订法,装订起来简单易行,这也很不错。它的具体操作步骤如下:

(1)将凭证封面和封底裁开,分别附在凭证前面和后面,再拿一张质地相同的纸(可以再找一张凭证封皮,裁下一半用,另一半为订下一本凭证备用)放在封面上角,做护角线。

(2)在凭证的左上角画一边长为 5 厘米的等腰三角形,用夹子夹住,用装订机在底线上分布均匀地打两个眼儿。

(3)用大针引线绳穿过两个眼儿。如果没有针,可以将回形别针顺直,然后将两端折向同一个方向,将线绳从中间穿过并夹紧,即可把线引过来,因为一般装订机打出的眼儿是可以穿过的。

（4）在凭证的背面打线结。线绳最好在凭证中端系上。

（5）将护角向左上侧折,并将一侧剪开至凭证的左上角,然后抹上胶水。

（6）向后折叠,并将侧面和背面的线绳扣粘死。

（7）待晾干后,在凭证本的脊背上面写上"某年某月第几册共几册"的字样。装订人在装订线封签处签名或者盖章。现金凭证、银行凭证和转账凭证最好依次顺序编号,一个月从头编一次序号,如果单位的凭证少,可以按全年顺序编号。

三、会计凭证的保管

会计凭证是重要的会计档案和经济资料,每个单位都要建立保管制度,妥善保管。对各种会计凭证要分门别类、按照编号顺序整理,装订成册。封面上要注明会计凭证的名称、起讫号、时间以及有关人员的签章。要妥善保管好会计凭证,在保管期间会计凭证不得外借,对超过所规定期限(一般是 15 年)的会计凭证,要严格依照有关程序销毁。需永久保留的有关会计凭证,不能销毁。

（一）会计凭证的归类整理

每月记账完毕,应定期将会计凭证加以归类整理,即把记账凭证及其所附的原始凭证,按记账凭证的编号顺序进行整理,在确保记账凭证及其所附的原始凭证完整无缺后,将其折叠整齐,加上封面、封底,装订成册,并在装订线上加贴封签,以防散失和任意拆装。在封面上要注明单位名称、凭证种类、所属年月、起讫日期、起讫号码、凭证张数等。会计主管或指定装订人员要在装订线封签处签名或盖章,然后入档保管。对于那些数量过多的原始凭证,如:收、发料单,工资单等,或各种随时需要查阅的原始凭证,如合同、存出保证金合同等,也可以单独装订保管,在封面上注明记账凭证的日期、编号、种类,同时在记账凭证上注明"附件另订"。

（二）会计凭证的造册归档

每年的会计凭证都由会计部门按照归档的要求,负责整理立卷或装订成册。当年的会计凭证,在会计年度终了后,可暂由会计部门保管一年,期满后,原则上应由会计部门编造清册移交本单位档案部门保管。档案部门接收的会计凭证,原则上要保持原卷册的封装,个别需要拆封重新整理的,应由会计部门和经办人员共同拆封整理,以明确责任。会计凭证必须做到妥善保管,存放有序,查找方便,并要严防毁损、丢失和泄密。

（三）会计凭证的借阅规定

会计凭证原则上不得借出,如有特殊需要,须报请批准,但不得拆散原卷册,并应限期归还。需要查阅已入档的会计凭证时,必须办理借阅手续。其他单位因特殊原因需要使用原始凭证时,经本单位负责人批准,可以复制。但向外单位提供的原始凭证复印件,应在专设的登记簿上登记,并由提供人员和收取人员共同签名或盖章。

（四）会计凭证的销毁

会计凭证的保管期限一般为 15 年。保管期未满,任何人不得随意销毁会计凭证。按规定销毁会计凭证时,必须开列清单,报经批准后,由档案部门和会计部门共同派员监销。

在销毁会计凭证前,监督销毁人员应认真清点核对;销毁后,在销毁清册上签名或盖章,并将监销情况报本单位负责人。

本章小结

会计凭证是记录经济业务发生和完成情况、明确经济责任、作为记账依据的书面证明。会计凭证按其填制程序和用途的不同可以分为原始凭证和记账凭证两大类。

原始凭证是在经济业务发生时取得或填制的,用以记录和证明经济业务的发生与完成情况,并明确有关经济责任的一种会计凭证。是会计核算的原始资料和重要的证明文件。原始凭证按照其取得的来源不同,可分为外来原始凭证与自制原始凭证。填制原始凭证必须真实可靠、内容完整、书写清楚、填制及时。审核原始凭证,主要是审核其真实性、合法性、准确性和完整性。

记账凭证是会计人员根据审核无误的原始凭证或原始凭证汇总表,按照经济业务的内容加以归类整理,用来确定会计分录而填制的直接作为登记账簿依据的一种会计凭证。记账凭证按照适用的经济业务的不同可以划分为专用记账凭证与通用记账凭证,专用记账凭证可分为收款凭证、付款凭证和转账凭证。记账凭证应当根据经过审核的原始凭证及有关资料编制。只有经过审核无误后的记账凭证,才能据以登记账簿。

会计凭证的传递是指会计凭证从填制到归档保管整个过程中,在单位内部各个有关部门和经办人员之间的传递程序与传递时间。会计凭证的整理、归档、保管必须严格执行会计制度的有关规定。

案例解析

本章"导入案例"中,为什么同样是丢失会计凭证,处罚却不一样呢?

分析:

小陈弄丢的 20 万元的现金支票存根属于原始凭证,并且是外来原始凭证,是证明经济业务发生的初始文件,与记账凭证相比较,具有较强的法律效力,是证明经济业务发生的重要依据。一旦丢失,补偿原始凭证(尤其是外来原始凭证)的成本较高,同时也会使记账凭证和会计分录缺乏依据。

张明丢的是记账凭证,记账凭证是会计人员根据审核后的原始凭证进行归类、整理,按照会计准则和记账规则确定会计分录而编制的凭证,是登记账簿的依据。如果记账凭证丢了,在未登记入账前可以根据原始凭证重新编制记账凭证,不至于对会计工作造成太大影响。

习题精选

一、目的

练习记账凭证的填制。

二、资料

明扬工厂 2020 年 7 月份发生下列经济业务：

1.购入甲材料一批，货款 60 000 元，进项增值税额 10 200 元，货款及增值税款均以银行存款支付。

2.购入乙材料一批款 20 000 元，进项增值税额 3 400 元，货款及增值税尚未支付。

3.以现金支付上两项外购材料市内运费 300 元。

4.上两项材料均已验收入库，结转其实际材料采购成本，其中市内运费按两种材料的买价进行分摊。

5.收到投资者追加投资 150 000 元，存入开户银行。

6.预付购料款 120 000 元，开转账支票支付。

7.车间工人王利借支差旅费 5 000 元。

8.以银行存款支付上月应交所得税 25 000 元。

9.收到达诚公司预付的购货款 50 000 元。

10.仓库发出材料一批，其中：产品生产领用 100 000 元，车间一般耗用 5 000 元，企业管理部门耗用 2 000 元。

11.结算本月份应付职工工资，其中生产工人工资 30 000 元，车间管理人员工资 9 000 元，企业管理人员工资 6 000 元。

12.从银行提取现金 45 000 元，备发工资。

13.以现金 45 000 元支付工资。

14.按各类人员工资总额的 14% 计提应付福利费。

15.管理人员李明报销市内交通费 500 元，出纳员以现金付讫。

16.以银行存款预付材料款 7 500 元。

17.向银行借入为期三年的借款 50 000 元，并存入开户银行。

18.管理部门购办公用品 300 元，以现金支付。

19.以银行存款偿还欠东海公司购料货款 23 400 元。

20.车间工人王利外出归来报销差旅费 4 800 元，余款交给出纳员。

21.收到五金公司归还欠款 10 000 元。

22.以银行存款支付本月办公电话费 9 000 元。

23.计提固定资产折旧费，其中车间用固定资产应提折旧费用 12 000 元，厂部用固定资产折旧费 7 000 元。

24.提取本月银行借款利息 5 200 元。

25.销售产成品一批，价款 350 000 元，销项增值税额 59 500 元，货款及增值税款以银行存款收讫。

26.结转本月发生的全部制造费用 32 893 元。

27.本月产品 100 件全部完工，按实际生产成本 167 093 元予以转账。

28.以银行存款支付销售产品广告费 3 000 元。

29.结转已销产品销售成本 60 000 元。

30.经清查，发现一笔无法支付应付款 5 000 元，经批准转为营业外收入。

31.将本月全部收入转入"本年利润"账户。

32.将本月全部费用转入"本年利润"账户。

33.本月实现利润 261 160 元,按 25% 计算应交所得税 65 290 元。

34.按净利润的 10% 提取盈余公积金 19 587 元。

35.按净利润的 50% 向投资者分配红利 97 935 元。

三、要求

根据以上业务判断应编制收款凭证、付款凭证还是转账凭证,并编制相应的会计记账凭证(只编制会计分录即可)。

会计天地

会计名家——葛家澍

葛家澍,1921 年 3 月出生于江苏省兴化县,1941 年夏就读于江苏学院经济系,当时,江苏学院因抗战而内迁武夷山区,在非常艰苦的条件下,他仍刻苦学习,并以优异成绩直接转入厦门大学商学院学习,主修会计学。1945 年毕业于厦门大学商学院会计系并留校任教,1978 年晋升为教授。他先后被聘为国务院学位委员会学科(经济学科)评议组第一届和第二届(现届)成员,并成为全国首批经济学(会计学)博士研究生导师。葛家澍教授的名字与事迹被多家报纸、杂志、辞典收录并介绍。如《中国大百科全书·经济卷》将他的名字收录作为词条,这也是该辞典人物篇收录的当代唯一的会计学家。英国剑桥"国际传记中心"也决定把葛教授列入由该中心出版的《大洋洲及远东名人录》和《世界知识界名人传》,以反映他的杰出学术成就。

研究领域:中国会计准则的建立及会计国际化。

代表作品:《市场经济下会计基本理论与方法研究》《通货膨胀会计》《物价变动会计》《现代西方财务会计理论》《会计的基本概念》《关于会计基本理论与方法问题》。

※**轻松一刻**※

错误

某人在领工资时发现少了一块钱。他勃然大怒地去责问会计。

会计说:"上个月我多给了你一块钱,你恼火了吗?"

此人厉声道:"偶然一次错误是完全可以谅解的,但我不能容忍这第二次错误!"

第六章

会计账簿

【教学目标】

1.了解设置和登记会计账簿的意义和种类

2.掌握日记账、总分类账、明细分类账的内容、格式和登记方法

3.熟悉账簿使用规则和登记要求,掌握错账的更正方法

4.理解对账的内容和结账的方法

5.熟悉会计账簿的更换和保管

【导入案例】

王鸿大学毕业后自主创业,创办了一家小型公司,主要从事设计工作。2020 年 1 月 1 日,王鸿以公司名义在银行开立账户,存入 200 000 元作为经营周转用资金。由于公司处于起步阶段,规模不大,王鸿聘请了同窗好友小桐作为公司的兼职会计,小桐对于财务方面知识略知一二,他告诉王鸿,公司所有的资金收支都要进行记录,于是王鸿将取得的发票等单据都给了小桐,小桐对这些原始单据审核无误后,都填制记账凭证进行了反映。临近月末,王鸿想了解公司的财务状况,小桐拿出会计凭证给王鸿看,看了好一阵子,王鸿还是不清楚公司银行存款、现金、收入、费用等在本月一共增加了多少? 减少了多少? 其结果怎样? 试想,作为公司的会计人员,小桐下一步该怎样做?

第一节　会计账簿的意义和种类

一、会计账簿的意义

(一)会计账簿的概念

会计账簿是指由一定格式账页组成的,以审核无误的会计凭证为依据,全面、系统、连续地记录各项经济业务的簿籍。

在会计核算中,通过会计凭证的填制和审核,可以反映和监督每项经济业务的完成情况,但会计凭证的数量繁多,对经济业务的反映往往比较零星、分散,且每一张凭证只能就个别的经济业务进行详细的记录和反映,不能把某一时期的全部经济业务活动情况完整地反映出来。设置账簿就可以把会计凭证提供的大量分散的核算资料,加以归类整理,以全面、连续和系统反映单位的经济活动情况。

(二)设置会计账簿的意义

设置账簿是会计工作的一个重要环节,登记账簿则是会计核算的一种专门方法。科学地设置账簿,正确地登记账簿,对于全面完成会计核算工作具有十分重要的意义,可以概括如下:

1.可以系统、完整地归纳和积累会计信息资料

在会计核算工作中,通过设置和登记账簿,可以对经济业务进行序时或分类的核算,将分散的核算资料加以系统化,全面系统地提供有关企业成本费用、财务状况和经营成果的总括和明细的核算资料,以正确地计算成本、费用和利润。这对于加强经济核算、提高企业经营管理水平具有重要的作用。

2.为编制会计报表提供相关数据

会计账簿的记录资料是定期编制会计报表的主要的、直接的依据。企业通过账簿可以分门别类地对经济业务进行登记,积累了一定时期全面的会计资料,通过整理,就成为会计报表的数据来源。因此,会计账簿的设置和登记过程是否正确,直接影响到财务报告的质量。

3.为考核企业经营成果提供依据

账簿记录了一定时期资金取得与运用的情况,提供了费用、成本、收入和财务成果等资料。结合有关资料,可以评价企业的总体运营情况,以此来检查分析企业经营管理中的薄弱环节,总结经验,有针对性地提出改善意见,提高管理水平。

二、会计账簿的种类

(一)按用途分类

账簿按其不同用途可以分为序时账簿、分类账簿和备查账簿三类。

1.序时账簿

序时账簿,也称日记账,是指按照经济业务发生的时间先后顺序,逐日逐笔登记经济业务的账簿。日记账按其记录内容的不同又分为普通日记账和特种日记账。普通日记账,也称分录日记账,是将企业所发生的全部经济业务,编制成会计分录记入账簿。特种日记账是按经济业务的性质单独设置账簿,它只把特定项目按经济业务顺序记入账簿,反映其详细情况,如现金日记账和银行存款日记账。

2.分类账簿

分类账簿是指对全部经济业务按照总分类账和明细分类账进行分类登记的账簿。总分类账簿,简称总账,是指根据总账科目开设账户来分类登记全部经济业务,提供总括核算资料。明细分类账,简称明细账,是指根据总账科目设置,按照其所属明细科目开设账户,用以分类登记某一类经济业务,提供明细核算资料。

3.备查账簿

备查账簿,是指对一些在序时账簿和分类账簿中不能记载或记载不全的经济业务进行补充登记的账簿,对序时账簿和分类账簿起补充作用。因此,备查账簿属于辅助账簿,也称补充登记簿。

(二)按外表形式分类

会计账簿按其外表形式的不同,可分为订本式账簿、活页式账簿和卡片式账簿。

1.订本式账簿

订本式账簿是在启用之前就已把顺序编号的账页固定并装订成册的账簿。这种账簿能够防止账页散失和被非法抽换。对于那些比较重要的内容一般采用订本式账簿。在实际工作中,日记账、总分类账等应采用订本式账簿。

2.活页式账簿

活页式账簿又称活页账,是在启用时账页不固定装订成册而将零散的账页放在活页夹内的账簿。这种账簿可以随时增添或取出账页的账簿,一般用于明细分类账。

3.卡片式账簿

卡片式账簿又称卡片账,是由许多具有一定格式的硬制卡片组成,存放在卡片箱内,根据需要随时取放的账簿。卡片式主要用于不经常变动的内容的登记,如"固定资产明细账"等。

(三)按账页格式分类

账簿按账页格式的不同,可以分为三栏式账簿、多栏式账簿和数量金额式账簿等。

1.三栏式账簿

三栏式是指将账页中登记金额的部分分为三个栏目,即借方、贷方和余额三个金额栏。它适用于只反映价值信息的账户。一般总分类账、日记账、债权债务类明细账采用三栏式。如表 6-1 所示。

表 6-1 总分类账

会计科目:

年		凭证		摘　要	借方金额	贷方金额	借或贷	余额
月	日	种类	编号					

2.多栏式账簿

多栏式账簿是根据经济业务的特点和经营管理的需要,在借方和贷方的某一方或两方下面分设若干栏目,详细反映借贷方金额的组成情况。它主要适用于费用、成本、收入和成果等账户的明细核算。如表 6-2、表 6-3 所示。

表 6-2 生产成本明细账(借方多栏式)

明细账户名称： 总第 页 分第 页

年		凭证		摘 要	借 方				贷方	余额
月	日	字	号		直接材料	直接工资	制造费用	合计		

表 6-3 主营业务收入明细账(贷方多栏式)

年		凭证		摘 要	借方	贷方	贷方明细科目			
月	日	字	号				A 产品	B 产品	C 产品	……

3.数量金额式账簿

数量金额式账簿是在借方、贷方和余额栏下分别分设数量、单价和金额三个小栏目，用以登记财产物资的数量、单价和金额,如原材料、库存商品等账户的明细分类核算。表6-4 所示为"原材料明细账"数量金额式账簿的格式。

表 6-4 原材料明细账

材料类别：
材料名称： 数量单位：

年		凭证		摘 要	收入(借方)			发出(贷方)			结存(余额)		
月	日	字	号		数量	单价	金额	数量	单价	金额	数量	单价	金额

综上所述,现将账簿的分类归纳如图 6-1 所示。

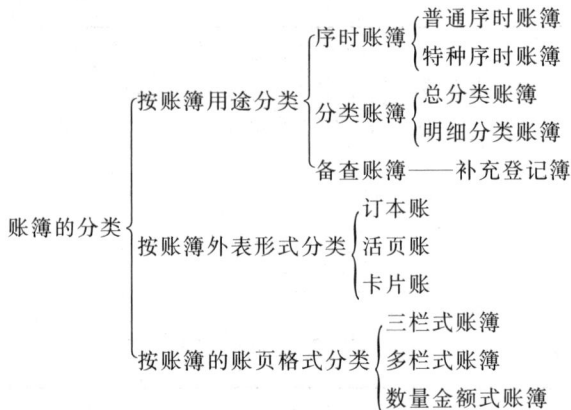

账簿的分类
- 按账簿用途分类
  - 序时账簿
    - 普通序时账簿
    - 特种序时账簿
  - 分类账簿
    - 总分类账簿
    - 明细分类账簿
  - 备查账簿——补充登记簿
- 按账簿外表形式分类
  - 订本账
  - 活页账
  - 卡片账
- 按账簿的账页格式分类
  - 三栏式账簿
  - 多栏式账簿
  - 数量金额式账簿

图 6-1　账簿的分类

第二节　会计账簿的设置和登记

一、会计账簿的设置

(一)账簿设置的原则

每个单位都应当根据本单位经济业务的特点和经营管理的需要,设置一定种类和数量的账簿。一般来说,账簿的设置应当遵循如下几方面原则。

1.科学性原则

账簿设置应符合会计制度的统一规定,充分考虑本单位经济活动的特点、规模大小、业务繁简等实际情况来设置账簿,力求账簿的格式简便适用,便于查核。

2.实用性原则

账簿设置要能满足经济管理的需要,也即能够全面、系统地反映和监督各会计主体的经济活动变化情况,为各会计主体的经营管理提供总括的核算资料和明细的核算资料。在满足实际需要的前提下,考虑人、财、物力的节约,力求避免重复设账,造成经济资源的浪费。

3.系统性原则

账簿设置应形成严密的账簿组织系统,各类账簿之间既有明确分工,又有一定的联系。有关账户之间还应具有统驭和被统驭的关系或平行制约关系。

(二)账簿的基本内容

每个单位由于管理的要求不同,所设置的账簿也不尽相同。同时各种账簿所记录的经济业务也各不相同,账簿的格式也可以多种多样,但各种主要的账簿都应具备以下基本内容:

1.封面

封面用以标明账簿名称,如总分类账簿、库存现金日记账、银行存款日记账等。

2.扉页

扉页用以填列账簿启用的日期和截止日期、页数、册次,经管账簿人员一览表和签章、会计主管人员签章,账户目录等内容。

3.账页

账簿是由若干账页组成的,账页的格式,虽然因记录的经济业务的内容不同而有所不同,但不同格式的账页应具备的基本内容却是相同的。账页的基本内容主要包括:

(1)账户的名称(总账科目、二级科目或明细科目);

(2)登账日期栏;

(3)凭证种类和号数栏;

(4)摘要栏(记录经济业务内容的简要说明);

(5)金额栏;

(6)总页次和分户页次。

二、会计账簿的登记

(一)账簿登记规则

1.登记账簿的依据

为了保证账簿记录的真实性和完整性,会计人员应根据审核无误的会计凭证连续、系统、及时地登记会计账簿。

2.登记账簿的时间

各种账簿应当每隔多长时间登记一次,没有统一规定。但一般原则是:总账要按照各单位所选用的具体账务处理程序及时登账;各种明细账,要根据原始凭证和记账凭证逐笔逐日进行登记,也可定期(3 天或 5 天)登记。但债权债务类明细账和财产物资类明细账应当每天进行登记,以便随时与对方单位结算,或与财产物资的实存数进行核对,以确定结余数的正确性。对于现金和银行存款日记账,应当根据办理完毕的收付款凭证,随时逐笔顺序进行登记,最少每日登记一次。

3.登记账簿的规范要求

(1) 登记账簿必须使用蓝黑或者碳素墨水书写,不得使用铅笔或圆珠笔(银行的复写账簿除外)。红色墨水必须按照规定使用,如画线、改错,或用红色墨水填写红字记账凭证冲销错误记录;在不设借贷等栏的多栏式账页中,登记减少数;在三栏式账户中,如未印明余额方向的,在余额栏内登记负数余额;根据国家统一会计制度的规定可以用红字登记的其他会计记录。

(2) 登记会计账簿时,应当将会计凭证的日期、编号、业务内容摘要、金额和其他有关资料逐项记入账内。登记完毕后,记账人员要在记账凭证上签名或盖章,并注明已经登账的标记(如打√等),表示已经登记入账,以避免重登和漏登。

(3) 摘要栏文字应简明扼要,并采用标准的简化汉字,不能使用不规范的汉字;文字必须清晰、端正,摘要内容清楚、简洁明了;金额栏的数字应该采用阿拉伯数字,并且对齐位数,注意"0"不能省略和连写。账簿中书写的文字或数字不能顶格书写,应紧靠本行底线,一般为行宽的二分之一或三分之二,以便留有改错的余地。

（4）各种账簿应按账户页次顺序连续登记，不得跳行、隔页。如果发生跳行、隔页现象，应在空行、空页处用红色墨水画对角线注销，注明"此行空白"或"此页空白"字样，并由记账人员签章。

（5）账簿记录如果发现错误，不得随意涂改，更不能进行刮擦、挖补或用褪色药水更改消除字迹。发现错误后，应及时查找原因，视错账的具体内容，按照规定的手续和更正错账的方法予以更正。

（6）每一张账页记录结束，转入下一页登记，在本账页最末一行和下一张账页的第一行办理转页手续。即在本账页最末一行加计本页借方、贷方发生额合计并结出余额，在"摘要"栏内注明"过次页"，同时将计算出的借、贷方发生额合计和余额记入下一页的第一行内的"借方""贷方""余额"栏内，并在"摘要"栏注明"承前页"。办完转页手续后，再开始登记经济业务，以此保证账簿记录连续进行，相互衔接。

对"过次页"的本页合计数如何计算，一般分三种情况：

①需要结出本月发生额的账户，结计"过次页"的本页合计数应当为自本月初起至本页末止的发生额合计数，如现金日记账、银行存款日记账及采用"账结法"下的各损益类账户。

②需要结计本年累计发生额的账户，结计"过次页"的本页合计数应当为自年初起至本页末止的累计数，如"本年利润"账户和采用"表结法"下的各损益类账户。

③既不需要结计本月发生额也不需要结计本年累积发生额的账户，可以只将每页末的余额结转次页。如债权债务结算类账户、"实收资本"等资本类账户和"材料"等财产物资类账户。

不同的会计账簿反映的经济业务内容和详细程度不同，因而其账页格式和登记也有一定的区别。以下就序时账簿、总分类账簿和明细分类账簿的格式及登记分进行介绍。

（二）日记账的设置和登记

日记账也称序时账，它是根据原始凭证，按时间顺序，逐日逐笔登记每一笔经济业务的账簿。通常按其登记业务的类型不同，日记账可分为普通日记账和特种日记账两类。

1.普通日记账

普通日记账用以序时地登记会计主体发生的全部经济业务。普通日记账是根据原始凭证逐笔登记的，把每一笔经济业务转化为会计分录登记在账簿上。由于会计分录序时、整齐地排列于账页上，所以普通日记账也称为"分录簿"。普通日记账往往采用订本式账簿形式，普通日记账的登记方法如下：

（1）在日期栏内，记录经济业务发生的年、月、日。年、月通常只在日记账每页的顶端及年、月发生变动的地方填写，而日则每一笔分录必须填写。

（2）在分录号栏次内，记录所作分录的顺序号。

（3）在账户及摘要栏内，记入应借或应贷的账户名称及经济业务的简要说明。一般的，每笔分录总是先录入借方科目，然后再录入贷方科目，且二者不应对齐，借记部分应左边先行录入，而贷记部分则在借方科目下右错一格录入。

（4）在借、贷方金额栏内录入每一笔会计分录的借方金额和贷方金额。

（5）在过账栏填写所过入分类账的编号、页码，以便和分类账进行核对。

其登记格见表 6-5。

表 6-5 普通日记账

单位:元　　第×页

2020 年		分录号	会计科目及摘要	金　额		过账
月	日			借方	贷方	
10	15	略	银行存款	23 400		
			主营业务收入		20 000	
			应交税费		3 400	
			(销售产品,价款存入银行)			
	20		原材料	50 000		
			应交税费	8 500		
			银行存款		58 500	
			(购入材料,款项通过银行支付)			

设置普通日记账主要有三方面的优点:

(1)与传统的记账凭证式账务处理程序相比,普通日记账形式大大减少了发生错误的可能性。这是因为如果以记账凭证直接登记分类账,就可能发生漏记或多记借方或贷方的情况。而采用日记账形式后,这种错漏能减到最少。

(2)每一笔日记账分录都列示了相应经济业务的完整借贷记录。且通过摘要栏能更完整、全面地反映经济业务的性质和来龙去脉。

(3)日记账序时记录每笔经济业务,形成了一部能够反映企业某一时期企业经济活动的完整档案。这种资料对于企业进行全方位的经济活动分析有重要作用。

由于普通日记账一般只能够一个人登记,在业务量大时就存在着相当的困难。而且由于大量不同种类的经济业务分散在普通日记账中,给人一种零散的感觉,不利于企业对重要的、规则发生的经济业务的归类反映与控制。为了克服普通日记账的上述缺陷,会计工作者在总结经验的基础上,结合企业经营管理上的特点,在保留了普通日记账固有优点的前提下,发展了一种既序时、又分类的特种日记账。

2.特种日记账

特种日记账是将大量重复发生的同类经济业务,集中在一本日记账中进行登记的账簿。特种日记账是专门用来登记某一类经济业务的日记账,它是普通日记账的进一步发展。在企业的经济业务中,有大量重复发生的特定类型的交易,如现金的收付、原材料的采购、产品销售等。企业应根据自身经济业务的特点来决定设置何种特种日记账。最常见的特种日记账有现金日记账、银行存款日记账、销货日记账和购货日记账。下面以现金日记账和银行存款日记账为例介绍其设置和登记的方法。

(1)现金日记账

现金日记账是用来登记与现金收付有关的所有业务的特种日记账。它是由出纳人员根据现金收付款凭证和银行存款付款凭证,按经济业务发生的先后顺序逐日逐笔地进行登记。按照我国《现金管理条例》中对企业现金收支的管理规定,现金日记账除应提供企业每日的现金收入、现金支出及其余额的信息外,还应提供反映现金收支是否符合国家对现金收支的管理规定方面的信息。因此,在现金日记账上应设置"对应科目"栏。其格式及内容见表6-6。

表6-6 现金日记账(三栏式)

2020年		凭证		摘 要	对应账户	收入(借方)	支出(贷方)	结余
月	日	字	号					
10	1			月初结余				1 500
	5	现收	1	李四归还借款	其他应收款	200		1 700
	10	银付	1	从银行提取现金	银行存款	17 000		18 700
	16	现付	1	支付职工工资	应付职工薪酬		16 300	2 400
				......				
10	31	现收	16	收到销货款	主营业务收入	2 400		4 600
10	31			本月合计		64 300	59 700	4 600

现金日记账的登记方法如下。

①日期栏:是指记账凭证的日期,应与现金实际收付日期一致。

②凭证栏:是指登记入账的收付款凭证的种类和编号,以便于查账和核对。现金收款凭证简称"现收"、现金付款凭证简称"现付"、银行存款付款凭证简称"银付"。

③摘要栏:简要说明登记入账的经济业务的内容。文字要求简练,但必须能说明问题。

④对方账户栏:是指与现金发生对应关系的账户的名称,其作用是揭示企业现金收入的来源和支出的用途。

⑤收入、支出栏:是指企业现金实际收付的金额。在每日终了后,应结出本日的余额,记入"余额"栏,并将余额与出纳员的库存现金核对,即通常所说的"日清"。如账款不符应及时查明原因,并登记备案。月终,要计算本月现金收入、支出的合计数,并结出本月末余额,也即通常所称的"月结"。

现金日记账除了上述三栏式外,也可采用多栏式,即在收入和支出栏内进一步设对应科目,也即在收入栏内设应贷科目(借方为现金),在支出栏内设应借科目(贷方为现金)。如果某些企业现金的收付业务比较多,而且与"现金"账户对应的账户不多又比较固定,可以采用多栏式现金日记账。这种方式既反映了每一笔收支业务的来龙去脉,又便于分析和汇总对应账户的发生额,同时也减少了登记总分类账的工作量。

(2)银行存款日记账

银行存款日记账是用来登记银行存款的增加、减少和结存情况的所有业务的特种日记账。银行存款日记账由出纳人员根据银行存款付款凭证、银行存款收款凭证和现金付款凭证(记录现金存入银行的业务),按照经济业务发生的时间先后顺序,逐日逐笔进行登记。同时应定期与银行对账单对账,编制银行存款余额调节表。银行存款日记账除应提

供每日银行存款的增减金额及余额的信息外,还应反映企业以银行存款收付是符合国家
《银行结算办法》的规定,因此,还应增设"结算凭证种类、编号"栏和"对方账户"栏。银行
存款日记账的登记方法与现金日记账的登记方法基本相同。银行存款日记账的格式一般
为三栏式,但也可采用多栏式,其根据与多栏式现金日记账相似。银行存款日记账的格式
见表6-7。

表 6-7 银行存款日记账(三栏式)

2020年		凭证		摘 要	结算凭证		对方账户	收入	支出	结余
月	日	字	号		种类	编号				
10	1			月初余额						120 000
	1	银收	1	收到天山公司欠款			应收账款	38 000		158 000
	5	银付	1	提取现金	现支	216	库存现金		16 000	142 000
	15	现付	2	将现金存入银行			库存现金	20 000		162 000
				……						
10	31	银收	19	收到销货款			应收账款	10 000		225 000
10	31			本月合计				320 000	95 000	225 000

设置特种日记账主要有两方面的优点:

①节约人力。记录经济业务所需要的时间大大减少,既能减少从日记账过入分类账
的过账工作量,又能减少登记总账的工作量。

②便于分工。特种日记账使经济业务的记录与过账可以分工进行。当某一会计人员
在销货日记账上记录销售业务时,另一会计人员可以在现金日记账上记录各项现金收入
业务。这样既能有利于会计人员更好地进行分工协作,还可以提高记账效率和明确记账
责任。

(三)总分类账的设置和登记

总分类账是按总分类账户分类登记全部经济业务的账簿。在总分类账中,应按照总
账会计科目的编码分别开设账户,由于总分类账一般都采用订本式账簿,因此应事先为每
一个账户预留若干账页。总分类账不仅能够全面、总括地反映经济业务的情况,并为会计
报表的编制提供资料,同时也对其所属的各明细分类账起控制作用,因此任何单位都必须
设置相应的总分类账。

总分类账的格式因采用的会计账务处理程序不同而各异。但是最常用的格式为三栏
式总账,即分为借方金额、贷方金额、余额三栏。总分类账可以按记账凭证逐笔登记,也可
以将记账凭证汇总进行登记,还可以根据普通日记账在月末汇总登记。具体的登记方法
取决于企业所采用的会计账务处理程序,这一内容将在第八章详细介绍。三栏式总分类
账的具体格式见表6-8。

表 6-8　总分类账

会计科目：原材料

2020 年		凭证		摘　要	借方金额	贷方金额	借或贷	余额
月	日	字	号					
10	1			月初结余			借	100 000
	5			购入	30 000		借	130 000
	15			领用		6 000	借	124 000
				……				
	31			本月合计	50 000	64 000		
				月末余额			借	86 000

　　此外也有企业采用多栏式总分类账,把序时账簿和总分类账簿结合在一起,变成了一种联合账簿,通常称为日记总账,它具有序时账簿和总分类账簿的双重作用。采用这种总分类账簿,可以减少记账的工作量,提高工作效率,并能较全面地反映资金运动的情况,便于分析企业的经济活动状况。它主要适用于经济业务较少的经济单位。多栏式总分类账具体格式见表 6-9。

表 6-9　多栏式总分类账(日记总账)

年		凭证		摘要	发生额	现金		银行存款		……	利润分配	
月	日	字	号			借	贷	借	贷		借	贷

　　但是多栏式总分类账篇幅较大,不便于登记和保管,不过对于实行会计电算化的企业,采用这种日记总账的格式却有很多优点:能够全面地反映各项经济业务的来龙去脉,有利于对会计核算资料的分析和使用,而且其账务处理程序也较简单。

　　(四)明细分类账的设置和登记

　　明细分类账是按照各个明细账户分类登记经济业务的账簿。它可以反映资产、负债、所有者权益、收入、费用等价值变动情况,又可以反映资产等实物量增减情况,各单位可根据实际需要,按照二级科目或三级科目开设账户。明细分类账的格式主要是根据它所反映的经济业务的特点以及实物管理的不同要求来设计的,明细分类账应根据原始凭证或原始凭证汇总表登记,也可以根据记账凭证登记。明细分类账可以采用三栏式、多栏式和数量金额式三种格式。

　　1.三栏式明细账

　　三栏式明细分类账页的格式同三栏式总分类账相同,即账页只设有借方、贷方和余额三个金额栏,不设数量栏。这种格式适用于那些只需要进行金额核算而不需要进行数量核算的债权、债务结算科目。如应收账款明细账、应付账款明细账、其他应收款明细账等。应收账款明细账具体格式见表 6-10。

表 6-10　应收账款明细账

二级科目:华峰公司

2020 年		凭证		摘　要	借　方	贷　方	借或贷	余　额
月	日	字	号					
10	1			月初余额			借	36 000
	2	转	5	华峰公司购买 A 产品	14 000		借	50 000
	8	收	6	收到华峰公司前欠购货款		8 000	借	42 000
				......				

2.数量金额式明细账

数量金额式明细分类账的账页,在借方(收入)、贷方(发出)和余额(结存)栏内,分别设有数量、单价和金额三个栏次。这种账页格式适用于既要进行金额核算,又要进行实物数量核算的各种财产物资科目,如原材料、库存商品等账户的明细分类核算。数量金额式明细账实质上是在三栏式明细账的基础上发展起来的,是三栏式明细账的进一步扩展。原材料明细账具体格式见表 6-11。

表 6-11　原材料明细账

一级科目:原材料
二级科目:甲材料

材料规格　　　　　　计量单位:元/千克　　　　最高储备　　　　　最低储备

2020 年		凭证		摘要	入库(借方)			出库(贷方)			结存(余额)		
月	日	字	号		数量	单价	金额	数量	单价	金额	数量	单价	金额
10	1			月初余额							9	50	450
	5	收	1	验收入库	60	50	3 000				69	50	3 450
	9	转	6	车间领用				40	50	2 000	29	50	1 450
				......									

3.多栏式明细账

多栏式明细账是根据经济业务的特点和经营管理的需要,在一张账页内记录某一科目所属的各明细科目的内容,按该总账科目的明细项目设专栏记录,用以在同一张账页上集中反映各有关明细科目或项目的核算资料。它主要适用于费用、成本、收入和成果等账户的明细核算。按照明细分类账登记的经济业务的特点不同,多栏式明细账又可分为借方多栏式、贷方多栏式和借贷方多栏式三种格式。借方多栏式、贷方多栏式明细账格式见

表 6-12、表 6-13。

表 6-12　生产成本明细账（借方多栏式）

二级科目：甲产品

2020 年		凭证		摘　要	借　方				贷方	余额
月	日	字	号		直接材料	直接工资	制造费用	合计		
10	1			月初余额	1 200	1 000	300	2 500		2 500
	31	转	12	登记材料费	9 800			9 800		12 300
	31	转	13	登记人工费		12 800		12 800		25 100
	31	转	14	分配制造费用			2 800	2 800		27 900
	31			转出完工产品生产成本	−11 000	−13 800	−3 100	−27 900	−27 900	0

表 6-13　营业外收入明细账（贷方多栏式）

年		凭证		摘　要	借方	贷方	余额	贷方金额分析			
月	日	字	号					银行存款	固定资产清理	……	合计

（五）总分类账与所属明细分类账的平行登记

平行登记是指对所发生的每项经济业务都要以会计凭证为依据，一方面记入有关总分类账户，另一方面记入有关总分类账户所属明细分类账户的方法。

1.总账与明细账之间的关系

总分类账与其所属的明细分类账都是为满足经济管理对会计信息详略的要求，但经济管理对会计信息详略的不同要求，所提供的指标和信息具有不同的详细程度。总分类账对其所属的明细分类账起着统驭和控制的作用，明细分类账对其所属的总分类账起着补充和说明的作用。它们所提供的资料相互补充，既总括又详细地反映相同的经济业务。

2.总账与明细账平行登记的要点

(1)依据相同：对发生的经济业务，要以相关的会计凭证为依据，既登记有关的总分类账户，又登记其所属的明细分类账户。

(2)方向相同：将经济业务记入总分类账和明细分类账时，记账方向必须相同。

(3)期间相同：每项经济业务记入总账和明细账的过程中，可以有先有后，但必须在同一会计期间全部登记入账。

(4)金额相等：记入总账金额应与记入明细账金额之和相等。

3.平行登记的数量关系

①总分类账有关账户期初余额与其所属各明细分类账户期初余额之和必然相等。公

式表示为：

总分类账期初余额＝所属明细分类账期初余额之和

（2）总分类账有关账户的本期发生额与其所属各明细分类账户本期发生额的合计数之和必然相等。公式表示为：

总分类账本期发生额＝所属明细分类账本期发生额之和

即：

总分类账本期借方发生额＝所属明细分类账本期借方发生额之和
总分类账本期贷方发生额＝所属明细分类账本期贷方发生额之和

（3）总分类账有关账户期末余额与其所属各明细分类账户期末余额之和必然相等。公式表示为：

总分类账期末余额＝所属明细分类账期末余额之和

第三节　对账和结账

一、对账

对账就是核对账目，通常是在一定会计期间（月度、季度、年度）期末时，对各种账簿记录所进行的核对。通过对账，可以及时发现和纠正记账及计算的差错，做到账证相符、账账相符、账实相符，保证各种账簿记录的完整和正确，以便如实反映各单位经济活动的情况，并为编制会计报表提供真实可靠的核算资料。对账的内容和方法主要有以下三个方面：

（一）账证核对

账证核对是指各种账簿的记录与记账凭证及其所附的原始凭证相核对。这种核对通常是在日常核算中进行的，以使错账能及时得到更正。月终时，如果出现账账不符，则应将账簿记录与记账凭证重新复核，以确保账证相符。

（二）账账核对

账账核对是指各种账簿之间的有关数字进行核对，主要包括以下几个方面：

（1）总账中各账户期末借方余额合计数与各账户期末贷方余额合计数相核对。

（2）总账与所属明细账之间的核对。在确保总账中各账户借方余额合计数与各账户贷方余额合计数核对相符的基础上，对总账中各账户与其所属的各明细账进行核对。包括将总账账户的本期借或贷方发生额合计数进行核对，以及将总账账户的期末余额与其所属的各明细账户的期末余额合计数进行核对。

（3）总账与日记账之间的核对。即将总账中现金和银行存款账户的记录分别与现金日记账和银行存款日记账进行核对。其核对内容也包括余额核对和发生额核对。

（4）会计部门各种财产物资明细账与财产物资保管或使用部门的有关财产物资明细

账进行的核对。这项核对是在保证会计部门明细账记录正确的基础上进行的,通常是将两者的余额进行核对。

账账之间的核对,最终的要求是做到账账相符,以便为账物、账款之间的核对提供依据。

(三)账实核对

账实核对包括账物、账款的核对,即将各种财产物资的账面余额与实有数额进行核对。主要包括以下几个方面:

(1)现金日记账的余额与现金实际库存数相核对,并保证日清月结。

(2)银行存款日记账的余额与银行送来的对账单相核对,每月最少一次,并保证相符。

(3)各种应收、应付款明细账余额与有关债务、债权单位的账目相核对,并保证相符。

(4)各种材料、物资、产品明细账的余额与其实物数额相核对,并保证相符。

二、错账的更正方法

在账簿记录过程中,由于种种原因,不可避免地会发生各种各样的记账错误。当发现错账时,不得任意使用刮擦、挖补、涂改等方法更正字迹,而应根据差错的具体情况,采用正确的方法予以更正。更正错账的方法主要有以下三种。

(一)划线更正法

划线更正法,又称经线更正法。在结账以前,如果发现账簿记录中有数字或文字错误,而记账凭证没有错误,可用划线更正法进行更正。

其操作方法是先将错误数字或文字全部画一条红条予以注销,并使原来的字迹仍然清晰可见,然后在红线上方空白处,用蓝黑墨水笔写出正确的文字或数字,并由记账人员在更正处盖章。划线更正法适用于结账前或结账时发现账簿记录中文字或金额有错误,而记账凭证没有错误,即纯属文字或数字过账时的笔误及账簿数字计算错误等情况。

【例 6-1】中驰公司用银行存款 53 200 元购买原材料,会计人员在根据记账凭证(记账凭证正确)登记会计账簿时,误将总账中银行存款贷方的金额"53 200"写成"52 300"。

采用划线更正法的具体办法是:将总账中银行存款账户贷方的错误数字 53 200 全部用一条红线注销(注意:不能只画消个别错误的数字),然后在其上方写出正确的数字 53 200,并在更正处签章或签名,以明确责任。如图 6-2 所示。

图 6-2　错账更正处理方法

(二)红字更正法

红字更正法,又称红字冲销法,是指登记入账后发生错误,先用红字记账凭证冲销错误凭证,然后填制正确记账凭证的方法。

应用这种方法时应先用红字填制一张内容与错误的记账凭证完全相同的记账凭证,在摘要栏中注明"更正第×张凭证的错误",并据以用红字金额登记入账,冲销原有错误记录,然后,再用蓝字或黑字填制一张正确的记账凭证,并据以登记入账。

红字更正法适用于以下两种情况:

(1)根据记账凭证所记录的内容登记账簿以后,发现记账凭证的应借、应贷会计科目或记账方向有错误,但金额正确,应采用红字更正法。

【例 6-2】中驰公司的管理人员出差预借差旅费 10 000 元,以银行存款支付。公司会计人员编制了如下会计分录,并已登记入账。

借:应收账款   10 000
 贷:银行存款   10 000

当发现上述错账时,应按下列方法进行更正。

①用红字金额填制一张与原错误凭证完全一致的记账凭证,并用红字登记入账。

借:应收账款   10 000
 贷:银行存款   10 000

②然后,用蓝字或黑字编制一张正确的记账凭证,并登记入账。

借:其他应收款   10 000
 贷:银行存款   10 000

并将上述更正错误的记录记入有关账户,使有关账户的原错误记录得到更正,具体情况如图 6-3 所示。

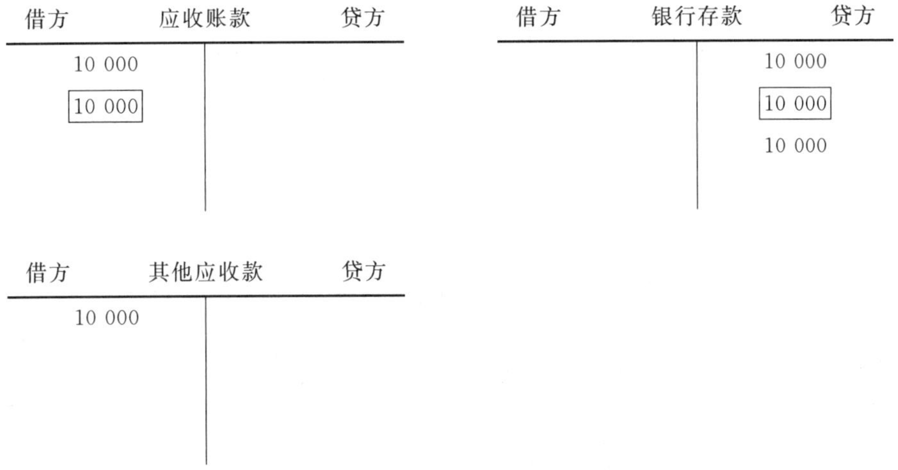

图 6-3 错账更正图示

(2)如果在记账后发现填制的记账凭证中会计科目名称和借贷方向正确,只是凭证中所记金额大于正确金额,对应这种错误应采用红字更正法冲销原多记的金额。

【例 6-3】中驰公司用银行存款 7 500 元缴纳上月税费,会计人员在编制会计凭证时,误将 7 500 元记录为 75 000 元并以登记入账。

当发现上述错账时,应采用红字更正法。具体方法是:用红字编制一张与原错误凭证中科目、方向相同的记账凭证,其金额为 67 500(75 000 − 7 500)元,并据以用红字登记入账,以冲销多记的金额。更正的凭证为:

借:应交税费　　　　　　　　　　　　　　　　　　　　　　$\boxed{67\ 500}$

　贷:银行存款　　　　　　　　　　　　　　　　　　　　　　　　　　$\boxed{67\ 500}$

(三)补充登记法

补充登记法是指登记入账后发现原编制会计凭证中应借、应贷账户虽然没有错误,但所记金额小于正确金额,这时可采用补充登记法进行更正。

应用此种方法是在科目对应关系正确时,将少记的金额用蓝字或黑字填制一张记账凭证,在摘要栏中注明"补记×字第×号凭证少记数",并据以登记入账,以补充原来少记的金额。这种方法适用于记账后发现记账凭证所填的金额小于正确的情况。

【例 6-4】中驰公司销售商品一批货款 20 000 元,货款尚未收到(不考虑增值税)。

企业会计人员编制了如下会计凭证,并已登记入账。

借:应收账款　　　　　　　　　　　　　　　　　　　　2 000

　贷:主营业务收入　　　　　　　　　　　　　　　　　　　　2 000

为了更正账户少计的 18 000 元,应用蓝字或黑字填制一张如下记账凭证,并登记入账。

借:应收账款　　　　　　　　　　　　　　　　　　　　18 000

　贷:主营业务收入　　　　　　　　　　　　　　　　　　　　18 000

将上述更正错误的记录记入有关账户后,使有关账户中错误的记录得到更正,具体情况如图 6-4 所示。

借方	应收账款	贷方		借方	主营业务收入	贷方
2 000						2 000
18 000						18 000

图 6-4　错账更正图示

现将会计差错类型及更正方法总结如表 6-14 所示。

错误类型			更正方法
记账凭证正确,账簿记录有错误			划线更正法
记账凭证错误	未登记入账		重新编制记账凭证
	已登记入账	会计科目错误	红字更正法
		金额多记	红字更正法
		金额少记	补充登记法

三、结账

(一)结账的意义

结账是指在把一定时期(月份、季度、年度)内所发生的全部经济业务登记入账的基础上,在期末按照规定的方法对该期内的账簿记录进行小结,结算出本期发生额合计数和余额,并将其余额结转下期或者转入新账以及划出结账标志的程序和方法。

为了正确反映一定时期内在账簿记录中已经记录的经济业务,总结有关经济业务活动和财务状况,各单位必须在会计期间结束时进行结账。通过结账,能够全面、系统地反映企业一定时期内所发生的全部经济业务所引起的企业资产、负债、所有者权益等方面的增减变动情况及其结果;通过结账,还可以合理地确定企业在各会计期间的净收益,便于企业合理地进行利润计算和利润分配;通过结账,有利于企业定期编制会计报表,结账工作的质量直接影响着会计报表的质量。

(二)结账的程序

简单地说,结账工作主要由两部分构成:一是结出总分类账和明细分类账的本期发生额和期末余额(包括本期累计发生额),并将余额在本期和下期之间进行结转;二是损益类账户,即收入、成本费用类账户的结转,并计算出本期利润(利润的确定一般在年结时进行)。通常结账的程序可按以下步骤进行:

(1)检查结账日截止以前所发生的全部经济业务是否都已经登记入账。检查账簿记录的完整性和正确性,不能漏记、重记每一项经济业务,也不能有错误的记账分录。

(2)结账前的账项调整。为了正确计算企业在各会计期间的利润,应按照权责发生制原则和收入与费用配比原则确定应属于各会计期间的收入和费用。由于会计期间假设的存在,使企业经常发生一些收款期与受益期不一致的收入项目,以及一些支付期与负担期不一致的费用项目。因此,必然要求会计人员在各会计期间终了进行结账之前,按照权责发生制原则和配比原则进行账项调整,编制有关账项调整的会计分录。

(3)编制结账分录。在有关经济业务都已经登记入账的基础上,要将各种收入、成本和费用等账户的余额进行结转,编制各种转账分录,结转到利润账户,再编制利润分配的分录。

(4)计算发生额和余额。计算出各账户的发生额和余额,并进行结转,最终计算出资产、负债和所有者权益类账户的本期发生额和余额。

(三)结账的方法

结账工作通常是为了总结一定时期企业经济活动的变化情况和结果。根据核算的需要,结账一般分为月结、季结和年结三种。月度结账时,应该结出本月借、贷双方的月内发生额和期末余额,在摘要栏注明"本期发生额及期末余额",同时,在"本期发生额及期末余额"行的上、下端各画一条线,表示账簿记录已经结束;季度结账应在本季度最后一个月结账数字的红线下边一行,把本季度三个月的借、贷双方月结数汇总,并在摘要栏内注明"本季发生额合计及季末余额",同样在数字下端画一条红线;年度结账时,应将四个季度的借、贷双方季结加以汇总,在摘要栏内注明"本年发生额及年末余额",并在数字下端画双红线,表示本年度账簿记录已经结束。现以"现金"账户为例加以说明,具体见表 6-15。

表 6-15　总分类账

一级科目:库存现金

2013 年		凭证号数	摘　要	借方	贷方	借或贷	余额
月	日						
1	1		上年结转			借	150
1	5				60	借	90
1	10			50		借	140
1	21				40	借	100
1	31		1 月份合计	50	100	借	100
2	6			100		借	200
2	11				80	借	120
2	25				40	借	80
2	28		2 月份合计	100	120	借	80
3	7			20		借	100
3	15			150		借	250
3	24				50	借	200
3	31		3 月份合计	170	50	借	200
3	31		第一季度合计	320	270	借	200
			2019 年度发生额总计	11 200	11 100	借	250
			上年余额	150			
			转下年结		250		
			合计	11 350	11 350		

〔注:年度结账后,总账和日记账应当更换新账,各账户的年末余额应转入下年度的新账簿。明细账一般也应更换,但有些明细账,如固定资产明细账(卡)等可以连续使用,不必每年更换。〕

第四节　会计账簿的更换和保管

一、会计账簿的更换

账簿的更换是指在会计年度终了、年度结账完毕以后,应将本年度旧账更换为下年度新账。按照会计制度的规定,总账、日记账和多数明细账应每年更换一次,有些财产物资明细账如固定资产明细账(卡)和债权债务明细账可以不必每年度更换一次,各种备查账簿也可以连续使用。

更换账簿时,应将上年度各账户的余额直接记入新年度相应的账簿中,并在旧账簿中各账户年终余额的摘要栏内加盖"结转下年"戳记。同时,在新账簿中相关账户的第一行摘要栏内加盖"上年结转"戳记,并在余额栏内记入上年余额。

二、会计账簿的保管

会计账簿是各单位重要的会计档案资料,在经营管理中具有重要作用。因此,各企事业单位都必须按照国家有关规定,健全账簿管理制度,妥善保管本单位的各类账簿。

账簿的保管,应该明确责任,保证账簿的安全和会计资料的完整,防止交接手续不清和可能发生的舞弊行为。在账簿交接保管时,应将该账簿的页数、记账人员的姓名、启用日期、交接日期等列表附在账簿的扉页上,并由有关方面签字盖章。账簿要定期(一般为年终)收集,审查核对,整理立卷,装订成册,专人保管,严防丢失和损坏。

账簿应按照规定的期限保管。各账簿的保管期限分别为:日记账一般为 15 年,其中现金日记账和银行存款日记账为 25 年;固定资产卡片在固定资产报废清理后应继续保存5 年;其他总分类账、明细分类账和辅助账簿应保存 15 年。保管期满后,要按照会计档案管理办法的规定,由财会部门和档案部门共同鉴定,报经批准后进行处理。

合并、撤销单位的会计账簿,要根据不同情况,分别移交给并入单位、上级主管部门或主管部门指定的其他单位保管,并由交接双方在移交清册上签名盖章。

账簿日常应由各自分管的记账人员专门保管,未经领导和会计负责人或有关人员批准,不许非经管人员翻阅、查看、摘抄和复制。会计账簿除非特殊需要或司法介入要求,一般不允许携带外出。

新会计年度对更换下来的旧账簿应进行整理、分类,对有些缺少手续的账簿,应补办必要的手续,然后装订成册;并编制目录,办理移交手续,按期归档保管。

以上是对手工记账方式下的会计账簿更换与保管的内容,而对于采用会计电算化的单位,也应当保存打印出的纸质会计账簿;如果企业具备采用磁盘、光盘、微缩胶片等磁性介质保存会计账簿条件的,应由国务院主管部门统一规定,并报财政部、国家档案局备案。

本章小结

本章主要介绍了会计账簿的概念及日记账与分类账的设置和登记、对账、结账和错账更正及账簿的更换与保管。

会计账簿是指由一定格式账页组成的,以经过审核的会计凭证为依据,全面、系统、连续地记录各项经济业务的簿籍。账簿能够提供系统、完整的会计信息,也能够为会计报表的编制提供数据资料,同时也是企业业绩考核的重要依据。

日记账和分类账应按照账簿的一般规则进行设置和登记。日记账按其登记业务的类型不同,可分为普通日记账和特种日记账。设置普通日记账的企业一般不再使用记账凭证。特种日记账主要有现金日记账和银行存款日记账两种。分类账包括总分类账和明细分类账两种。总分类账与明细账的登记要符合平行登记的原则。

错账的更正方法有:划线更正法、红字更正法、补充登记法。

对账、结账是会计期末的一项重要工作。对账即核对账目,主要包括账证核对、账账核对及账实核对。而结账是会计期末对账簿记录的总结工作,必须按照规定的程序进行。

会计账簿的更换,是指在会计年度终了时,将上年度的会计账簿更换为次年度的新账簿。会计账簿是重要的经济档案和历史资料,应按照国家有关规定,对会计账簿进行妥善保管。

案例解析

本章"导入案例"中,作为公司的会计人员,小桐下一步该怎样做?

分析:

小桐对公司发生的经济业务根据原始单据填制记账凭证已进行了记录,通过会计凭证的填制和审核,可以反映和监督每项经济业务的完成情况,但会计凭证的数量繁多,对经济业务的反映往往比较零星、分散,且每一张凭证只能就个别的经济业务进行详细的记录和反映,不能把某一时期的全部经济业务活动情况完整地反映出来。因此,公司老总王鸿看了记账凭证后,还是不能清晰地知道公司的财务状况和经营成果,接下来,小桐应该根据会计凭证设置和登记账簿,通过账簿资料,可以把会计凭证提供的大量分散的核算资料,加以归类整理,全面系统地提供有关企业货币资金、成本费用等财务状况和经营成果的总括和明细的核算资料,以正确地计算成本、费用和利润。登记账簿有利于评价公司的总体运营情况,以此来检查分析经营管理中的薄弱环节,有针对性地提出改善意见,从而促进公司经济效益的提高。

习题精选

一、单项选择题

1.下列应采用数量金额式账页登记的业务是(　　　)。

A.生产成本　　　　B.原材料　　　　C.实收资本　　　　D.短期投资

2."应付账款"明细账一般应采用(　　　)。

A.三栏式　　　　B.多栏式　　　　C.平行式　　　　D.数量金额式

3.多栏式银行存款日记账属于(　　　)。

A.总分类账　　　　B.明细分类账　　　　C.备查簿　　　　D.序时账

4.登记银行存款支出业务的日记账依据是(　　　)。

A.库存现金收款凭证　　　　　　　　B.库存现金付款凭证

C.银行存款收款凭证　　　　　　　　D.银行存款付款凭证

5.库存商品明细账通常采用(　　　)账簿。

A.多栏式　　　　B.H栏式　　　　C.数量金额式　　　　D.数量卡

6.总分类账簿应采用(　　　)。

A.活页账簿　　　　B.卡片账簿　　　　C.订本账簿　　　　D.备查账簿

7.应收账款明细账一般采用的格式是(　　　)。

A.三栏式　　　　　　　　　　　　　B.数量金额式

C.多栏式　　　　　　　　　　　D.任意一种明细账格式

8.记账凭证正确,记账时多记了金额,应采用的更正方法是(　　)。

A.划线更正法　　　　　　　　　B.红字冲销法

C.补充登记法　　　　　　　　　D.后两种都可以

二、多项选择题

1.账簿按其外表形式,可以分为(　　)。

A.订本式账簿　　B.序时账簿　　C.卡片式账簿　　D.活页式账簿

2.任何会计主体都必须设置的账簿有(　　)。

A.日记账簿　　B.辅助账簿　　C.总分类账簿　　D.卡片式账簿

3.关于账簿的启用,下列说明正确的有(　　)。

A.启用时,应详细登记账簿扉页的"账簿启用和经营人员一览表"

B.每一本账簿均应编号并详细记录其册数,共计页数和启用日期

C.调换记账人员,应立即换用账簿

D.账簿交接时,会计主管人员应该监交并签章

4.现金、银行存款日记账的账页格式主要有(　　)。

A.三栏式　　　　B.多栏式　　　　C.订本式　　　　D.数量金额式

5.数量金额式明细分类账的账页格式适用于(　　)。

A."库存商品"科目　　　　　　　B."生产成本"科目

C."应收账款"科目　　　　　　　D."原材料"科目

6.在账簿记录中,红笔只能用于(　　)。

A.采用红字更正,冲销错误记录

B.在不设借方或贷方专栏的多栏式账页中,登记减少金额

C.期末结账时,画通栏红线

D.三栏式账户的余额栏前,如果未说明余额方向,在余额栏内登记负数余额

7.账簿组成的基本内容是(　　)。

A.单位名称　　B.账簿封面　　C.账簿扉面　　D.账页

8.下列错误中,可以用红字冲销法更正的有(　　)

A.结账后发现的一切登记错误

B.发现记账凭证中会计科目和金额都有错误,并且已经登记入账

C.发现记账凭证中所记会计科目有错,并已登记入账

D.在结账前发现记账凭证无误,但账簿记录中文字或数字过账错误

三、判断题

1.一般来说,总分类账、日记账和大多数明细账,每年应更换一次新账。(　　)

2.在填制记账凭证时,误将6 800元记为8 600元,并已登记入账。月终结账前发现错误,更正时采用划线更正法。(　　)

3.序时账簿就是现金日记账和银行日记账。(　　)

4.为了实行钱账分管原则,通常由出纳人员填制收款凭证和付款凭证,由会计人员登记现金日记账和银行存款日记账。(　　)

5."原材料"账户的明细分类账,应采用多栏式账簿。（　　）

6.总分类账户与其所属明细分类账户平行登记,是指总账本期发生额与其所属明细本期发生额之和要相等。（　　）

7.总分类账户及其所属明细分类账户必须在同一会计期间内登记。（　　）

8.现金日记账和银行存款日记账应当采用订本式账簿。（　　）

会计天地

会计账簿的发明者——关羽

关羽生于"桓帝延熹三年(160)六月二十二日",出生地河东郡解县常平里,即今山西省运城市常平乡常平村。"稍长娶妻胡氏,于灵帝光和元年(178)五月十三日生子关平。"

关羽右手捻长髯的坐姿,手中《春秋》或金元宝,身旁两侧的周仓、关平,为人们心中的财神形象。

关于关帝兼职财神的渊源,除了诚信、公正、仁义和出入平安(当然是因为成功地"千里走单骑")等传统取向外,传说关羽"博学经书,擅长算学",离开许昌前挂印封金时"创设账簿",把曹操赐予的金银财宝按"原、收、出、存"附一账册,他的这种方法对商业发展(尤其是记账的规范化)产生了深远影响。

※轻松一刻※

玛丽刚到一家公司当会计,老板对她说:"当会计最重要的是细心,你看,这些账目至少要算过三遍,再拿给我看。"

玛丽就在办公桌旁算了好长时间,下午她来到老板的办公室,十分愉快地说:"我已经把这些账目认真算过五遍了!"老板听了,十分高兴,满意地说道:"唔……好好,你是个很有责任心的会计。"玛丽听了,立即拿起账目说:"你看,五个不同的结论都在这里了。"

第七章

财产清查

【教学目标】

1.了解财产清查的概念和种类

2.理解永续盘存制和实地盘存制

3.掌握财产清查的具体方法和银行存款余额调节表的编制方法

4.掌握财产清查结果的会计处理

【导入案例】

据中国新闻网 2001 年 10 月 21 日报道,江苏金鹿集团董事长、总经理、党支部书记吴锡仁等人隐匿了 2 232 万元的集体资产;常熟新城房地产公司经理苏伟斌造成 1 000 多万元国有资产流失;吴江芦墟米厂厂长徐荣奎将 553 万元国有资产转移到境外。另据《法制日报》2002 年 1 月 31 日消息,山东荣成一家国有企业的法定代表人,利用企业改制机会,将 600 多万元的国有资产转移到自己控股的股份公司名下;新浪网 2005 年 8 月 11 日报道,南京中北(集团)股份有限公司在进行公司资金使用情况的专项审计时发现,公司与其股东南京万众企业管理有限公司之间存在资金往来,且有人民币 6 亿元左右的公司资金被占用。类似的案件,近年来时有发生。造成这类案例的主要原因是什么? 你如何看待此类案件呢?

第一节 财产清查概述

一、财产清查的概念

财产清查,是通过对货币资金、往来款项和各种实物资产的实地盘点、账项核对或查询,查明某一时期的实际结存数,并与账存数核对,确定账实是否相符的一种会计核算方法。

会计信息可靠性要求,企业应当以实际发生的交易或者事项为依据进行确认、计量和报告,保证会计信息真实可靠、内容完整。一个单位通过填制和审核会计凭证,登记有关账簿,记录和反映财产的增减变动及结存情况。如果会计人员在核算过程中严格遵循规范的程序和方法,理论上说账簿记录与各项财产的实际结存数应保持一致。但是在实际工作中通常会出现下列情况:

（1）财产物资在保管过程中发生自然损溢，如干耗、销蚀、升重等自然现象，导致数量或质量上的变化，这种变化在日常会计核算中是不反映的，于是出现了账实不符；

（2）收发财产物资时，由于计量、计算、检验不准确而发生的品种、数量、质量上的差错，使得所填制的凭证与实际情况不符；

（3）各项财产增减变动时，会计人员没有及时地填制凭证、登记账簿，或在填制凭证和登记账簿时发生计算和登记的错误；

（4）由于管理不善或工作人员失职造成财产物资的损坏、变质或短缺，以及货币资金、往来款项的差错；

（5）由于不法分子贪污盗窃、营私舞弊等造成的财产的损失；

（6）自然灾害造成的非常损失；

（7）未达账项引起的账实不符。

上述情况，有的是主观的，有的是客观的，有的是可避免的，有的是不可避免的，这些情况的发生，往往会造成某些财产的实存数与账存数不一致。为了掌握各项财产的真实情况，保证会计信息质量的可靠性，必须对各项财产定期或不定期地进行清查。

二、财产清查的意义

财产清查既是会计核算的一种方法，又是企业内部控制的一种活动。其意义可以概括为：

（一）保证会计核算资料真实可靠

通过财产清查，可以查明各项财产的实存数、有无短缺或盈余以及发生盈亏的原因，通过账项调整达到账实相符，保证会计核算资料的真实可靠。

（二）保护财产物资的安全完整

通过财产清查，可以查明财产物资的保管情况是否良好，有无损失浪费、霉烂变质和非法挪用、贪污盗窃等情况，以便及时发现问题，采取措施，堵塞漏洞，建立健全各项物资管理制度，保护财产物资的安全完整。

（三）充分挖掘财产物资的潜力

通过财产清查，可以查明财产物资的利用情况，发现其有无超储积压或储备不足及不配套等现象，以便采取措施，对储备不足的设法补足，对呆滞积压和不配套的及时处理，充分挖掘财产物资潜力，加速资金周转，提高财产物资的利用率。

（四）维护财经纪律，遵守结算制度

通过对货币资金、往来款项及财产物资的清查，可以查明单位有关业务人员是否遵守财经纪律和结算制度，有无贪污盗窃挪用公款的情况；资金使用是否合理，使工作人员更加自觉地维护和遵守财经纪律。

（五）促使企业对外经济往来的正常进行

通过财产清查，查明各种往来款项的结算情况，以便及时处理到期债权债务、发出商品的无故拒付等现象。

三、财产清查的分类

财产清查可以按照清查范围和清查时间两种标志进行分类。

（一）按清查的范围分类

财产清查按清查的范围,可以分为全面清查和局部清查。

1.全面清查

全面清查是指对一个单位的全部财产进行全面彻底的盘点与核对。以企业为例,全面清查的对象一般包括下列各项:

(1)房屋建筑物、机器设备、运输设备、仪器等固定资产;

(2)原材料、在产品、半成品、产成品、商品等流动资产;

(3)库存现金、银行存款、银行借款、股票和债券等;

(4)应收应付、预收预付等各项往来结算款项;

(5)在途材料、商品物资和在途货币资金;

(6)各种专项物资;

(7)委托其他单位加工、保管的材料商品和物资;

(8)出租出借的固定资产;

(9)租入借入的固定资产等。

全面清查的特点是:清查范围大、投入人力多、耗费时间长。一般只在年终编制决算会计报表前进行一次清查,为结清账目和编制报表做好准备,以保证会计核算资料的真实性。此外企业在进行清产核资时要进行一次全面的清查,以如实反映情况;单位破产、撤销、合并和改变隶属关系时,也应进行全面清查,以明确经济责任。

2.局部清查

局部清查是指对一个单位的部分财产进行的盘点与核对。其特点是针对性强,主要针对流动性较大的财产和重要财产进行。一般情况下,库存现金,每日都要由出纳人员清点;银行存款,每月要同银行核对一次;各种往来款项,每个会计年度至少与对方核对一次;流动性较大的"存货"项目包括的各项财产,除全面清查外,还要在年度内轮流进行盘点和抽查;贵重财产,每月都要盘点清查。

（二）按清查的时间分类

财产清查按清查的时间,可分为定期清查和不定期清查。

1.定期清查

定期清查就是根据事先计划安排的时间,对一个单位的全部或部分财产进行的清查,常在月末、季末和年末结账时进行。定期清查可以是全面清查,如年终决算前的清查;也可以是局部清查,如月末结账前对库存现金、银行存款以及一些贵重物资的清查。

2.不定期清查

不定期清查是指事前未规定清查时间,而根据某种特殊需要进行的临时清查。如:(1)更换财产物资经管人员(出纳员、仓库保管员)时;(2)财产遭受自然或其他损失时;(3)单位合并、迁移、改制和改变隶属关系时;(4)财政、审计、税务等部门进行会计检查时;(5)按规定开展临时性清查核资工作时。上述情况都可以根据不同需求进行全面清查或局部清查。

四、财产清查前的准备工作

财产清查特别是全面性的财产清查,是一项涉及面广、工作量大、复杂细致的工作,为保证清查的质量,充分发挥财产清查的作用,必须做好清查前的准备工作。

(一)组织准备

为做好清查工作,应当成立专门的财产清查小组,由财会部门、资产管理和使用部门的业务领导、专业人员及有关职工代表组成三结合清查小组,负责组织领导和实施该项工作。清查小组应根据清查任务、对象和范围以及时间的要求,制订具体的清查计划,安排合理的工作进度,配备足够的清查人员。清查过程中,清查小组要做好清查质量的监督工作;清查完毕后,清查小组应将清查结果及处理意见上报有关部门审批处理。

(二)业务准备

财产清查前,资产管理部门、资产使用部门和财会部门应分别做好以下业务准备工作:

(1)财会部门和资产管理部门应将清查日前所有的资产账簿登记齐全,并结出账面余额,做到账账相符,以便确定账实之间的差异。

(2)资产使用部门应将其使用和保管的各项资产,按其自然属性予以整理,有序排列,整齐堆放,并利用标签注明资产的品种、规格和结存的数量,以方便盘点核对。

(3)资产清查人员应准备好盘点清册、计量工具和校正度量器,以保证盘点结果的准确可靠。

第二节 财产清查方法

财产清查是一项涉及面广、工作量大的工作,为了保证财产清查工作的质量,提高工作效率,达到财产清查的目的,确定各项财产清查的内容和方法是很有必要的。

一、货币资金的清查

(一)库存现金的清查

库存现金的清查是通过实地盘点的方法,确定库存现金的实有数,再与现金日记账的账面余额进行核对。库存现金的盘点,应由清查人员会同现金出纳人员共同负责。清查内容和方法如下:

(1)盘点前,出纳人员应先将现金收付凭证全部登记入账,并结出余额。

(2)盘点时,出纳人员必须在场,现金应逐张清点,如发现盘盈盘亏,必须会同出纳人员核实清楚。盘点时,除查明账实是否相符外,还要查明有无违反现金管理制度规定,如有无"白条"抵库、现金库存是否超过银行核定的库存限额、有无坐支现金等。

(3)盘点结束后,应根据盘点结果,及时填制"库存现金盘点报告表"(格式见表 7-1),并由清查人员和出纳人员签名或盖章。此表具有双重性质,它既是盘存单,又是账存实存对比表;既是反映现金实存数用以调整账簿记录的重要原始凭证,也是分析账实发生差异原因、明确经济责任的依据。

表 7-1 库存现金盘点报告表

单位名称:中驰公司   2013 年 6 月 30 日

币种	实存金额	账存金额	对比结果		备注
			盘盈	盘亏	
人民币	1 260	1 690		430	
美 元	1 400	1 460		60	
合 计					

盘点人:×××　　　　　　　　　　　　出纳员:×××

(二)银行存款的清查

银行存款的清查,采用核对法,即将开户银行定期转来的"银行对账单"与本单位的银行存款日记账逐笔进行核对。一般情况下,开户银行会定期将存款单位一定时期内在该银行的存款的增减变化和结存情况,以"银行对账单"的形式转给存款单位,供其核对。核对之前,应先详细检查本单位的银行存款日记账的正确性和完整性,然后再与开户银行送来的"银行对账单"逐笔核对。当发现双方账面余额不一致时,一方面可能是双方账簿记录发生错记漏记,应予以及时查清更正;另一方面则可能是由于双方凭证传递时间上的差异,而发生未达账项所致。

所谓未达账项,主要是指存款单位与开户银行之间因结算凭证传递时间的差别,发生的一方已经记账,而另一方尚未接到有关凭证没有记账的收付款项。未达账项一般有以下四种情况。

(1)单位已收,银行未收款项。本单位送存银行的款项,已经作为本单位存款增加记入银行存款日记账收入栏,但银行尚未入账。

(2)单位已付,银行未付款项。本单位开出支票或其他支票凭证后,已经作为本单位存款减少记入银行日记账支出栏,但持票人尚未到银行办理转账,故银行未作为存款单位存款的减少入账。

(3)银行已收,单位未收款项。银行代存款单位收进的款项已作为存款单位存款增加记账,而存款单位因未接到收款通知单尚未入账。

(4)银行已付,单位未付款项。银行代存款单位支付的款项已作为存款单位的存款减少记账,而存款单位因未接到付款通知单尚未入账。

上述(1)和(4)这两种情况下,会使存款单位的银行存款日记账余额大于开户银行的对账单余额,而在(2)和(3)这两种情况下,则会使存款单位的银行存款日记的账面余额小于开户银行的对账单余额。

对未达账项所造成的银行存款日记账与对账单余额不一致的情况,一般在清查银行存款时,通过编制"银行存款余额调节表"的方法加以揭示和进行调整,并以此来确定单位与开户银行的账目是否正确。

银行存款余额调节表的一般编制方法是:以单位、银行双方(即银行存款日记账和银行对账单)调整前的账面余额为基础,各自补记对方已入账而本方尚未入账的未达账项,计算出双方各自调整后的余额。若双方调整后的余额相等,一般表明双方记账正确,反之则说明某一方或双方记账有误。此种情况下,则应由某一方或双方进行查找并按照规定的错账更正方法予以更正。

现举例说明未达账项的调整方法。

【例 7-1】中驰公司 2020 年 6 月 30 日银行存款日记账余额为 56 000 元,开户银行转来的银行对账单余额为 74 000 元,经逐笔核对,发现有以下未达账项:

(1)公司收销货款 2 000 元,已记银行存款增加,银行尚未记增加。

(2)公司付购料款 18 000 元,已记银行存款减少,银行尚未记减少。

(3)接到上海甲工厂汇来购货款 10 000 元,银行已登记增加,公司尚未记增加。

(4)银行代公司支付购料款 8 000 元,银行已登记减少,公司尚未记减少。

根据上述未达账项,编制银行存款余额调节表见表 7-2。

表 7-2　银行存款余额调节表

2020 年 6 月 30 日

项　　目	金额	项　　目	金额
银行存款日记账余额	56 000	银行对账单余额	74 000
加:银行已收企业未收的款项	10 000	加:企业已收银行未收的款项	2 000
减:银行已付企业未付的款项	8 000	减:企业已付银行未付的款项	18 000
调整后余额	58 000	调整后余额	58 000

由表 7-2 可知,此种调节方法的计算公式是:

$$\text{单位银行存款日记账余额} + \text{银行已收单位未收数额} - \text{银行已付单位未付数额} = \text{银行对账单余额} + \text{单位已收银行未收数额} - \text{单位已付银行未付数额}$$

值得注意的是,银行存款余额调节表是用来试算和调节单位与银行之间账款是否相等的,并不能根据调节表(不是原始凭证)填制记账凭证和调节账簿记录。对于其中所涉及的全部未达账项,必须在收到有关结算凭证后方可据以填制记账凭证并登记入账。

二、往来款项的清查

往来款项清查是指对应收、应付款项等往来账项的清查,采取同对方单位核对账目的方法。单位应将清查日截止时的有关结算凭证全部登记入账,在确保本单位应收、应付款项余额正确的基础上,编制一式两联的对账单,送交对方单位进行核对。如对方单位核对无误,应在回单上盖章后退回发出单位;如对方发现数字不符,应在回单上注明不符原因后退回发出单位,或者另抄对账单退回,作为进一步核对的依据。单位收到回单后,如果确系记录有误,应按规定手续进行更正;如果有未达账项,亦可采用前述调节方法予以调整相符,待收到正式凭证后,再作账簿调整;对于清查过程中有争议或确实无法收回及不需支付的款项,应及时采取措施加以处理,以便减少坏账损失,避免呆滞款项长期挂账。

三、实物资产的清查

（一）财产物资的盘存制度

会计核算中，在计算各种财产物资期末结存数额时，有两种方法，由此而形成两种盘存制度，即永续盘存制和实地盘存制。

1.永续盘存制

永续盘存制亦称"账面盘存制"，是指对于各种财产物资的增减变化，平时就要根据会计凭证在账簿上予以连续登记，并随时结算出账面结存数额的一种方法。采用这种盘存制度，可以及时反映和掌握各种财产的收、发和结存的数量和金额，随时了解财产变动情况，有利于加强对财产的控制和管理，但登记账簿的工作量较大。可用公式表示如下：

账面期末余额＝账面期初余额＋本期增加额－本期减少额

采用永续盘存制计算的财产的账面期末结存数与实存数并不一定相符，因此，仍需定期对各种财产进行实地盘点，确定账实是否相符以及不符的原因。

2.实地盘存制

实地盘存制亦称"以存计销制"或"盘存计销"，是指对于各种财产物资的增减变化，平时在账簿上只登记其增加数，而不登记其减少数，期末通过实地盘点确定财产物资的结存数后，倒算出本期减少数并登记入账的一种方法。可用公式表示如下：

本期财产减少金额＝期初账面结存金额＋本期增加金额－期末结存金额

采用实地盘存制度，核算工作较简便，但手续不够严密，容易造成工作上的弊端，诸如浪费、被盗、被挪用以及自然损耗等而引起的财产短缺，往往都视同正常的减少入账，从而影响财产减少数额计算的正确性，难以通过会计记录对财产实施日常控制。

（二）实物资产清查的具体方法

实物资产的清查主要是对有形财产物资的清查，包括固定资产、原材料、在产品、库存商品、低值易耗品等，清查的具体方法有实地盘点法和技术推算法两种。

1.实地盘点法

实地盘点法是指通过点数、过磅、量尺等方式，确定财产物资的实有数量。该方法适用范围较广且易于操作，大部分实物资产均可采用。

2.技术推算法

技术推算法是指通过技术推算（如量方、计尺等）测定财产物资实有数量的方法。该方法适用于大堆存放、物体笨重、价值低廉、不便逐一盘点的实物资产。从本质上讲，它是实地盘点法的一种补充方法。

对实物资产进行盘点时，实物保管人员必须在场，并与清查人员一起参与盘点，以明确经济责任。盘点时，有关人员要认真核实、及时记录，对清查中发现的异常情况如腐烂、破损、过期失效等，致使不能使用或销售的实物资产，应详细注明并提出处理意见。盘点结果应由有关人员如实填制"盘存单"，并由盘点人和实物保管人共同签字或盖章。盘存单是用来记录实物盘点结果，反映实物资产实存数额的原始依据。格式见表7-3。

表 7-3　盘存单

单位名称:中驰公司　　　　　　　　盘点时间:2020 年 9 月 28 日
财产类别:存货　　　　　　　　　　存放地点:2 号仓库　　　　　　编号:1002

编号	名称	规格或型号	计量单位	账面结存数量	实际盘点			备注
					数量	单价	金额	
6—01	棉纱	601	千克	129	132	5	660	
6—05	汽油	605	千克	300	295	12	3 540	

盘点人:李明　　　　　　　　　　　实物保管人:张强

　　为了查明各种实物资产的实存数与账存数是否一致,应根据"盘存单"和会计账簿记录,编制"实存账存对比表",以便确定各种账实不符资产的具体盈亏数额。"实存账存对比表"是用来反映实物资产实存数与账存数之间的差异并作为调整账簿记录的原始凭证。其格式见表 7-4。

表 7-4　实存账存对比表
实存账存对比表(盘点盈亏报告单)

单位名称:中驰公司　　　　　　　　2020 年 9 月 30 日　　　　　　编号:0116

编号	类别及名称	计量单位	单价	实存		账存		差　异				备注
								盘盈		盘亏		
				数量	金额	数量	金额	数量	金额	数量	金额	
6—01	棉纱	千克	5	132	660	129	645	3	15			
6—05	汽油	千克	12	295	3 540	300	3 600			5	60	

报告人:李明

　　"实存账存对比表"又称"盘点盈亏报告单",清查人员应以该表为基础核准各种财产的盈亏情况,分析查明账实不符的性质和原因,划清经济责任,按规定程序报请有关部门领导予以审批处理,并针对清查中发现的财产管理方面存在的问题,提出改进措施,促进各项财产管理制度的健全和完善。

　　在清查实物资产时,对于委托外单位加工、保管的材料、商品以及在途的材料、商品等,可采用询证方法与有关单位核对查实。

第三节　财产清查结果的处理

　　财产清查结果处理指的是对账实不符,即发生盘盈、盘亏、毁损情况的处理。当实存数大于账存数时,称为盘盈;当实存数小于账存数时,称为盘亏;实存数虽与账存数一致,但实存的财产物资有质量问题,不能按正常的财产物资使用的,称为毁损。不论是盘盈,还是盘亏、毁损,都必须马上处理,不得任意拖延。处理的内容包括管理方面的处理和清查结果的账务处理。

一、管理方面的处理

（一）查明原因，明确责任

对清查中出现的盘盈、盘亏和毁损，应于期末前查明原因，认定差异的性质，明确有关部门或人员的责任。

（二）提出处理意见，报请批准

在查明问题产生原因的基础上，要依据有关规定提出具体处理意见。然后按照管理权限报请经理（厂长）、董事会、股东大会或类似机构批准，待批准后进行处理。

（三）针对薄弱环节，建立健全制度

根据清查中发现的问题，要在会计主体内全面地进行总结，找出管理上的薄弱环节，建立健全相应的财产管理制度，强化岗位责任制度和内部控制制度，进一步堵塞漏洞。并且应对相应岗位的人员进行现代管理知识的培训，提高管理的自觉性和管理水平。

二、清查结果的账务处理

清查结果的账务处理由会计部门负责，分成两步：首先，以各种盘存表为原始凭证，根据其编制记账凭证，调整账簿记录即根据各项财产清查后的实存数调整账面数，使账实相符；然后，根据经理（厂长）会议、董事会、股东大会或类似机构的批准意见，结转有关账户。财产清查的损溢经批准后，必须在期末结账前处理完毕；如果期末结账前尚未批准下来，在对外提供财务会计报告时，也要先按照规定进行账务处理，并在会计报表附注中作出说明；如果在这之后批准处理的金额与已经处理的金额不一致，再调整会计报表相关项目的期初数。

由于财产清查结果的账务处理需分成两步，报批前已经调整了账簿记录，报批后才能针对盈亏原因作出相应的处理，因此，必须有一个过渡性的账户解决报批前后的相关记录。"待处理财产损溢"账户就是为满足这一会计核算要求而设置的。

该账户属于资产类，用来核算企业在财产清查过程中发生的盘盈、盘亏或毁损及其处理情况。其借方登记发生的待处理财产盘亏及毁损数，贷方登记发生的待处理财产盘盈数；上级批复意见下达后，盘亏和毁损的金额从该账户的贷方转销，盘盈的金额从该账户的借方转销。期末该账户没有余额。该账户还应设置"待处理流动资产损溢"和"待处理固定资产损溢"两个明细账户，分别核算盘盈盘亏的流动资产和盘亏的固定资产。企业如有盘盈固定资产的，应作为前期差错记入"以前年度损益调整"科目。

（一）现金清查结果的账务处理

(1)根据"库存现金盘点报告表"编制记账凭证，并据以登记入账，实现账实相符。

盘盈时，作如下会计分录：

借：库存现金

　　贷：待处理财产损溢——待处理流动资产损溢

盘亏时，作如下会计分录：

借:待处理财产损溢——待处理流动资产损溢

    贷:库存现金

（2）经有关机构批准后，根据批复意见，编制记账凭证，结转有关账户。

对现金短缺进行处理的一般原则：属于由责任人或保险公司赔偿的部分，借记"其他应收款——××个人"或借记"其他应收款——应收保险赔款"，贷记"待处理财产损溢——待处理流动资产损溢"；属于无法查明的其他原因，根据管理权限，经批准后处理，借记"管理费用——现金短缺"，贷记"待处理财产损溢——待处理流动资产损溢"。

对现金溢余进行处理的一般原则：属于应支付给有关人员或单位的，应借记"待处理财产损溢——待处理流动资产损溢"，贷记"其他应付款——应付现金溢余（××个人）"；属于无法查明原因的现金溢余，经批准后，借记"待处理财产损溢——待处理流动资产损溢"，贷记"营业外收入——现金溢余"。

【例 7-2】某公司现金清查中，发现短缺 1 200 元，其中 500 元应由出纳员李某承担责任，另 700 元无法查明原因。

按规定调整现金账户记录，编制如下会计分录：

借:待处理财产损溢——待处理流动资产损溢   1 200

    贷:库存现金   1 200

报经审批后，由出纳员负责的令其赔偿；无法查明原因的，根据管理权限，经批准后处理，借记"管理费用"科目，贷记"待处理财产损溢"科目。会计分录如下：

借:其他应收款——出纳员李某   500

    管理费用——现金短缺   700

    贷:待处理财产损溢——待处理流动资产损溢   1 200

【例 7-3】某公司进行现金清查，发现长款 90 元。

按规定调整现金账户记录，编制如下会计分录：

借:库存现金   90

    贷:待处理财产损溢——待处理流动资产损溢   90

经反复核查，仍无法查明长款的具体原因，经单位领导批准，将其转为营业外收入。

借:待处理财产损溢——待处理流动资产损溢   90

    贷:营业外收入——现金溢余   90

（二）债权债务清查结果的账务处理

在财产清查中，确认已经无法收回的应收款项和无法支付的应付款项，不通过"待处理财产损溢"账户进行核算，而是在原来账面记录的基础上，按规定程序报经批准后，直接转账冲销。对无法收回的应收账款，即坏账损失，在提取坏账准备的企业，冲减坏账准备金，不提取坏账准备的企业，计入管理费用；对无法支付的应付账款经批准后，直接转作营业外收入。

（三）存货清查结果的账务处理

（1）根据"实存账存对比表"，将确认盘盈、盘亏和毁损的存货，编制记账凭证，登记入账，实现账实相符。

盘盈时，作如下会计分录：

借:原材料(库存商品等)

　　贷:待处理财产损溢——待处理流动资产损溢

　　盘亏或毁损时,作如下会计分录:

借:待处理财产损溢——待处理流动资产损溢

　　贷:原材料(库存商品等)

　　(2)经有关机构批准后,根据批复意见,编制记账凭证,对差异进行结转。结转应按下列要求进行:

　　如果发生盘盈,一般由于收发计量及核算上的误差等原因造成,经批准可作冲减管理费用处理。

　　盘亏或毁损的存货,应区别不同情况分别结转。其残料按估计的价值,转入"原材料"账户的借方;应由过失人或责任人负责赔偿的,转入"其他应收款"账户的借方;应由保险公司负责赔偿的,也转入"其他应收款"账户的借方;属于自然灾害造成的非常损失,扣除保险公司赔偿款和残料价值后的净损失,转入"营业外支出"账户的借方;属于计量差错或一般经营损失的,转入"管理费用"账户的借方。

　　结转盘盈时,作如下会计分录:

借:待处理财产损溢——待处理流动资产损溢

　　贷:管理费用

　　结转盘亏或毁损时,作如下会计分录:

借:原材料(残料价值)

　　其他应收款(过失责任人赔偿部分、保险公司赔偿部分)

　　营业外支出(自然灾害造成的净损失)

　　管理费用(计量差错、一般经营损失)

　　贷:待处理财产损溢——待处理流动资产损溢

　　【例7-4】财产清查中盘盈A材料2 760元,盘亏B材料1 900元。经查:盘盈的A材料是由计量不准造成的;盘亏B材料的原因分别是,计量误差造成1 160元,过失人造成96元,水灾造成644元。经批准后结转。

　　盘盈A材料时,编制如下会计分录:

借:原材料——A材料　　　　　　　　　　　　　　　　2 760

　　贷:待处理财产损溢——待处理流动资产损溢　　　　　　　　　2 760

　　盘亏B材料时,编制如下会计分录:

借:待处理财产损溢——待处理流动资产损溢　　　　　　1 900

　　贷:原材料——B材料　　　　　　　　　　　　　　　　　　1 900

　　结转盘盈的A材料时,编制如下会计分录:

借:待处理财产损溢——待处理流动资产损溢　　　　　　2 760

　　贷:管理费用　　　　　　　　　　　　　　　　　　　　　　2 760

　　结转盘亏的B材料时,编制如下会计分录:

借:管理费用　　　　　　　　　　　　　　　　　　　1 160

　　其他应收款——过失责任人　　　　　　　　　　　　　96

　　营业外支出　　　　　　　　　　　　　　　　　　　644

　　贷:待处理财产损溢——待处理流动资产损溢　　　　　　　　　1 900

(四)固定资产清查结果的账务处理

首先,根据"实存账存对比表",将确认盘盈、盘亏和毁损的固定资产,编制记账凭证,登记入账,实现账实相符。根据 2006 年企业会计准则的规定,固定资产出现盘盈大多是企业设备交付使用后未及时入账所造成的,经核准应作为前期差错记入"以前年度损益调整"账户。因此,盘盈的固定资产,经查明确属企业所有,应确定固定资产重置价值,作为前期差错记入"以前年度损益调整"科目贷方;盘亏固定资产,按盘亏固定资产的净值,借记"待处理财产损溢——待处理固定资产损溢",按已提折旧借记"累计折旧",按固定资产的原价贷记"固定资产"。

盘盈时,编制如下会计分录:

借:固定资产

　　贷:以前年度损益调整

盘亏或毁损时,编制如下会计分录:

借:待处理财产损溢——待处理固定资产损溢累计折旧

　　贷:固定资产

固定资产盘亏按管理权限报经批准后处理时,如果有残料,将其按估计的价值,转入"原材料"账户的借方,按可收回的保险赔款或过失人赔偿,借记"其他应收款",扣除保险公司过失人赔偿款和残料价值后的净损失,转入"营业外支出"账户的借方。编制如下会计分录:

借:原材料

　　其他应收款

　　营业外支出

　　贷:待处理财产损溢——待处理固定资产损溢

【例 7-5】某企业于 2020 年 6 月 8 日对企业全部的固定资产进行盘查,盘盈一台机器设备,该设备同类产品市场价格为 10 万元。

借:固定资产　　　　　　　　　　　　　　　　　　　　100 000

　　贷:以前年度损益调整　　　　　　　　　　　　　　　　　　100 000

【例 7-6】某企业财产清查中,盘亏汽车一部,账面原价 120 000 元,已提折旧 70 000元,原因为管理不善丢失,责任不清,报经批准后作为营业外支出处理。

在批准前,根据有关资料所确定的盘亏数据,应注销车辆原值及已提折旧,编制如下会计分录:

借:待处理财产损溢 ——待处理固定资产损溢　　　　　50 000

　　累计折旧　　　　　　　　　　　　　　　　　　　　70 000

　　贷:固定资产　　　　　　　　　　　　　　　　　　　　　120 000

批准处理时编制如下会计分录:

借:营业外支出　　　　　　　　　　　　　　　　　　50 000

　　贷:待处理财产损溢——待处理固定资产损溢　　　　　　　　50 000

本章小结

本章介绍了财产清查的概念、财产清查的方法和财产清查结果的处理。

财产清查,就是通过对货币资金、票据、往来款项、存货、固定资产等的盘点和核对,确定某一时点其实有数与账存数是否相符,并查明账实不符的原因的一种会计核算方法。

通过财产清查,可以保证会计核算资料的真实可靠;可以充分挖掘财产物资的潜力;可以强化财产管理的内部控制制度。按清查的对象可分为全面清查和局部清查,按清查的时间可分为定期清查和不定期清查。

财产清查的内容和方法,按清查的具体内容不同可分类为三种情况:货币资金的清查方法、往来款项的清查方法、实物资产的清查方法。现金的清查是通过实地盘点,再与现金日记账余额核对,以查明情况;银行存款的清查,采用与开户行核对账目的方法进行,由于未达账项的存在,会使企业银行存款日记账余额与银行对账单余额不符,需要编制银行存款余额调节表来进一步确定双方记账是否一致。往来款项的清查一般采用"函证核对法"进行。实物资产的盘存制度通常有永续盘存制度和实地盘存制度两种,根据实物资产的特点不同,可采用的清查方法主要有实地盘点法和技术推算法。

财产清查的结果,要按规定的程序处理。通过设置"待处理财产损溢"账户对财产盘盈、盘亏、毁损进行会计处理。该账户借方登记发生的财产盘亏及毁损数和结转已批准处理的财产盘盈数,贷方登记发生的财产盘盈数和结转已批准处理的财产盘亏和毁损数。该账户期末无余额。

案例解析

问题1:你如何看待本章"导入案例"中的案件?

分析:对任何会计主体而言,都要通过账簿来反映其各项经济业务发生引起的各项财产增减变动及其结果。从理论上讲,账簿上所记录财产增减变动的结果应该与各项财产的实有数量相一致。但在实际工作中,由于账簿记录与实物收发、往来结算等多种原因,可能使各项财产的账面数与结存数发生差异,造成账实不符。由于管理不善、制度不严而造成财产损坏、丢失、贪污和盗窃,从而给企业、国家财产造成的巨大损失,越来越引起人们的关注。因此,为了保证会计账簿记录的真实性和准确性、提高会计信息质量,必须采用行之有效的财产清查方法,对财产进行定期或不定期的清查,以便查明造成差异的原因和分清责任,做到账实相符。

问题2:基本资料:天宇公司20××年5月31日银行存款日记账的余额是143 900元,银行送来的对账单上余额是152 000元,经逐笔核对查明下列未达账项:

(1)公司于5月27日开出转账支票一张,金额4 500元,银行未入账;

(2)5月29日银行代公司收回销货款7 500元,公司尚未收到收款通知;

(3)31日银行代扣公司水电费600元,公司尚未接到发票;

(4)公司在31日收到转账支票一张,金额3 300元,银行尚未入账。

要求:分析天宇公司5月份未达账项的类型,并编制银行存款余额调节表。

分析:

天宇公司20××年5月份银行存款余额调节表

项　　　目	金额	项　　　目	金额
银行存款日记账余额	143 900	银行对账单余额	152 000
加:银行已收企业未收的款项	7 500	加:企业已收银行未收的款项	3 300
减:银行已付企业未付的款项	600	减:企业已付银行未付的款项	4 500
调整后余额	150 800	调整后余额	150 800

习题精选

1.小李从会计学院毕业后进入一家大型的生产企业从事会计工作,其主要责任是进行固定资产的会计核算,期末对固定资产要进行例行清查。6月进行清查后,发现一套A设备账面记录原价40 000元,已提折旧5 000元,但实际该资产已经不存在,经批准后,将损失转为营业外支出;另外盘盈一套B设备,估价20 000元。

如果你是小李,应如何对上述业务进行会计处理?怎样填写下列固定资产盘盈盘亏表?

固定资产盘盈盘亏表

固定资产编号	名称	计量单位	数量	盘盈		盘亏		毁损		备注
				重置价值	估计折旧	原价	已提折旧	原价	已提折旧	

财务负责人:　　　　　　盘点负责人:　　　　　　制表人:

2.熟练掌握财产清查结果的账务处理方法

资料:某公司12月份进行财产清查,发现如下账实不符情况,并已经查明了原因,经理会议批准按规定处理:

(1)现金长款100元,经反复核查,未查明原因。

(2)甲材料盘盈15千克,单价40元,盘盈的原因是日常收发出现计量差错。

(3)乙材料盘亏20千克,单价65元,盘亏的原因是保管人员的过失,由其负责赔偿。

(4)丙材料毁损100千克,单价18元,毁损的原因雷击起火,残料价值200元,保险公司负责赔偿800元。

(5)盘亏设备一台,账目原值5 800元,已提折旧1 740元。

(6)盘盈设备一台,重置价值为18 000元。

要求:根据资料,编制盘盈、盘亏和毁损的财产入账以及批准后转账的会计分录。

会计天地

会计出身的非会计业名人

学习会计专业,或许有些人会想:如果以后不从事会计工作,可以做什么呢? 国内外许多从事过会计工作的人,虽然后来离开了会计工作岗位,但因为他们的会计经历和独特的会计思维,改变了他们的人生历程,甚至改变了他们的命运,创造了充满传奇的事业。

皮尔·卡丹:1922 年生于威尼斯,父亲是酒商,但家境清贫。2 岁那年,他随全家迁回法国。14 岁到裁缝店当学徒。二次大战期间,他在维希市的法国红十字会任会计。二战后在巴黎,卡丹先后在法国著名的时装店 Paqin、Schaparelli、ChristianDior 等处工作。1950 年,在创造欲的驱使下,他开始独立创业。

菲尔·奈特(Phil Knight):Nike 创始人,前任 CEO。20 世纪 50 年代,在美国俄勒冈大学学习会计专业。1962 年开设蓝带体育(Blue Ribbon Sports)公司,代理日本 Tiger 运动鞋(现在名为 Asics)产品。在创业的最初几年,奈特继续干着他的日常职业。起初,在普华永道(Price Waterhouse)担任注册会计师,后来到波特兰州立大学当会计学教授。

何厚铧,澳门特别行政区首任行政长官,1955 年 3 月出生于澳门。1981 年获加拿大特许核数师、注册会计师资格。1982 年回到香港,在毕马威会计师楼任核数师。继而执掌家业,从事银行业。1999 年当选为澳门特别行政区首任行政长官,并于五年后成功连任。

※轻松一刻※

失眠

一个会计师患了失眠症,于是去找他的医生:"医生,我晚上无法睡着!"

医生说:"你有没有试过数绵羊呢?"

会计师:"啊! 这就是问题所在。我数绵羊时出了个错,结果花了 3 个小时的时间想找出这个错误。"

第八章

账务处理程序

【教学目标】

1.了解和掌握合理建立会计账务处理程序的意义和基本要求;

2.明确各种账务处理程序的基本内容;

3.掌握各种账务处理程序的凭证设置、账簿组织和步骤;

4.学会如何根据企业具体情况选择合适的账务处理程序,使填制凭证、登记账簿和编制会计报表有机地结合起来,以便及时提供客观公允的会计信息。

【导入案例】

刘明大学毕业后,到一家企业做会计工作,来后他的工作非常繁忙。经过一段时间的工作后,他发现这家企业的规模较大,经济业务也较多,但企业核算还是采取每月根据各种记账凭证逐笔登记总账的方法。为此,他准备向会计主管提建议,一方面减轻工作量,另一方面提高会计质量。请想:刘明该提什么建议?

第一节　账务处理程序概述

一、账务处理程序的意义

会计账簿、记账凭证和会计报表是组织会计核算的工具。会计账簿、记账凭证和会计报表彼此相互联系,它们以一定的形式结合,构成一个完整的工作体系,这就决定了各种会计记账程序。

会计账务处理程序,也叫会计核算程序或会计核算形式。它是指会计凭证、账簿组织、会计报表的种类、记账程序和记账方法相互有机结合的步骤和方法。账簿组织是指账簿的种类、格式和各种账簿之间的相互关系。记账程序是指运用一定的记账方法,从填制、审核会计凭证,登记账簿直到编制会计报表的工作程序。

科学、合理的会计账务处理程序是会计制度设计的一个重要内容,对于提高会计工作的质量和效率,正确与及时地编制会计报表,提供全面、连续、系统、清晰的会计核算资料,满足内外各方面对会计信息使用的需要具有重要意义。

二、账务处理程序的作用

适用的、合理的记账程序在会计核算工作中能起到下列作用：

（1）使整个会计核算工作能有条不紊地进行，减少不必要的环节和手续，避免重复和浪费，节约人力、物力、财力，提高工作效率。

（2）使财务信息能够准确、迅速形成，并及时提供给企业的经营决策者，以指导和控制企业的生产经营活动，从而提高企业的市场竞争能力和经济效益。

（3）使单位内外有关部门能按照账务处理程序中规定的记账程序审查每项经济业务的来龙去脉，从而加强对基层单位的监督和管理。

三、选择账务处理程序的基本要求

由于各个行业的经营特点不同，业务性质和规模大小也不同，因而管理要求也不尽相同，会计核算程序也会有差别。因此，在选择会计核算程序时，一般应符合以下要求：

（1）应符合本单位的实际情况。所选择的账务处理程序要从本单位的实际情况出发，与本单位的经营性质、生产经营规模的大小、业务量的多少、会计事项的繁简程度、会计机构的设置和会计人员的配备、分工等情况相适应，以保证会计核算工作的顺利进行。

（2）应保证会计核算质量。必须满足会计信息使用者的要求，提供及时、准确、系统、全面的会计核算资料。方便会计信息使用者及时掌握企业的财务状况、经营成果和现金流量，并据以满足经济决策的需要。

（3）应满足提高会计核算效率的要求。在保证会计核算资料真实、完整、及时、准确的前提下，力求简化核算手续，节约核算中的人力、物力消耗，节省核算费用。

四、账务处理程序的种类

在实际工作中，各单位常用的账务处理程序主要有以下三种形式：

（1）记账凭证账务处理程序；

（2）汇总记账凭证账务处理程序；

（3）科目汇总表账务处理程序。

这三种会计核算组织程序在许多方面是相同的，但也各有特点。它们的主要区别在于登记总分类账的依据和方法不同，各种会计核算程序的名称也正是以这一区别命名的。

第二节 记账凭证账务处理程序

一、记账凭证账务处理程序的特点

记账凭证账务处理程序，是根据原始凭证（或原始凭证汇总表）填制记账凭证，根据记账凭证直接登记总分类账并定期编制会计报表的一种账务处理程序，它是会计核算中最基本的一种账务处理程序，也是其他会计核算形式的基础。这种核算程序的特点在于：直接根据记账凭证逐笔登记总分类账。

二、记账凭证账务处理程序的凭证和账簿设置

在记账凭证账务处理程序下,记账凭证可以采用通用记账凭证的格式,也可以采用"收款凭证"、"付款凭证"、"转账凭证"等专用记账凭证的格式。账簿的组织一般应设置现金日记账、银行存款日记账、明细分类账和总分类账。会计账簿一般设置借、贷、余三栏式,其中现金日记账、银行存款日记账和总分类账可以选择三栏式订本账,明细账根据需要可以选择三栏式、数量金额式和多栏式。

三、记账凭证账务处理程序的核算步骤

记账凭证账务处理程序下,企业的会计核算步骤如下:
(1)根据原始凭证或原始凭证汇总表编制记账凭证;
(2)根据收款凭证和付款凭证逐日逐笔登记现金日记账和银行存款日记账;
(3)根据原始凭证、原始凭证汇总表、记账凭证逐笔登记各类明细账;
(4)根据记账凭证逐笔登记总分类账;
(5)根据对账的要求,定期将总分类账的余额与现金日记账、银行存款日记账、各明细账的余额的合计数进行核对;
(6)根据总分类账和明细分类账编制会计报表。

记账凭证账务处理程序的核算程序如图 8-1 所示。

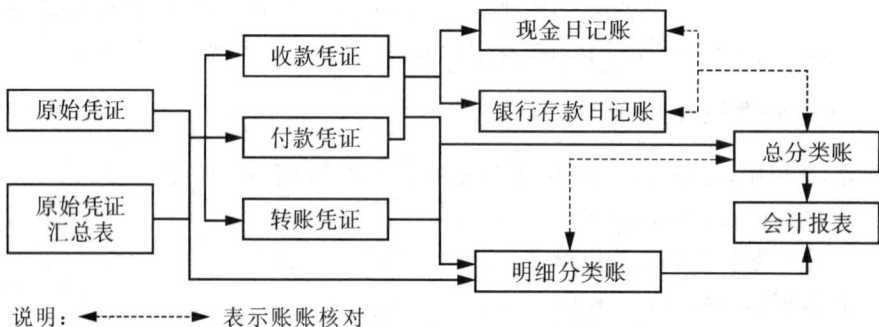

说明: ◀------▶ 表示账账核对

图 8-1 记账凭证账务处理程序的核算程序

四、记账凭证账务处理程序的优缺点及适用范围

记账凭证账务处理程序的主要优点是:账务处理程序简单明了,手续简便,方法易学;账户的对应关系和经济业务的来龙去脉清晰明了,便于查账和用账。其缺点是对发生的每一笔经济业务都要根据记账凭证逐笔登记总账,登记总账的工作量大。因此记账凭证账务处理程序通常用在规模小、业务量少、凭证不多的单位。

第三节 汇总记账凭证账务处理程序

一、汇总记账凭证账务处理程序的特点

汇总记账凭证账务处理程序,是定期将所有记账凭证汇总编制成汇总记账凭证,然后再根据汇总记账凭证登记总分类账并定期编制会计报表的账务处理程序。这种核算程序的特点在于:根据所有记账凭证定期编制汇总记账凭证,然后再根据这种汇总记账凭证登记总分类账。

二、汇总记账凭证账务处理程序的凭证和账簿设置

采用汇总记账凭证账务处理程序的企业,应定期将记账凭证按设置的对应账户进行汇总,编制成汇总记账凭证。

汇总记账凭证可分为汇总收款凭证、汇总付款凭证和汇总转账凭证三种,并分别根据收款、付款和转账三种记账凭证填制。

汇总收款凭证按照"库存现金"、"银行存款"账户的借方设置,其编制过程通过定期将收款凭证中与借方对应的贷方账户进行归类汇总来完成。汇总付款凭证按"现金"、"银行存款"账户贷方设置,其编制过程通过定期将付款凭证中与贷方账户对应的借方账户进行归类汇总来完成。汇总转账凭证通常按照每一贷方账户设置,通过将与该贷方账户对应的借方账户进行归类汇总来完成其编制过程。由于会计实务中有"以贷为主"的习惯,所以汇总转账凭证通常不按借方来设置,而且为便于汇总转账凭证的编制,编制转账凭证的时候不能出现多借多贷或一借多贷。为了便于编制汇总记账凭证,要求收款凭证按一个借方科目与一个或几个贷方科目相对应填制,付款凭证按一个贷方科目与一个或几个借方科目相对应填制,转账凭证按 贷一借或一贷多借的科目相对应填制。

汇总记账凭证账务处理程序使用的会计账簿与记账凭证账务处理程序基本相同。

汇总收款凭证、汇总付款凭证和汇总转账凭证的常用格式见表 8-1 至表 8-3。

表 8-1 汇总收款凭证

借方科目:库存现金(或银行存款)　　　　　　　年　　月　　　　　　　　　　汇总第　　　号

贷方科目	金 额				总账页数	
	1—10 号收款凭证第 号至第 号	11—20 号收款凭证第 号至第 号	21—30 号收款凭证第 号至第 号	合计	借方	贷方
合计						

表 8-2　汇总付款凭证

贷方科目:银行存款(或库存现金)　　　　　　年　　月　　　　　　　　　　汇付第　　号

借方科目	金　额				总账页数	
	1—10 号 付款凭证 第　号至第　号	11—20 号 付款凭证 第　号至第　号	21—30 号 付款凭证 第　号至第　号	合计	借方	贷方
合计						

表 8-3　汇总转账凭证

贷方科目:　　　　　　　　　　　　　　　年　　月　　　　　　　　　　汇转第　　号

借方科目	金　额				总账页数	
	1—10 号 转账凭证 第　号至第　号	11—20 号 转账凭证 第　号至第　号	21—30 号 转账凭证 第　号至第　号	合计	借方	贷方
合计						

三、汇总记账凭证账务处理程序的核算步骤

汇总记账凭证账务处理程序如下:

(1)根据各种原始凭证编制原始凭证汇总表。

(2)根据原始凭证、原始凭证汇总表编制记账凭证。

(3)根据收、付款凭证登记现金日记账和银行存款日记账。

(4)根据原始凭证、原始凭证汇总表和各种记账凭证登记各种明细账。

(5)根据各种记账凭证编制汇总收款凭证、汇总付款凭证和汇总转账凭证。

(6)定期根据汇总记账凭证登记总账。

(7)期末,按照对账的要求,将现金日记账、银行存款日记账和各种明细账与总分类账进行核对。

(8)期末根据总分类账和明细分类账编制会计报表。

汇总记账凭证账务处理程序的核算程序如图 8-2 所示。

四、汇总记账凭证账务处理程序的优缺点及适用范围

汇总记账凭证账务处理程序的优点:汇总记账凭证账务处理程序可以将日常发生的大量记账凭证分散在平时整理,通过汇总归类,月末一次记入总分类账,在一定程度上简化了总分类账的记账工作;汇总记账凭证是按照科目的对应关系归类汇总编制,能够清晰地反映账户间的对应关系,便于经常分析检查经济活动的发生情况。

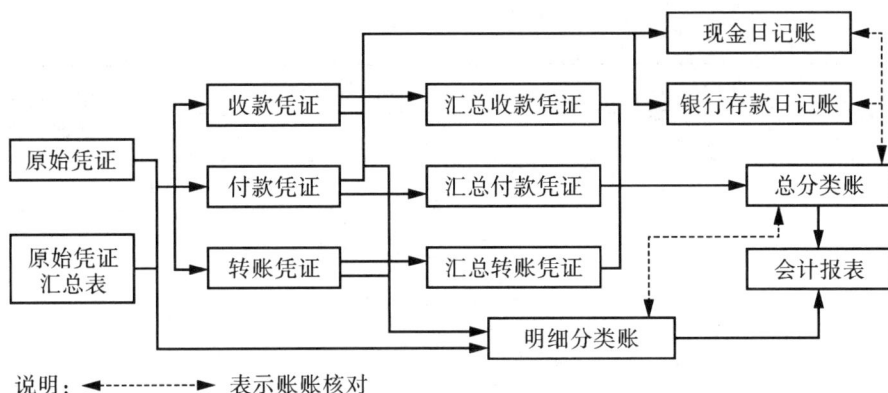

说明：◄------------► 表示账账核对

图 8-2　汇总记账凭证账务处理程序的核算程序

　　汇总记账凭证账务处理程序的缺点：采用这种账务处理程序，增加了一道填制汇总记账凭证的工作；汇总记账凭证按每一个贷方科目归类汇总，不考虑经济业务的性质，不利于会计核算工作的分工，还有编制汇总记账凭证的工作量也较大，对汇总过程中可能发生的错误难以发现。因此，这种账务处理程序一般适合于经营规模大、经济业务多，且会计人员分工细的大型企业。

第四节　科目汇总表账务处理程序

一、科目汇总表账务处理程序的特点

　　科目汇总表账务处理程序，是根据原始凭证(或原始凭证汇总表)填制记账凭证，根据记账凭证定期编制科目汇总表的一种账务处理程序。这种核算程序的特点：先根据记账凭证定期编制科目汇总表，然后再根据科目汇总表登记总分类账。

二、科目汇总表账务处理程序的凭证和账簿设置

　　采用科目汇总表账务处理程序时，其账簿设置、各种账簿的格式以及记账凭证的格式与记账凭证账务处理程序基本相同，另外增设科目汇总表。

　　科目汇总表又称记账凭证汇总表，是根据收款凭证、付款凭证、转账凭证或通用记账凭证，按照相同的账户归类，定期汇总计算每一账户的借方发生额和贷方发生额，并将发生额填入科目汇总表的相应栏内。对于现金账户和银行存款账户的借方发生额和贷方发生额，也可以直接根据现金日记账和银行存款日记账的收支合计数列，而不再根据收款凭证、付款凭证归类汇总填列。科目汇总表可以每月汇总一次，编制一张，也可以5天或10天汇总一次，每月编制几张。科目汇总表的格式见表8-4。

表 8-4   科目汇总表

年   月   日至   日   第   号

| 会计科目 | 账 页 | 本期发生额 | | 记账凭证
起讫号数 |
		借方	贷方	
合 计				

科目汇总表的作用与汇总记账凭证的作用相同,都可以简化总分类账的登记工作,但它们的填制方法不同,产生的结果也不同。科目汇总表是定期汇总计算每一账户的借方发生额和贷方发生额在一张表内,其结果是科目汇总表和据此登记的总分类账都不能反映各账户间的对应关系,所以也不便于了解经济业务的具体内容。汇总记账凭证是定期以每一账户的贷方或借方,分别按与其对应的借方或贷方账户汇总发生额,其结果是汇总记账凭证和据此登记的总分类账都能反映各账户间的对应关系,所以也便于了解经济业务的具体内容。

三、科目汇总表账务处理程序的核算步骤

科目汇总表账务处理程序如下:

(1)根据各种原始凭证编制原始凭证汇总表。

(2)根据原始凭证、原始凭证汇总表编制记账凭证。为了便于编制科目汇总表,所有记账凭证中的科目对应关系,最好按一个借方科目和一个贷方科目相对应。转账凭证最好一式两份,以便分别归类汇总借方科目和贷方科目的本期发生额。

(3)根据收、付款凭证登记现金日记账和银行存款日记账。

(4)根据原始凭证、原始凭证汇总表和各种记账凭证登记各种明细账。

(5)根据各种记账凭证汇总编制科目汇总表。编制的时间间隔可以是 10 天,也可以是 15 天或者是 1 个月。

(6)定期或月终根据科目汇总表登记总账。

(7)期末,按照对账的要求,将现金日记账、银行存款日记账和各种明细账与总分类账进行核对。

(8)期末,根据总分类账和明细分类账编制会计报表。

科目汇总表账务处理程序的核算程序如图 8-3 所示。

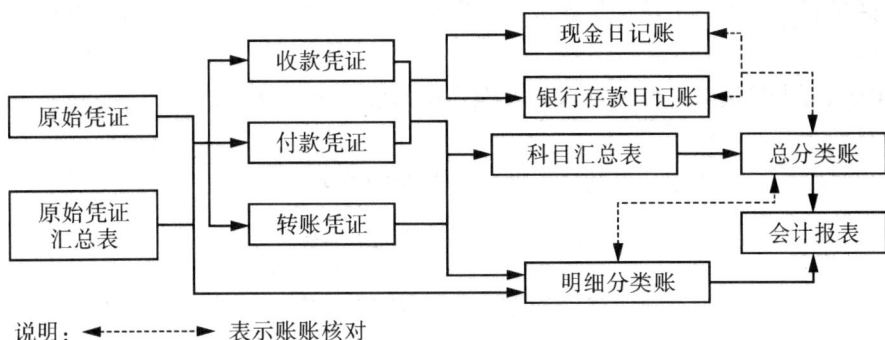

说明： ◄- - - - - - - - ► 表示账账核对

图8-3 科目汇总表账务处理程序的核算程序

四、科目汇总表账务处理程序的优缺点及适用范围

科目汇总表账务处理程序的优点：大大简化了总分类账的登记工作，凭证的整理归类比较简单，手续也比较简便；科目汇总表还能起到试算平衡的作用，便于及时发现问题、采取措施。

科目汇总表账务处理程序的缺点：在科目汇总表和总分类账中，不能反映出账户的对应关系，从而不便于查对账目和了解经济业务的来龙去脉。

科目汇总表账务处理程序一般适用于业务量大、记账凭证较多的企业。

本章小结

本章比较系统地介绍了几种常见的会计账务处理程序的方法。其中阐述了会计账务处理程序的概念及其意义、会计账务处理程序的种类及选用会计账务处理程序的基本要求。会计账务处理程序是对各种会计核算方法的综合运用，是做好会计核算工作、提高会计信息质量和会计工作效率的重要保证。

本章还分别介绍了记账凭证账务处理程序、汇总记账凭证账务处理程序、科目汇总表账务处理程序各自的特点、凭证及账簿设置、账务处理步骤及其优缺点，并举例说明了各账务处理程序的具体运用。本章的重点是各种账务处理程序的区别，难点是编制科目汇总表和汇总记账凭证的方法。

案例解析

【案例一】

本章"导入案例"中，刘明应该建议公司采取何种账务处理程序？

记账凭证账务处理程序通常用在规模小、业务量少、凭证不多的单位。在账务处理程序业务量大、记账凭证较多的企业，应采用科目汇总表账务处理程序或汇总记账凭证账务处理程序。由于刘明所在的公司规模较大、业务较多，因此刘明应建议公司采用科目汇总表账务处理程序或汇总记账凭证账务处理程序,才能既保证工作的质量,又减轻登记总账的工作量。

【案例二】本案例对记账凭证账务处理程序的应用进行分析。

资料如下:

(1)中驰工厂 2020 年 9 月初总账账户月初余额见表 1。

表 1   中驰工厂总账账户余额

单位:元

账户名称	金 额	账户名称	金 额
库存现金	2 180	累计折旧	30 120
银行存款	232 550	短期借款	31 770
原材料	55 000	应付账款	55 300
应收账款	31 700	其他应付款	7 450
其他应收款	600	应交税费	2 000
生产成本	8 210	预提费用	500
库存商品	108 320	长期借款	101 200
固定资产	353 200	实收资本	525 420
利润分配	10 000	本年利润	48 000
合 计	801 760	合 计	801 760

(2)9 月初"原材料"明细账余额如下:

甲材料 1 000 千克   每千克 40.00 元   金额 40 000 元

乙材料 500 千克   每千克 20.00 元   金额 10 000 元

丙材料 100 千克   每千克 5.00 元   金额 500 元

(3)中驰工厂 9 月发生如下经济业务:

1 日,用银行存款支付管理部门办公用品费 1 500 元。

4 日,用银行存款偿还前欠购料款 30 600 元。

5 日,从光明厂购入甲材料 2 000 千克,每千克 40.00 元;购入乙材料 3 000 千克,每千克 20.00 元。供货方负责运输,增值税 23 800 元,均以银行存款支付(运费以材料重量为标准分配)。

6 日,甲材料和乙材料均运到验收入库,并按实际采购成本入账。

8 日,车间领用甲材料一批,全部用来生产 B 产品,领用 1 000 千克,每千克 40.00 元。

8 日,车间领用乙材料一批,全部用来生产 B 产品,领用 1 500 千克,每千克 20.00 元。

9 日,销售给兴盛贸易公司 B 产品一批 200 件,每件售价 1 050 元,货款 210 000 元,应缴增值税 35 700 元,款已收到存入银行。

13 日,业务员李华借支差旅费 220 元。

15 日,明华工厂欠货款 30 800 元,今日归还,款项存入银行。

16日,从银行提取现金22 000元,准备发放工资。

17日,现金22 000元发放本月职工工资。

30日,经计算,本月应付职工工资22 000元,其中,B产品生产工人工资11 000元,车间管理人员工资6 500元,厂部管理人员工资4 500元。

30日,提取本月固定资产折旧32 000元,其中生产车间固定资产折旧为21 000元,行政管理部门固定资产折旧为11 000元。

30日,结转为了生产B产品应该负担的制造费用。

30日,本月B产品全部完工,结转完工产品成本。

30日,结转已售产品成本(单位成本400.3元)。

30日,结转本年利润。

账务处理程序如下:

(1)根据资料按时间顺序填制记账凭证,如表2所示。

表2　记账凭证

2020年 月	日	凭证 号数	摘　要	一级科目	明细科目	借方 金额	贷方 金额
9	1	银付1	付管理办公用品费	管理费用		1 500	
				银行存款			1 500
	4	银付2	偿还前欠购料款	应付账款		30 600	
				银行存款			30 600
	5	银付3	购材料付款	材料采购	甲材料	80 000	
				材料采购	乙材料	60 000	
				应交税费	应交增值税	23 800	
				银行存款			163 800
	6	转1	材料验收入库	原材料	甲材料	80 000	
					乙材料	60 000	
				材料采购	甲材料		80 000
					乙材料		60 000
	8	转2	生产产品领用材料	生产成本	B产品	70 000	
				原材料	甲材料		40 000
					乙材料		30 000
	9	银收1	销售产品款项存入	银行存款		245 700	
				银行	主营业务收入		210 000
				应交税费	应交增值税		35 700
	13	现付1	业务员李华借支	其他应收款	李华	220	

续表

2020年		凭证号数	摘　要	一级科目	明细科目	借方金额	贷方金额
月	日						
			差旅费	库存现金			220
	15	银收2	收回明华工厂所欠	银行存款		30 800	
			货款	应收账款			30 800
	16	银付4	提现	库存现金		22 000	
				银行存款			22 000
	17	现付2	发工资	应付职工薪酬		22 000	
				库存现金			22 000
	30	转3	结转本月工资	生产成本	B产品	11 000	
				制造费用		6 500	
				管理费用		4 500	
				应付职工薪酬			22 000
	30	转4	提取本月折旧费	制造费用		21 000	
				管理费用		11 000	
				累计折旧			32 000
	30	转5	结转制造费用	生产成本	B产品	27 500	
				制造费用			27 500
	30	转6	结转完工产品成本	库存商品	B产品	116 710	
				生产成本	B产品		116 710
	30	转7	结转已售产品成本	主营业务成本		80 060	
				库存商品	B产品		80 060
	30	转8	结转收入类账户	主营业务收入		210 000	
				本年利润			210 000
	30	转9	结转支出类账户	本年利润		97 060	
				主营业务成本			80 060
				管理费用			17 000

（2）根据收款凭证、付款凭证登记日记账。

以银行存款日记账为例，见表3。

表3　银行存款日记账

2020年		凭证号数	摘　要	对方账户	收入	支出	结余
月	日						
9	1		期初余额				232 550
	1	银付1	付管理办公用品费	管理费用		1 500	231 050
	4	银付2	偿还前欠购料款	应付账款		30 600	200 450
	5	银付3	购材料付款	材料采购		140 000	60 450
				应交税费		23 800	36 650
	9	银收1	销售产品款项	主营业务收入	210 000		246 650
				应交税费	35 700		282 350
	15	银收2	收回货款	应收账款	30 800		313 150
	16	银付4	提现	库存现金		22 000	291 150
	30		本月合计		276 500	217 900	291 150

（3）登记明细分类账。

以原材料明细分类账为例，见表4。

表4　原材料明细分类账

类别：甲材料　　　　　　　　　　　　　　　　　　　　　　　　　　　　　　计量单位：千克

2020年		凭证号数	摘要	收　入			发　出			结　存		
月	日			数量	单价	金额	数量	单价	金额	数量	单价	金额
9	1		期初余额							1 000		40 000
	6	转1	材料入库	2 000	40.0	80 000				3 000	40.0	120 000
	8	转2	生产领用				1 000	40.0	40 000	2 000	40.0	80 000
			本月合计	2 000		80 000	1 000		40 000	2 000		80 000

（4）登记总分类账。

登记总分类账，以银行存款总账和生产成本总账为例，见表5和表6。

表5　银行存款总账

2020年		凭证号数	摘　要	借　方	贷　方	借或贷	余　额
月	日						
9	1		期初余额			借	232 550
	1	银付1	付管理办公用品费		1 500	借	231 050
	4	银付2	偿还前欠购料款		30 600	借	200 450
	5	银付3	购材料付款		163 800	借	36 650

续表

2020 年		凭证号数	摘 要	借方	贷方	借或贷	余额
月	日						
	9	银收 1	销售产品款项	245 700		借	282 350
	15	银收 2	收回货款	30 800		借	313 150
	16	银付 4	提现		22 000	借	291 150
			本月合计	276 500	217 900	借	291 150

表 6 生产成本总账

2020 年		凭证号数	摘 要	借方	贷方	借或贷	余额
月	日						
9	1		期初余额			借	8 210
	8	转 2	生产产品领用	70 000		借	78 210
	30	转 3	结转本月工资	11 000		借	89 210
	30	转 5	结转制造费用	27 500		借	116 710
	30	转 6	结转完工产品成本		116 710	平	0
			本月合计	108 500	116 710	平	0

(5)编制试算平衡表。

编制试算平衡表见表 7。

表 7 编制试算平衡表

2020 年 9 月 30 日　　　　　　　　　　　　单位:元

账户名称	期初余额		本期发生额		期末余额	
	借方	贷方	借方	贷方	借方	贷方
库存现金	2 180		22 000	22 220	1960	
银行存款	232 550		276 500	217 900	291 150	
原材料	55 000		140 000	70 000	125 000	
材料采购			140 000	140 000		
应收账款	31 700			30 800	900	
其他应收款	600		220		820	
生产成本	8 210		108 500	116 710		
库存商品	108 320		116 710	80 060	144 970	
固定资产	353 200				353 200	
累计折旧		30 120		32 000		62 120
利润分配	10 000				10 000	

续表

账户名称	期初余额		本期发生额		期末余额	
	借方	贷方	借方	贷方	借方	贷方
短期借款		31 770				31 770
应付账款		55 300	30 600			24 700
其他应付款		7 450				7 450
应交税费		2 000	23 800	35 700		13 900
预提费用		500				500
应付职工薪酬			22 000	22 000		
长期借款		101 200				101 200
实收资本		525 420				525 420
本年利润		48 000	97 060	210 000		160 940
制造费用			27 500	27 500		
管理费用			17 000	17 000		
主营业务收入			210 000	210 000		
主营业务成本			80 060	80 060		
合 计	801 760	801 760	1 311 950	1311950	928 000	928 000

习题精选

一、名词解释
1. 账务处理程序
2. 账簿组织
3. 记账凭证账务处理程序
4. 汇总记账凭证账务处理程序
5. 科目汇总表账务处理程序
6. 汇总记账凭证
7. 科目汇总表

二、简答题
1. 企业的会计组织核算应满足哪些基本要求？
2. 记账凭证账务处理程序的步骤和适应范围是什么？
3. 汇总记账凭证账务处理程序的步骤和适应范围是什么？
4. 科目汇总表账务处理程序的步骤和适应范围是什么？

会计天地

20 世纪中国十大会计名人之一——杨纪琬

杨纪琬(1917—1999),江苏松江(今属上海市)人,毕业于上海商学院,后任会计教授,1949 年调财政部工作,1957 年任会计司副司长,1980 年任司长、1985 年改任顾问,是中国注册会计会计师协会首任会长,1993 年任财政部会计准则中方专家咨询组组长。他为中国会计制度和会计准则的建设、会计理论、会计教育和注册会计师事业的发展,贡献了毕生精力,作出了巨大而杰出的贡献,是中国会计电算化事业的开创者之一。

※轻松一刻※

在一次面试过程中,一位聪明且富有经验的会计应聘首席财务官的职位。面试他的是董事会成员和一名首席执行官。在面试中首席执行官突然问道:"请问 3 乘以 7 等于多少?"这名会计快速地思考,然后答道:"22。"面试结束后会计走出来再计算了一遍得出答案是 21,于是他失望地回家了。第二天早晨他接到了首席执行官的电话说,"你好,你得到了这份工作。"会计感到很惊喜。他忍不住问道,"非常感谢,但是 3 乘以 7 是多少呢?"首席财务官告诉他:"在所有的应聘者中你的答案最接近。"

财务会计报告

【教学目标】

1.熟悉财务会计报告的概念、意义、组成和分类；

2.掌握编制财务报表的基本要求和程序；

3.理解并掌握资产负债表、利润表和现金流量表三大基本会计报表的结构、内容和编制方法；

4.了解会计报表附注的概念、作用、披露要求和主要内容。

【导入案例】

张宇经过一段时间的学习，掌握了会计凭证的填制与审核的方法，学会了如何登记账簿。月末，公司经理想知道单位的财务状况和经营成果，张宇想，公司每个月有成百上千笔账，总不能到月末时把这么多的账簿抱去给经理汇报吧？ 那么，他该怎样向经理汇报公司的情况呢？

第一节　财务会计报告概述

一、编制财务会计报告的意义

财务会计报告又称财务报告，是指企业对外提供的反映企业某一特定日期的财务状况和某一会计期间的经营成果、现金流量等会计信息的书面文件。财务会计报告对于企业管理当局、上级主管部门、投资者和潜在的投资者、债权人、政府有关部门、内部职工等都具有重要的意义。

(1)对会计主体本身来讲，会计报表有利于加强单位内部财务管理工作。会计报表所提供的资料，可以帮助单位领导者和管理人员分析检查单位财务活动是否符合财经制度的规定；考核企事业单位资金、成本、利润等计划指标完成程度，分析评价经营管理中的成绩和缺点，采取措施，改善经营管理，提高经济效益；运用会计报表的资料和其他资料进行分析，为编制下期计划提供依据；通过会计报表，把企业经营情况和结果向职工公布，以便进行监督，进一步发挥职工主人翁思想，从各方面提出改进建议，促进企业增产节约措施的落实。

(2)对上级主管部门来讲，会计报表有利于加强宏观指导和计划管理。上级主管部门利用所属各单位上报的会计报表资料,检查各单位的计划或预算执行情况,加强对所属各单位的宏观指导和控制。利用会计报表,上级主管部门可以对各单位的各项经济指标进行对比和分析,既可以发现带有普遍性的问题,又可以找出先进和落后之间的差距,以便总结和推广先进经验,促进后进转化,全面提高全系统的经营管理水平。此外,主管部门可以根据各单位上报的会计报表,编制汇总会计报表,全面地、总括地反映本系统的财务收支状况,汇总会计报表既是整个国民经济报表体系中的一个环节,又是国家综合部门制订计划、决定政策、进行国民经济综合平衡的重要依据,同时也是国家经济管理部门制定宏观经济管理政策、经济决策的重要信息来源。

(3)对财税、银行和审计等部门来说,会计报表有利于发挥他们的监督检查职能。财税部门利用会计报表所提供的资料,可以了解企业资金筹集和运用是否合理,检查企业税收、利润计划的完成与解缴情况以及有无违反税收法规和财经纪律的现象,更好地发挥财政、税务的监督职能。银行部门利用会计报表所提供的资料,可以考查企业流动资金的使用情况,分析企业银行借款的物质保证程度,研究企业流动资金的正常需要量,了解银行借款的归还以及信贷纪律的执行情况,充分发挥银行的监督和杠杆作用。审计部门利用会计报表了解企业财务状况和经营情况以及财经政策、法令和纪律执行情况,从而为进行财务审计和经济效益审计提供必要的资料。

(4)对投资人、债权人和其他利益相关者来说,可以利用会计报表所提供的会计信息及时、准确地作出投资、信贷和贸易的决策。就企业单位来讲,其所拥有的资产主要来源于负债和投资者投资,作为企业的债权人和投资者对企业的财务状况及经营成果十分关心,因为这关系到他们能否按期收回借款或是否能取得预期的投资报酬。债权人和投资者了解企业财务状况及经营状况的主要手段是对企业所提供的会计报表进行分析,通过报表分析,即可了解企业的偿债能力的大小、盈利水平的高低,各项资产是否被充分有效地运用,管理措施是否得当等信息资料,并据以对企业未来的发展趋势作出预测,并决定是否应采取必要的措施来保障自己的利益不受损失。会计报表所提供的会计信息,是投资者、债权人、客户、供应商等会计信息使用者了解企业单位的财务状况、经营成果和现金流量,进而了解投资风险和投资报酬,借款能否按期收回等情况的主要来源,是投资者进行投资决策、贷款者决定贷款去向、供应商决定销售策略、客户决定采购计划的重要依据。

二、财务会计报告的构成

财务会计报告,是企业和其他单位向有关方面及国家有关部门提供财务状况和经营成果的书面文件。根据《会计法》第二十条第二款规定:"财务会计报告由会计报表、会计报表附注和财务情况说明书组成。"

(一)会计报表

会计报表是指企业以一定的会计方法和程序由会计账簿的数据整理得出,以表格的形式反映企业财务状况、经营成果和现金流量的书面文件,是财务会计报告的主体和核心。按照我国《企业会计制度》和《企业财务会计报告条例》的规定,企业的会计报表可分为主表和附表两部分。主表是企业基本的会计报表,反映企业生产经营活动、财务成果的基本状况和主要情况,由资产负债表、利润表、现金流量表三张报表组成。附表是对主表报告的某些内容进行补充的会计报表,如利润分配表、应交税费增值税明细表、所有者权益(或股东权益)增减变动表、资产减值准备明细表、分部报表等。会计报表的各个组成部分是相互联系的,它们从不同的角度说明企业的财务状况、经营业绩和现金流量情况。

(二)会计报表附注

会计报表附注是财务会计报告的重要组成部分,它主要是对未能在会计报表中列示的项目或者披露不详尽的内容作进一步的解释说明,目的是为了提高会计信息的可比性,增进会计信息的可理解性,并促使会计信息充分披露,从而便于会计报表使用者能全面、正确地理解会计报表的内容。会计报表附注一般包括对会计报表的编制基础、编制依据、编制原则和方法及主要项目等所作的解释。会计报表及其附注通常合称为财务报表,是财务会计报告的核心内容。

(三)财务情况说明书

企业应当编制财务情况说明书等资料对企业生产经营的基本情况、利润实现和分配情况、资金增减和周转情况以及对企业财务状况、经营成果和现金流量有重大影响的其他事项等作出说明。如,通过说明企业主营业务范围和附属其他业务,本年度生产经营情况,开发、在建项目的预期进度及工程竣工决算情况,经营中出现的问题与困难等反映企业生产经营的基本情况。

三、会计报表的分类

企业编制的会计报表可以根据需要,按照不同的标准进行分类,其分类方法有:

(一)按反映的经济内容分类

会计报表按其反映的经济内容的不同,可以分为财务状况报表和经营成果报表。

财务状况报表是总括反映企业经营过程中财务状况的会计报表。财务状况报表通常包括两类报表:一类是反映企业在某一特定时日所拥有的资产、偿还的债务,以及投资者所拥有的净资产情况的报表,如资产负债表;另一类是反映企业在一定期间内现金的流入和流出情况,表明企业获得现金及现金等价物的能力的会计报表,如现金流量表。

经营成果报表是反映企业在一定会计期间的经营成果(即利润或亏损),表明企业运用所拥有的资产的获利能力的会计报表,如利润表。

(二)按编报的时间分类

会计报表按编报时间的不同,可以分为年度会计报表和中期会计报表。

年度会计报表又称年报,是指年度终了对外提供反映企业财务状况和经营成果的会计报表;中期会计报表是指以中期(即短于一个完整的会计年度的报告期间)为基础编制的会计报表,包括月度、季度、半年度会计报表。一般而言,年度会计报表包括全部报表,如资产负债表、利润表、现金流量表、利润分配表、资产减值准备明细表等。

本章后述内容除特别说明以外,都是针对企业的年度会计报表和单位会计报表进行相关讲述。

(三)按编报的主体分类

会计报表按编报主体的不同,可以分为单位会计报表、汇总会计报表和合并会计报表。单位会计报表,是指由独立核算的会计主体编制,用以反映单个企业的财务状况和经营成果的会计报表。汇总会计报表,是指由企业主管部门或上级机关根据所属单位报送的单位会计报表,连同本单位会计报表加以汇总编制而成的会计报表。合并会计报表,是指控股公司在其本身与其附属公司编制的单位会计报表的基础上,对企业集团内部交易进行相应抵消后编制的会计报表,用以反映企业集团综合的财务状况和经营成果。

(四)按报送的对象分类

会计报表按报送对象的不同,可以分为对外会计报表和对内会计报表。

对外会计报表是指按照国家统一的会计规范编制的对外报送的会计报表,主要是向外部的会计信息使用者报告企业的经济活动和财务收支情况,如资产负债表、利润表、现金流量表和所有者权益变动表。对内会计报表是指企业编制的满足内部管理需要的会计报表,主要是为管理者进行决策提供相关信息,如现金收支日报表、生产成本计算表。因为对内会计报表是供企业内部使用,所以不需要制定统一的格式和内容,也不需要遵守统一的会计规范,由企业自行决定。

(五)按所反映经济活动的形态分类

会计报表按其反映经济活动的形态的不同,可以分为静态会计报表和动态会计报表。

静态会计报表是指综合反映企业在某一时点的资产、负债和所有者权益的会计报表,反映出的是会计主体在资金运动相对静止状态时的基本财务状况,如资产负债表。

动态会计报表是指反映企业在一定时期内经营情况或现金流动情况的会计报表,它集中反映出会计主体在资金运动中的一个时期,如一年内、一个季度内、一个月内资金运动的"流量",反映会计主体的经营水平和获利能力,如利润表、现金流量表。

四、编制会计报表的基本要求

为了保证会计报表的质量,充分发挥会计报表的作用,在编制会计报表时,应做到内容完整、数字真实、计算准确、指标可比、编报及时。

(一)内容完整

企业在编制会计报表时,必须按照会计制度统一规定的报表种类、格式和内容来填写。凡属会计报表上规定应填列的指标,不论是表内项目,还是补充资料及附注,都要填列齐全,不得漏编、漏报或者任意取舍。如果有的项目无数字填列时,应在金额栏内用一横线划去,表示此项目无数字填报。对报表中某些需要说明的项目,可以在相关项目后用括号注明,或利用附表、附注及其他形式加以说明,以便报表使用者理解和利用。

(二)数字真实

企业会计报表所列的数字必须是客观、有根据的,如实反映企业经济活动的实际情况,不得带有任何个人偏见和主观色彩,不受外界影响。为了确保会计报表反映的信息真实、准确,提供的信息可靠而有用,必须依据调整、核实无误的账簿记录编制会计报表,不允许使用估计或推算数字代替实际数字,更不允许以各种方式弄虚作假,隐瞒谎报、篡改数字、人为夸大或缩小经营成果。

(三)计算准确

会计报表各项目的金额数字主要来自于日常的账簿记录,但这并不意味着报表上的数字完全是账簿记录的简单转抄。会计报表中有些项目的金额需要对有关账户的期末余额进行分析、计算后才能填列,而且报表项目之间也存在着一定的数量勾稽关系。因此,编制会计报表时,对有关项目的金额,必须采用正确的计算方法来加以确定,从而保证会计报表数字的准确性。

（四）指标可比

会计报表提供的信息必须满足企业内部和外部不同使用者的相关需要,为使用者提供有用的信息资料,并且便于报表使用者在同一期间的不同企业之间以及同一企业的不同期间进行比较。这些信息资料可以帮助使用者评价企业的过去,判断企业的现在,预测企业的未来,有助于使用者进行经济决策。因此,编制会计报表时,企业在不同时期的指标和同类型企业之间的报表指标在计算和填列方法上,口径应当尽可能一致,不得随意变动。如:固定资产折旧的计提方法,材料的计价方法,成本、费用的归集和分配方法等。如果由于客观情况变化而必须变动的,应当在报表附注中加以说明,既要说明变动的原因,也要说明变动后对指标的影响,以便将变动的信息传递给使用者。

（五）编报及时

会计报表提供的资料,具有很强的时效性。只有及时编制和报送会计报表,才能为使用者提供决策所需的信息资料。所以,会计报表必须按规定的期限和程序,及时编制,及时报送,以便报表使用者及时了解编报单位的财务状况和经营成果,也便于有关部门和地方财政部门及时进行汇总。要保证会计报表编报及时,必须加强日常的核算工作,认真做好记账、算账、对账和财产清查,调整账面工作;同时加强会计人员的配合协作,使会计报表编报及时。

五、编制会计报表前的准备工作

会计报表项目的数字主要来源于账簿记录,为了保证会计报表数据的真实可靠,在编制会计报表前必须做好以下工作:

（一）按期结账

在结账之前,所有已经发生的收入、支出、债权、债务,应该摊销或预提的费用以及其他已经完成的经济活动和财务收支事项,都应全部登记入账,并及时结清各个账户的本期发生额和期末余额,会计人员不得为赶制报表而提前结账。

（二）对账和财产清查

对于各种账簿记录,在编表之前必须进行认真审查和核对,确保账证相符和账账相符。对于现金、存货、固定资产等财产物资进行清查和盘点,对债权、债务和银行存款进行查询核对,保证账实相符。

（三）编制总分类账户本期发生额试算表

在结账、对账和财产清查的基础上,根据总分类账户,编制总分类账户本期发生额试算表,将所有分散在各个账户的日常核算资料加以综合,并借以检查核算资料的正确性和完整性。只有经过核对无误的账簿记录,才能据以编制各种会计报表。

第二节　资产负债表

一、资产负债表概述

(一)资产负债表的概念和作用

资产负债表是反映企业在某一特定日期全部资产、负债和所有者权益及其构成情况的会计报表。它根据"资产＝负债＋所有者权益"这一基本公式,依照一定的分类标准和一定的次序,把企业在某一特定日期的资产、负债和所有者权益项目予以适当排列编制而成。

资产负债表以企业的资产、负债和所有者权益的静态状况来说明企业某一特定日期的财务状况,又称财务状况表。利用资产负债表的资料,可以了解企业拥有或控制的资产、负债和所有者权益的总额及其构成情况;评价企业的偿债能力和筹资能力;考察企业资本的保全和增值情况;分析企业财务结构的优劣和负债经营的合理程度;预测企业未来的财务状况和财务安全程度等。

资产负债表是企业对外报送的主要报表之一,企业一般应按月编制资产负债表,以及时反映企业的财务状况。

(二)资产负债表列报的总体要求

(1)分类别列报。资产负债表应当按照资产、负债和所有者权益三大类别分类列报。其中,资产类和负债类按照流动性分别以流动资产、非流动资产和流动负债、非流动负债进行列示。以上每个类别均需列报合计金额。

(2)资产和负债按流动性由强到弱列报。资产项目的流动性按其变现或耗用时间长短确定,负债项目的流动性按其偿还时间长短确定。

(3)总计项目的列报。资产负债表遵循"资产＝负债＋所有者权益"这一会计恒等式,因此,应当列示资产总计、负债和所有者权益总计,两项总计金额应当相等。

二、资产负债表的内容和格式

(一)资产负债表的内容

1.资产

资产负债表中的资产反映过去的交易、事项形成并由企业在某一特定日期所拥有或控制的、预期会给企业带来经济利益的资源。资产应当按照流动资产和非流动资产两个类别分别列示,各类别下进一步按性质分项列示。因此,正确区分流动资产和非流动资产非常重要。企业资产满足下列条件之一的,应当归类为流动资产:

(1)预计在一个正常营业周期①中变现、出售或耗用。

---

① 正常营业周期是指企业从购买用于加工的资产起至实现现金或现金等价物的期间。通常,正常营业周期短于一年,但也有长于一年的情况。当正常营业周期不能确定时,应当以一年(12个月)作为正常营业周期。

（2）主要为交易目的而持有。

（3）预计在资产负债表日起一年内（含一年）变现。

（4）在资产负债表日起一年内（含一年），交换其他资产或清偿负债的能力不受限制的现金或现金等价物。

流动资产以外的资产应当归类为非流动资产，并应按其性质分类列示。

我国《企业会计准则》规定，企业资产负债表中的资产类至少应当单独列示反映下列信息的项目：货币资金、应收及预付款项、交易性投资、存货、债权投资、长期股权投资、投资性房地产、固定资产、生物资产、递延所得税资产、无形资产。

2.负债

资产负债表中的负债反映在某一特定日期企业所承担的、预期会导致经济利益流出企业的现时义务。负债应当按照流动负债和非流动负债两个类别分别列示，各类别下进一步按性质分项列示。

流动负债的判断标准与流动资产的判断标准相类似。企业负债满足下列条件之一的，应当归类为流动负债：

（1）预计在一个正常营业周期中清偿。

（2）主要为交易目的而持有。

（3）在资产负债表日起一年内（含一年）到期应予以清偿。

（4）企业无权自主地将清偿推迟至资产负债表日后一年以上。

流动负债以外的负债应当归类为非流动负债，并应按其性质分类列示。

我国《企业会计准则》规定，资产负债表中的负债类至少应当单独列示反映下列信息的项目：短期借款、应付及预收款项、应交税金、应付职工薪酬、预计负债、长期借款、长期应付款、应付债券、递延所得税负债。

3.所有者权益

资产负债表中的所有者权益是企业资产扣除负债后由所有者享有的剩余权益，一般按照净资产的不同来源和特定用途进行分类。我国《企业会计准则》规定，资产负债表中的所有者权益类至少应当单独列示反映下列信息的项目：实收资本（或股本）、资本公积、盈余公积、未分配利润。

（二）资产负债表的格式

资产负债表的格式一般有两种：账户式和报告式。账户式资产负债表为左右结构，左方列示资产，右方列示负债和所有者权益，左方的资产总额和右方的负债及所有者权益总额相等，即资产负债表的左方和右方平衡。报告式资产负债表为上下结构，上半部列示资产，下半部列示负债和所有者权益，其排列形式包括"资产＝负债＋所有者权益"和"资产－负债＝所有者权益"。

根据企业会计准则和相关规定，我国企业资产负债表的结构采用账户式，表内各列示项目分为"年初余额"和"期末余额"两栏分别填列。一般企业①资产负债表的参考格式见表 9-1。

表 9-1 资产负债表

会企 01 表

编制单位：＿＿＿＿＿＿＿＿年＿＿月＿＿日

单位:元

资　　产	期末余额	年初余额	负债和所有者权益（或股东权益）	期末余额	年初余额
流动资产：			流动负债：		
货币资金			短期借款		
交易性金融资产			交易性金融负债		
应收票据			应付票据		
应收账款			应付账款		
预付款项			预收款项		
应收利息			应付职工薪酬		
应收股利			应交税费		
其他应收款			应付利息		
存货			应付股利		
一年内到期的非流动资产			其他应付款		
其他流动资产			一年内到期的非流动负债		
流动资产合计			其他流动负债		
非流动资产：			**流动负债合计**		
其他债权投资 其他权益工具投资			非流动负债：		
债权投资			长期借款		
长期应收款			应付债券		
长期股权投资			长期应付款		
投资性房地产			专项应付款		
固定资产			预计负债		
在建工程			递延所得税负债		
工程物资			其他非流动负债		

---

①《企业会计准则第 30 号——财务报表列报》应用指南和《企业会计准则第 31 号——现金流量表》应用指南把企业财务报表的格式和附注分别按一般企业、商业银行、保险公司、证券公司等企业类型予以规定。本章只针对一般企业讲述相关内容。

续表

资　产	期末余额	年初余额	负债和所有者权益 （或股东权益）	期末余额	年初余额
固定资产清理			**非流动负债合计**		
生产性生物资产			**负债合计**		
油气资产			所有者权益（或股东权 益）：		
无形资产			实收资本（或股本）		
开发支出			资本公积		
商誉			减：库存股		
长期待摊费用			盈余公积		
递延所得税资产			未分配利润		
其他非流动资产			**所有者权益 （或股东权益）合计**		
非流动资产合计					
资产总计			**负债和所有者权益 （或股东权益）总计**		

三、资产负债表的编制方法

（一）资产负债表"期末余额"栏的填列方法

资产负债表"期末余额"栏一般应根据资产、负债和所有者权益类账户的期末余额填列。具体填列方法有以下几种：

（1）根据总账账户的期末余额直接填列。资产负债表中大部分项目的期末余额采用该方法填列。一般包括"交易性金融资产""工程物资""固定资产清理""递延所得税资产""短期借款""交易性金融负债""应付票据""应付职工薪酬""应交税费""应付利息""应付股利""其他应付款""专项应付款""预计负债""递延所得税负债""实收资本（或股本）""资本公积""库存股""盈余公积"等项目。

例：某企业 2020 年 12 月 31 日"交易性金融资产"总账账户的余额是借方 50 000 元，则该企业 2020 年度资产负债表中"交易性金融资产"项目的列示金额为 50 000 元。

（2）根据同类总账账户的期末余额合并计算填列。一般包括"货币资金""其他流动资产""其他流动负债"等项目。如：

"货币资金"项目应根据"库存现金""银行存款""其他货币资金"等总账账户的期末余额的合计数填列；"其他流动资产""其他流动负债"项目应根据有关总账账户的期末余额的合计数填列。

例：某企业 2020 年 12 月 31 日货币资金类总账账户的余额分别为："库存现金"借方 2 000 元，"银行存款"借方 200 000 元，"其他货币资金"50 000 元，则该企业 2013 年度资产负债表中"货币资金"项目的列示金额为 252 000 元（2 000＋200 000＋50 000）。

（3）根据总账账户期末余额减去其备抵总账账户期末余额后的净额填列。一般包括"长期股权投资""投资性房地产"（采用公允价值模式计量的投资性房地产除外）、"固定资产""在建工程""生产性生物资产""油气资产""无形资产""商誉""长期应付款"等项目。如：

"固定资产"项目应根据"固定资产"总账账户的期末余额减去"累计折旧"总账账户的期末余额，再减去"固定资产减值准备"总账账户的期末余额后的金额填列；"在建工程"项目应根据"在建工程"总账账户的期末余额减去"在建工程减值准备"总账账户的期末余额后的金额填列；"无形资产"项目应根据"无形资产"总账账户的期末余额减去"累计摊销"总账账户的期末余额，再减去"无形资产减值准备"总账账户的期末余额后的金额填列。

例：某企业 2020 年 12 月 31 日"固定资产"总账账户的余额是借方 800 000 元，"累计折旧"总账账户的余额是贷方 200 000 元，"固定资产减值准备"总账账户的余额是贷方 100 000 元，则该企业 2013 年度资产负债表中"固定资金"项目的列示金额为 500 000 元（800 000－200 000－100 000）。

（4）根据明细账户的期末余额直接填列。一般包括"开发支出""未分配利润"等项目。如：

"开发支出"项目，其反映企业开发无形资产过程中能够资本化形成无形资产成本的支出部分，应根据"研发支出"总账账户所属的"资本化支出"明细账户的期末余额填列；"未分配利润"项目应根据"利润分配"总账账户中所属的"未分配利润"明细账户的期末余额填列。但在中期财务会计报告中，"未分配利润"项目应根据"本年利润"总账账户的期末余额和"利润分配"总账账户中所属的"未分配利润"明细账户的期末余额的合计数填列，如有未弥补的亏损，以"－"号填列。

例：某企业 2020 年 12 月 31 日"研发支出"总账账户所属的"资本化支出"明细账户的余额是借方 100 000 元，则该企业 2013 年度资产负债表中"开发支出"项目的列示金额为 100 000 元。

（5）根据明细账户的期末余额计算填列。一般包括"应付账款""预收款项""一年内到期的非流动资产""一年内到期的非流动负债"等项目。如：

"应付账款"项目应根据"应付账款"和"预付账款"账户所属各明细账户的期末贷方余额的合计数填列，若"应付账款"账户所属明细账户期末有借方余额的，应在"预付款项"项目内填列；"预收款项"项目应根据"预收账款"和"应收账款"账户所属各明细账户的期末贷方余额合计数填列，若"预收账款"账户所属明细账户期末有借方余额的，应在"应收账款"项目内填列；"一年内到期的非流动资产""一年内到期的非流动负债"项目应分别根据企业非流动资产和非流动负债的相关总账账户中将于一年内（含一年）到期或偿还的金额的合计数填列。

例：某企业 2020 年 12 月 31 日"应付账款"总账账户余额是贷方 20 000 元，其明细账户的余额为贷方合计 22 000 元，借方合计 2 000 元，"预付账款"总账及明细账账户无余额，则该企业 2012 年度资产负债表中"应付账款"项目的列示金额为 22 000 元，"预付款项"项目的列示金额为 2 000 元。

（6）根据总账账户和所属明细账账户的期末余额分析计算填列。一般包括"长期待摊费用""长期借款""应付债券""其他非流动资产""其他非流动负债"等项目。如：

"长期借款"项目应根据"长期借款"总账账户的期末余额减去其中将于一年内（含一年）到期的数额后的金额填列；"其他非流动资产""其他非流动负债"项目应分别根据相关总账账户的期末余额减去将于一年内（含一年）到期或偿还的数额后的金额填列。

例：某企业 2020 年 12 月 31 日"长期借款"总账账户的余额是贷方200 000元，其明细账显示有 50 000 元将在 2014 年 6 月 30 日到期，其余没有一年内到期的非流动负债，则该企业 2013 年度资产负债表中"长期借款"项目的列示金额为 150 000 元（200 000－50 000），"一年内到期的非流动负债"项目的列示金额为 50 000 元。

（7）综合分析计算后填列。一般包括"应收票据""应收账款""预付款项""应收利息""应收股利""其他应收款""存货""债权投资""长期应收款"等项目。如：

"应收票据""应收利息""应收股利""其他应收款"项目应根据其总账账户的期末余额减去"坏账准备"账户中有关项目计提的坏账准备期末余额后的金额填列；"应收账款"项目应根据"应收账款"和"预收账款"账户所属各明细账户的期末借方余额合计数减去"坏账准备"账户中有关应收账款计提的坏账准备期末余额后的金额填列，若"应收账款"账户所属明细账户期末有贷方余额的，应在"预收款项"项目内填列；"预付款项"项目应根据"预付账款"和"应付账款"账户所属各明细账户的期末借方余额合计数减去"坏账准备"账户中有关预付账款计提的坏账准备期末余额后的金额填列，若"预付账款"账户所属明细账户期末有贷方余额的，应在"应付账款"项目内填列；"存货"项目应根据"材料采购""在途物资""原材料""库存商品""发出商品""委托加工物资""周转材料""消耗性生物资产""生产成本""受托代销商品"等总账账户的期末余额合计数，减去"受托代销商品款""存货跌价准备"账户期末余额后的金额填列。

例：某企业 2020 年 12 月 31 日"应收账款"总账账户的余额是借方 60 000 元，"坏账准备"总账账户所属的明细账户显示有 2 000 元是因为应收账款发生减值所计提的，则该企业 2020 年度资产负债表中"应收账款"项目的列示金额为 58 000 元（60 000－2 000）。

以上各种填列方法汇总反映如表 9-2 所示。

表 9-2　资产负债表各项目与填列方法对照表

填列方法	适用项目名称
根据总账账户的期末余额直接填列	交易性金融资产、工程物资、固定资产清理、递延所得税资产、短期借款、交易性金融负债、应付票据、应付职工薪酬、应交税费、应付利息、应付股利、其他应付款、专项应付款、预计负债、递延所得税负债、实收资本（或股本）、资本公积、库存股、盈余公积
根据同类总账账户的期末余额合并计算填列	货币资金、其他流动资产、其他流动负债
根据总账账户期末余额减去其备抵总账账户期末余额后的净额填列	长期股权投资、投资性房地产（采用公允价值模式计量的投资性房地产除外）、固定资产、在建工程、生产性生物资产、油气资产、无形资产、商誉、长期应付款
根据明细账户的期末余额直接填列	开发支出、未分配利润

续表

填列方法	适用项目名称
根据明细账户的期末余额计算填列	应付账款、预收款项、一年内到期的非流动资产、一年内到期的非流动负债
根据总账账户和所属明细账账户的期末余额分析计算填列	长期待摊费用、长期借款、应付债券、其他非流动资产、其他非流动负债
综合分析计算后填列	应收票据、应收账款、预付款项、应收利息、应收股利、其他应收款、存货、债权投资、长期应收款

（二）资产负债表"年初余额"栏的填列方法

资产负债表"年初余额"栏通常根据上年末有关项目的期末余额填列,且与上年末资产负债表"期末余额"栏一致。如果企业上年度资产负债表的项目名称和内容与本年度不一致,或发生了会计政策变更、前期差错更正等情况,应当对"年初余额"栏的有关内容进行相应调整,然后填入"年初余额"栏。确实无法调整的,也应当在附注中披露不能调整的原因。

四、资产负债表编制举例

【例 9-1】中驰公司 2020 年 12 月 31 日有关账户的余额如表 9-3 所示。

表 9-3　中驰公司有关账户余额表

2020 年 12 月 31 日　　　　　　　　　　　　单位:元

科目名称	借方余额	贷方余额	科目名称	借方余额	贷方余额
库存现金	2 000		短期借款		300 000
银行存款	11 906 000		应付票据		200 000
其他货币资金	1 243 000		应付账款		1 070 800
交易性金融资产	112 000		应付职工薪酬		1 410 000
应收票据	246 000		应交税费		3 646 500
应收账款	300 000		其他应付款		50 000
预付账款	200 000		长期借款		2 600 000
其他应收款	5 000		预计负债		2 000
坏账准备		900	递延所得税负债		2 500
材料采购	225 000		股本		15 000 000
原材料	100 000		资本公积		9 000 000
材料成本差异	36 950		盈余公积		1 220 300
库存商品	9 680 000		利润分配（未分配利润）		4 152 100
周转材料	88 050				

续表

科目名称	借方余额	贷方余额	科目名称	借方余额	贷方余额
存货跌价准备		15 000			
债权投资	976 100				
长期股权投资	9 250 000				
投资性房地产	500 000				
固定资产	1 000 000				
累计折旧		600 000			
在建工程	1 500 000				
无形资产	1 000 000				
累计摊销		500 000			
长期待摊费用	200 000				
研发支出 （资本化支出）	1 200 000				
合　计	39 770 100	1 115 900	合　计		38 654 200

有关补充资料如下：

（1）"应收账款"总账账户所属明细账户的期末借方余额合计数为 310 000 元，贷方余额合计数为 10 000 元；

（2）"坏账准备"账户余额是针对应收账款所计提的；

（3）"长期借款"中有 1 000 000 元将于一年内到期。

根据上述资料编制中驰公司 2020 年度资产负债表如表 9-4 所示。

表 9-4　资产负债表

会企 01 表

编制单位：中驰公司　　　　　　　　　2020 年 12 月 31 日　　　　　　　　　单位：元

资　产	期末余额	年初余额	负债和所有者权益 （或股东权益）	期末余额	年初余额
流动资产：			流动负债：		
货币资金	13 151 000		短期借款	300 000	
交易性金融资产	112 000		交易性金融负债		
应收票据	246 000		应付票据	200 000	
应收账款	309 100		应付账款	1 070 800	
预付款项	200 000		预收款项	10 000	
应收利息			应付职工薪酬	1 410 000	
应收股利			应交税费	3 646 500	

续表

资　产	期末余额	年初余额	负债和所有者权益 （或股东权益）	期末余额	年初余额
其他应收款	5 000		应付利息		
存货	10 115 000		应付股利		
一年内到期的非流动资产			其他应付款	50 000	
其他流动资产			一年内到期的非流动负债	1 000 000	
流动资产合计	24 138 100		其他流动负债		
非流动资产：			**流动负债合计**	7 687 300	
其他债权投资 其他权益工具投资			非流动负债：		
债权投资	976 100		长期借款	1 600 000	
长期应收款			应付债券		
长期股权投资	9 250 000		长期应付款		
投资性房地产	500 000		专项应付款		
固定资产	400 000		预计负债	2 000	
在建工程	1 500 000		递延所得税负债	2 500	
工程物资			其他非流动负债		
固定资产清理			**非流动负债合计**	1 604 500	
生产性生物资产			**负债合计**	9 291 800	
油气资产			所有者权益（或股东权益）：		
无形资产	500 000		股本	15 000 000	
开发支出	1 200 000		资本公积	9 000 000	
商誉			减：库存股		
长期待摊费用	200 000		盈余公积	1 220 300	
递延所得税资产			未分配利润	4 152 100	
其他非流动资产			**股东权益合计**	29 372 400	
非流动资产合计	14 526 100				
资产总计	38 664 200		**负债和股东权益总计**	38 664 200	

上表中部分列报项目金额的计算过程或来源如下：

货币资金＝2 000＋11 906 000＋1 243 000＝13 151 000（元）

应收账款＝310 000－900＝309 100（元）

存货＝225 000＋100 000＋36 950＋9 680 000＋88 050－15 000＝10 115 000（元）

固定资产＝1 000 000－600 000＝400 000（元）

无形资产＝1 000 000－500 000＝500 000(元)

开发支出＝"研发支出－资本化支出"明细科目借方余额1 200 000元

预收款项＝"应收账款"总账科目所属明细科目的期末贷方余额合计数10 000元

一年内到期的非流动负债＝一年内到期的长期借款1 000 000元

长期借款＝2 600 000－1 000 000(一年内到期的长期借款)＝1 600 000(元)

第三节　利润表

一、利润表概述

(一)利润表的概念和作用

利润表是反映企业在一定会计期间的经营成果的会计报表,也称为损益表,属于动态报表。它根据"收入－费用＝利润"这一平衡公式,依照一定的标准和次序,把企业一定时期内的收入、费用和利润项目予以适当排列编制而成。

与资产负债表一样,利润表也是企业对外报送的主要会计报表之一。利用利润表的资料,可以了解企业在一定时期内实现利润或发生亏损的情况,评价企业该时期经营业绩的好坏;检查影响利润(或亏损)变动的因素,分析企业的盈利能力和经济效益;了解企业一定时期内利润的分配或亏损的弥补情况等。所以,每一个独立核算的企业都必须按期编制利润表。

二、利润表的格式和内容

利润表以"收入－费用＝利润"这一会计等式为编制依据,并采用一定格式的表格来反映企业的生产经营成果。

利润表的格式一般有两种:单步式和多步式。单步式利润表是指企业将当期所实现的所有收入及所有费用分别汇总,然后两者相减得出当期净损益。多步式利润表是指企业通过对当期的收入、费用、支出项目按性质加以分类,按利润形成的主要环节列示出一些中间性利润指标,分步计算当期净损益。

多步式利润表反映了企业利润的计算过程,便于报表使用者理解企业经营成果的不同来源,有助于不同企业或企业不同时期相应项目的比较分析,有利于评价企业各部门的管理效益和推测企业今后的盈利能力。

根据企业会计准则和相关规定,我国企业的利润表采用多步式。具体来说,应当分三个步骤计算当期净损益,分步列示在利润表中。

第一步,计算营业利润。即以营业收入为基础,减去营业成本、税金及附加、销售费用、管理费用、财务费用、资产减值损失,再加上公允价值变动收益(或减去公允价值变动损失)、投资收益(或减去投资损失),计算出营业利润。公式为:

营业利润＝营业收入－营业成本－税金及附加－销售费用－管理费用－财务费用－

资产减值损失＋公允价值变动收益(－公允价值变动损失)＋投资收益(－投资损失)

其中,营业收入＝主营业务收入＋其他业务收入。

第二步,计算利润总额。即以营业利润为基础,加上营业外收入,再减去营业外支出,计算出利润总额。公式为:

营业外收入－营业外支出

利润总额＝营业利润＋营业外收入－营业外支出

第三步,计算净利润。即以利润总额为基础,减去所得税费用,计算出净利润。公式为:

净利润＝利润总额－所得税费用

此外,普通股或潜在普通股已公开交易的企业,以及正处于公开发行普通股或潜在普通股过程中的企业,还应当在利润表中列示每股收益的相关信息。

我国一般企业利润表的参考格式见表 9-5。

表 9-5　利润表

会企 02 表

编制单位:	＿＿＿＿年＿＿月	单位:元

项　　目	本期金额	上期金额
一、营业收入		
减:营业成本		
税金及附加		
销售费用		
管理费用		
财务费用		
资产减值损失		
加:公允价值变动收益(损失以"－"号填列)		
投资收益(损失以"－"号填列)		
其中:对联营企业和合营企业的投资收益		
二、营业利润(亏损以"－"号填列)		
加:营业外收入		
减:营业外支出		
其中:非流动资产处置损失		
三、利润总额(亏损总额以"－"号填列)		
减:所得税费用		
四、净利润(净亏损以"－"号填列)		
五、每股收益:		
(一)基本每股收益		
(二)稀释每股收益		

三、利润表的编制方法

利润表中的各项目分为"本期金额"和"上期金额"两栏分别填列。

(一)利润表"本期金额"栏的填列方法

1.一般根据总账账户的本期发生额分析填列

(1)"营业收入"项目,反映企业经营主要业务和其他业务所确认的收入总额。本项目应根据"主营业务收入"和"其他业务收入"总账账户的发生额分析填列。

(2)"营业成本"项目,反映企业经营主要业务和其他业务所发生的成本总额。本项目应根据"主营业务成本"和"其他业务成本"总账账户的发生额分析填列。

(3)"税金及附加"项目,反映企业经营业务应负担的消费税、城市维护建设税、资源税、土地增值税和教育费附加等。本项目应根据"营业税金及附加"总账账户的发生额分析填列。

(4)"销售费用"项目,反映企业在销售商品和提供劳务过程中发生的包装费、广告费等费用,以及为销售本企业商品而专设的销售机构的职工薪酬、业务费等经营费用。本项目应根据"销售费用"总账账户的发生额分析填列。

(5)"管理费用"项目,反映企业为组织和管理生产经营发生的管理费用。本项目应根据"管理费用"总账账户的发生额分析填列。

(6)"财务费用"项目,反映企业筹集生产经营所需资金等而发生的筹资费用。本项目应根据"财务费用"总账账户的发生额分析填列。

(7)"资产减值损失"项目,反映企业各项资产发生的减值损失。本项目应根据"资产减值损失"总账账户的发生额分析填列。

(8)"公允价值变动收益"项目,反映企业以公允价值计量的资产或负债因公允价值变动形成的应计入当期损益的利得或损失。本项目应根据"公允价值变动损益"总账账户的发生额分析填列。如为公允价值变动损失,以"—"号填列。

(9)"投资收益"项目,反映企业以各种方式对外投资所取得的收益或损失。本项目应根据"投资收益"总账账户的发生额分析填列;如为投资损失,以"—"号填列。

(10)"营业外收入"和"营业外支出"项目,反映企业发生的与生产经营无直接关系的各项收入和支出。这两个项目应分别根据"营业外收入"和"营业外支出"总账账户的发生额分析填列。

(11)"所得税费用"项目,反映企业根据相关会计制度确认的应从当期利润总额中扣除的所得税费用。本项目应根据"所得税费用"总账账户的发生额分析填列。

2.根据表中相关项目计算填列

利润表中"营业利润""利润总额""净利润"等项目,均根据表中相关项目或其他资料计算填列,此处不再赘述。若为亏损,以"—"号填列。

(二)利润表"上期金额"栏的填列方法

利润表"上期金额"栏应根据上年度利润表"本期金额"栏内所列数字填列。如果上年度利润表规定的各个项目的名称和内容与本年度不一致,应对上年度利润表各项目的名称和数字按本期的规定进行调整后,填入"上期金额"栏。

四、利润表编制举例

【例 9-2】中驰公司 2020 年度有关账户的累计发生额如表 9-6 所示。

表 9-6　中驰公司有关账户累计发生额

2020 年　　　　　　　　　　　　　　　　　　　　　　单位:元

科目名称	借方发生额	贷方发生额
主营业务收入		20 000 000
其他业务收入		30 000
公允价值变动损益		4 000
投资收益		69 100
营业外收入		
主营业务成本	12 000 000	
其他业务成本	8 000	
税金及附加	1 630 000	
销售费用	1 120 000	
管理费用	1 000 000	
财务费用	11 000	
资产减值损失	15 000	
营业外支出	17 000	
所得税费用	1 000 000	
合　计	16 801 000	20 103 100

根据上述资料编制中驰公司 2020 年度利润表如表 9-7 所示。

表 9-7　利润表

会企 02 表

编制单位:中驰公司　　　　　　2020 年　　　　　　　　　　单位:元

项　目	本期金额	上期金额
一、营业收入	20 030 000	
减:营业成本	12 008 000	
税金及附加	1 630 000	
销售费用	1 120 000	
管理费用	1 000 000	
财务费用	11 000	
资产减值损失	15 000	

续表

项　　目	本期金额	上期金额
加：公允价值变动收益（损失以"－"号填列）	4 000	
投资收益（损失以"－"号填列）	69 100	
其中：对联营企业和合营企业的投资收益		
二、营业利润（亏损以"－"号填列）	4 319 100	
加：营业外收入		
减：营业外支出	17 000	
其中：非流动资产处置损失		
三、利润总额（亏损总额以"－"号填列）	4 302 100	
减：所得税费用	1 000 000	
四、净利润（净亏损以"－"号填列）	3 302 100	
五、每股收益：		
（一）基本每股收益		
（二）稀释每股收益		

上表中部分列报项目金额的计算过程如下：

营业收入＝20 000 000＋30 000＝20 030 000（元）

营业成本＝12 000 000＋8 000＝12 008 000（元）

营业利润＝20 030 000－12 008 000－1 630 000－1 120 000－1 000 000－11 000－

15 000＋4 000＋69 100

＝4 319 100（元）

利润总额＝4 319 100－17 000＝4 302 100（元）

净利润＝4 302 100－1 000 000＝3 302 100（元）

第四节　现金流量表

一、现金流量表概述

（一）现金流量表的概念和作用

现金流量表是反映企业在一定会计期间内现金流量情况的会计报表。现金的流量是指企业在一定期间内的现金流入和流出的情况，包括企业在一定期间内经营活动、投资活动、筹资活动所产生的现金流量。现金流量表是三大基本会计报表（资产负债表、利润表、现金流量表）之一，属于动态报表。编制现金流量表的目的，是便于报表使用者了解和评价企业获取现金的能力，并预测企业未来的现金流量。

现金流量表的作用,主要体现在以下几个方面:(1)现金流量表可以提供企业的现金流量信息,从而对企业整体财务状况作出客观的评价;(2)通过现金流量表,可以对企业的支付能力和偿债能力,以及企业对外部资金的需求情况作出较为可靠的判断;(3)通过现金流量表,不仅可以了解企业当前的财务状况,还可以预测企业未来的发展情况;(4)有助于分析企业未来获取现金的能力,分析企业投资和理财活动对经营成果和财务状况的影响。

(二)现金流量表的编制基础

现金流量表是以现金为基础,按照收付实现制原则进行编制,将会计核算中权责发生制下的盈利信息调整为收付实现制下的现金流量信息。这里的"现金"包含以下两层含义:

1.现金

现金是指企业库存现金以及可以随时用于支付的存款,主要包括库存现金、随时可以用于支付的银行存款和其他货币资金等。应注意的是,银行存款和其他货币资金中有些不能随时用于支付的存款,如不能随时支取的定期存款,不作为现金流量表中的现金,但提前通知金融机构便可支取的定期存款则包括在现金流量表的现金范围内。

2.现金等价物

现金等价物,是指企业持有的期限短(一般指从购买日起三个月内到期)、流动性强、易于转换为已知金额的现金、价值变动风险很小的短期投资。其中,期限短、流动性强,强调了变现能力;而易于转换为已知金额的现金、价值变动风险很小,则强调了支付能力的大小。现金等价物虽然不是现金,但其支付能力与现金的差别不大,可视为现金。如,企业为了保证支付能力同时又不使现金闲置,可以用现金购买短期债券,在需要现金时可随时变现。

(三)现金流量表列报的总体要求

1.现金流量表应当分别按照经营活动、投资活动和筹资活动列报现金流量

现金流量表主要反映企业在一定期间内经济业务中产生的现金流量,因此,根据经济业务的性质和现金流量的来源,可将现金流量分为以下三类:

(1)经营活动产生的现金流量

经营活动,是指企业投资活动和筹资活动以外的所有交易和事项,包括销售商品或提供劳务、购买商品、接受劳务、支付税费等。

现金流量表中,经营活动产生的现金流量至少应当单独列示下列项目:销售商品、提供劳务收到的现金;收到的税费返还;收到其他与经营活动有关的现金;购买商品、接受劳务支付的现金;支付给职工以及为职工支付的现金;支付的各项税费;支付其他与经营活动有关的现金。

(2)投资活动产生的现金流量

投资活动,是指企业长期资产的购建和不包括在现金等价物范围内的投资及其处置活动。此处的"投资"既包括对外投资(狭义的投资),也包括对内投资(即长期资产的购建)。这里所指的长期资产是指持有期限在一年或一个营业周期以上的资产。如:两年期定期存款应作为投资活动产生的现金流量反映。

投资活动产生的现金流量至少应当单独列示下列项目:收回投资收到的现金;取得投资收益收到的现金;处置固定资产、无形资产和其他长期资产收回的现金净额;处置子公司及其他营业单位收到的现金净额;收到其他与投资活动有关的现金;购建固定资产、无形资产和其他长期资产支付的现金;投资支付的现金;取得子公司及其他营业单位支付的现金净额;支付其他与投资活动有关的现金。

(3)筹资活动产生的现金流量

筹资活动,是指导致企业资本及债务规模和构成发生变化的活动。这里所说的资本,包括实收资本(股本)、资本溢价(股本溢价)。这里的"债务"是指企业对外举债所借入的款项及其偿还,但应付账款、应付票据等不属于筹资活动,属于经营活动。

筹资活动产生的现金流量至少应当单独列示下列项目:吸收投资收到的现金;取得借款收到的现金;收到其他与筹资活动有关的现金;偿还债务支付的现金;分配股利、利润或偿付利息支付的现金;支付其他与筹资活动有关的现金。

需要说明的是,现金流量表主要反映同时使现金项目和非现金项目产生增减变动的业务。对于仅涉及非现金各项目之间(或现金各项目之间)增减变动的业务,由于不影响现金流量净额,一般不予以反映。但有些涉及投资或筹资的业务,如用固定资产进行长期投资等,尽管不影响当期的现金收支,却会对以后各期的现金流量产生影响,故需要在现金流量表的补充资料中予以披露。

2.现金流量应当分别按照现金流入和现金流出总额列报

现金流量分别按照现金流入和现金流出总额列报,可以全面揭示企业现金流量的方向、规模和结构。但是,代客户收取或支付的现金等特殊情况可以按照净额列报。

二、现金流量表的内容和格式

现金流量表采用报告式结构,共包括六个方面的内容:经营活动产生的现金流量、投资活动产生的现金流量、筹资活动产生的现金流量、汇率变动对现金及现金等价物的影响、现金及现金等价物净增加额、期末现金及现金等价物余额。

我国一般企业现金流量表的参考格式见表9-8。

表9-8 现金流量表

会企03表

编制单位:＿＿＿＿＿ ＿＿＿年＿＿月 单位:元

项 目	本期金额	上期金额
一、经营活动产生的现金流量:		
销售商品、提供劳务收到的现金		
收到的税费返还		
收到其他与经营活动有关的现金		
经营活动现金流入小计		
购买商品、接受劳务支付的现金		

续表

项　目	本期金额	上期金额
支付给职工以及为职工支付的现金		
支付的各项税费		
支付其他与经营活动有关的现金		
经营活动现金流出小计		
经营活动产生的现金流量净额		
二、投资活动产生的现金流量：		
收回投资收到的现金		
取得投资收益收到的现金		
处置固定资产、无形资产和其他长期资产收回的现金净额		
处置子公司及其他营业单位收到的现金净额		
收到其他与投资活动有关的现金		
投资活动现金流入小计		
购建固定资产、无形资产和其他长期资产支付的现金		
投资支付的现金		
取得子公司及其他营业单位支付的现金净额		
支付其他与投资活动有关的现金		
投资活动现金流出小计		
投资活动产生的现金流量净额		
三、筹资活动产生的现金流量：		
吸收投资收到的现金		
取得借款收到的现金		
收到其他与筹资活动有关的现金		
筹资活动现金流入小计		
偿还债务支付的现金		
分配股利、利润或偿付利息支付的现金		
支付其他与筹资活动有关的现金		
筹资活动现金流出小计		
筹资活动产生的现金流量净额		
四、汇率变动对现金及现金等价物的影响		
五、现金及现金等价物净增加额		
加：期初现金及现金等价物余额		
六、期末现金及现金等价物余额		

三、现金流量表的编制方法

(一)现金流量表的填列方法

现金流量表的编制方法主要是针对经营活动现金流量的编制而言的。一般来说,现金流量表的编制方法有两种:

1.直接法

所谓直接法,是指通过现金收入和现金支出的主要类别直接反映来自企业经营活动的现金流量。在直接法下,一般是以利润表中的营业收入为起算点,调节与经营活动有关的项目的增减变动,然后计算出经营活动产生的现金流量。

企业采用直接法编制经营活动现金流量时,有关信息可以从企业的会计记录直接取得,也可以对利润表中的营业收入、营业成本以及其他项目进行调整后取得。

2.间接法

所谓间接法,是指以本期净利润为起算点,调整不涉及现金的收入、费用、营业外收支等有关项目,剔除投资活动、筹资活动对现金流量的影响,据此计算出经营活动产生的现金流量。

《企业会计准则第 31 号——现金流量表》规定企业应当采用直接法编报现金流量表,同时要求在现金流量表附注中提供间接法编制的经营活动现金流量信息。

(二)现金流量表"本期金额"栏的填列说明

1.经营活动产生的现金流量

(1)"销售商品、提供劳务收到的现金"项目,反映企业销售商品、提供劳务实际收到的现金(含销售收入和应向购买者收取的增值税销项税额)。具体包括:本期销售商品、提供劳务收到的现金,以及前期销售商品、提供劳务本期收到的现金和本期预收的款项,减去本期销售本期退回的商品和前期销售本期退回的商品支付的现金。企业销售材料和代购代销业务收到的现金,也在本项目反映。本项目可根据"库存现金""银行存款""应收票据""应收账款""预收账款""主营业务收入""其他业务收入"等账户的发生额分析填列。

(2)"收到的税费返还"项目,反映企业收到返还的各种税费,如所得税、增值税等各种税费返还款。本项目可根据"应交税费"账户所属有关明细账户的发生额分析填列。

(3)"收到其他与经营活动有关的现金"项目,反映企业收到的其他与经营活动有关的现金,如罚款收入、经营租赁固定资产收到的现金、投资性房地产收到的租金收入等。其他与经营活动有关的现金流入如果金额较大的,应单列项目反映。

(4)"购买商品、接受劳务支付的现金"项目,反映企业购买商品、接受劳务实际支付的现金(含货款和与货款一并支付的增值税进项税额)。具体包括:本期购买商品、接受劳务支付的现金,以及本期支付前期购买商品、接受劳务的未付款项和本期预付款项,减去本期发生的购货退回收到的现金。企业购买材料和代购代销业务支付的现金,也在本项目反映。但为购置存货而发生的借款利息资本化部分,另在"筹资活动产生的现金流量"下的"分配股利、利润或偿付利息支付的现金"项目中反映。本项目可根据"库存现金""银行存款""应付票据""应付账款""预付账款""主营业务成本""其他业务成本"等账户的发生额分析填列。

（5）"支付给职工以及为职工支付的现金"项目，反映企业实际支付给职工的现金以及为职工支付的现金，如支付给职工的工资、奖金、各种津贴和补贴等。但企业支付给在建工程人员的工资，另在"投资活动产生的现金流量"下的"购建固定资产、无形资产和其他长期资产支付的现金"项目中反映。本项目可根据"库存现金""银行存款""应付职工薪酬"等账户的发生额分析填列。

（6）"支付的各项税费"项目，反映企业按规定支付的各项税费，包括本期发生并支付的税费、本期支付以前各期发生的税费和预交的各项税费。如支付的所得税、增值税、消费税等。本项目可根据"库存现金""银行存款""应交税费"等账户的发生额分析填列。

（7）"支付的其他与经营活动有关的现金"项目，反映企业除上述各项目外，支付的其他与经营活动有关的现金。如经营租赁支付的租金，支付的差旅费、业务招待费、保险费、罚款支出等。其他与经营活动有关的现金流出如果金额较大的，应当单列项目反映。

2.投资活动产生的现金流量

（1）"收回投资收到的现金"项目，反映企业出售、转让或到期收回除现金等价物以外的交易性金融资产、长期股权投资和债权性投资的本金等而收到的现金。债权性投资收回的利息以及处置子公司及其他营业单位收到的现金净额，另分别在"取得投资收益收到的现金"和"处置子公司及其他营业单位收到的现金净额"项目中反映。本项目可根据"交易性金融资产""长期股权投资""库存现金""银行存款"等账户的发生额分析填列。

（2）"取得投资收益收到的现金"项目，反映企业因股权性投资而分得的现金股利和因债权性投资（含属于现金等价物的债券性投资）而取得的利息收入。本项目可根据"应收股利""应收利息""投资收益""库存现金""银行存款"等账户的发生额分析填列。

（3）"处置固定资产、无形资产和其他长期资产收回的现金净额"项目，反映企业出售、报废固定资产、无形资产和其他长期资产所取得的现金（包括因资产毁损而收到的保险赔偿收入），再减去为处置这些资产而支付的有关税费后的净额。净额如为负数，则应在"支付其他与投资活动有关的现金"项目中反映。本项目可根据"固定资产清理""库存现金""银行存款"等账户的发生额分析填列。

（4）"处置子公司及其他营业单位收到的现金净额"项目，反映企业处置子公司及其他营业单位所取得的现金减去相关处置费用和子公司及其他营业单位持有的现金和现金等价物后的净额。本项目可根据有关账户的发生额分析填列。

（5）"收到其他与投资活动有关的现金"项目，反映企业除上述各项目外，收到的其他与投资活动有关的现金。如金额较大的，应单列项目反映。

（6）"购建固定资产、无形资产和其他长期资产支付的现金"项目，反映企业购买、建造固定资产，取得无形资产和其他长期资产所支付的现金，包括购买机器设备所支付的现金、建造工程支付的现金、支付在建工程人员的工资等。但为购建固定资产、无形资产和其他长期资产而发生的借款利息资本化部分，以及融资租入固定资产所支付的租赁费，另分别在"筹资活动产生的现金流量"下的"分配股利、利润或偿付利息支付的现金"和"支付其他与筹资活动有关的现金"项目中反映。本项目可根据"固定资产""在建工程""无形资产""库存现金""银行存款"等账户的发生额分析填列。

（7）"投资支付的现金"项目，反映企业进行权益性投资和债权性投资（属于现金等价物的除外)所支付的现金以及佣金、手续费等交易费用。但实际支付的价款中所包含的已宣告但尚未领取的现金股利或已到付息期但尚未领取的债券利息,另在"支付其他与投资活动有关的现金"项目中反映;取得子公司及其他营业单位支付的现金净额,另在"取得子公司及其他营业单位支付的现金净额"项目中反映。本项目可根据"交易性金融资产""长期股权投资""库存现金""银行存款"等账户的发生额分析填列。

(8)"取得子公司及其他营业单位支付的现金净额"项目,反映企业取得子公司及其他营业单位购买出价中以现金支付的部分,减去子公司及其他营业单位持有的现金和现金等价物后的净额。本项目可根据相关账户的发生额分析填列。

(9)"支付其他与投资活动有关的现金"项目,反映企业除上述各项目外,支付的其他与投资活动有关的现金。如金额较大的,应单列项目反映。

3.筹资活动产生的现金流量

(1)"吸收投资收到的现金"项目,反映企业以发行股票等方式筹集资金实际收到的款项净额(即以发行费用减去支付的佣金等发行费用)。但企业直接支付的审计、咨询等费用,另在"支付其他与筹资活动有关的现金"项目中反映。本项目可根据"实收资本(或股本)""资本公积""库存现金""银行存款"等账户的发生额分析填列。

(2)"借款收到的现金"项目,反映企业举借各种短期、长期借款收到的现金,以及发行债券实际收到的款项净额(即以发行费用减去直接支付的佣金等发行费用)。本项目可根据"短期借款""长期借款""库存现金""银行存款"等账户的发生额分析填列。

(3)"收到其他与筹资活动有关的现金"项目,反映企业除上述各项目外,收到的其他与筹资活动有关的现金。如金额较大的,应单列项目反映。

(4)"偿还债务支付的现金"项目,反映企业以现金偿还债务的本金,包括归还金融企业的借款本金、偿付企业到期的债券本金等。但企业偿还的借款利息、债券利息,另在"分配股利、利润或偿付利息支付的现金"项目中反映。本项目可根据"短期借款""长期借款""库存现金""银行存款"等账户的发生额分析填列。

(5)"分配股利、利润或偿付利息支付的现金"项目,反映企业实际支付的现金股利、支付给其他投资单位的利润或用现金支付的借款利息、债券利息。本项目可根据"应付股利""应付利息""利润分配""财务费用""在建工程""制造费用""研发支出""库存现金""银行存款"等账户的发生额分析填列。

(6)"支付其他与筹资活动有关的现金"项目,反映企业除上述各项目外,支付的其他与筹资活动有关的现金,如以发行股票、债券等方式筹集资金而由企业直接支付的审计、咨询等费用,融资租赁各期支付的现金等。如金额较大的,应单列项目反映。

(三)现金流量表"上期金额"栏的填列方法

现金流量表"上期金额"栏应根据上年度现金流量表"本期金额"栏内所列数字填列。如果上年度现金流量表规定的各个项目的名称和内容同本年度不一致,应对上年度现金流量表各项目的名称和数字按本期的规定进行调整后,填入"上期金额"栏。

第五节 会计报表附注

一、会计报表附注概述

（一）会计报表附注的概念和作用

会计报表中所规定的内容具有一定的固定性和规定性，其所能反映的会计信息受到一定的限制。为了更好地使报表使用者全面地了解企业的情况，需要对会计报表的内容作补充说明，即编写会计报表附注。会计报表附注（以下简称附注）是会计报表的补充，主要是对在资产负债表、利润表、现金流量表等会计报表中不能包括的内容，或者披露不详尽的内容作进一步的解释说明，包括所有在会计报表内未提供的、与企业财务状况和经营成果及现金流动有关的、有助于报表使用者正确理解会计报表且可以随同会计报表一同报出的重要信息。

附注是财务报表的重要组成部分，与资产负债表、利润表、现金流量表等报表具有同等的重要性。企业应当按照规定披露附注信息，报表使用者也应当全面阅读附注。

（二）会计报表附注披露的总体要求

（1）定量与定性相结合。附注披露的信息应从量和质两个角度对企业经济事项完整地进行反映，才能满足信息使用者的决策需求。

（2）附注应当按照一定的结构进行系统、合理的排列和分类，有顺序地披露信息。附注的内容繁多，因此应按逻辑顺序排列，分类披露，以便使用者理解和掌握，同时也更好地实现财务报表的可比性。

（3）附注中的相关信息应当与资产负债表、利润表和现金流量表等会计报表中列示的项目相互参照，从而有助于使用者从整体上更好地理解财务报表。

二、会计报表附注的内容

《企业会计准则第30号——财务报表列报》《企业会计准则第31号——现金流量表》及其应用指南规定，我国企业应当按照如下顺序披露九个方面的附注信息：

（一）企业的基本情况

具体包括：（1）企业注册地、组织形式和总部地址；（2）企业的业务性质和主要经营活动；（3）母公司以及集团最终母公司的名称；（4）财务报告的批准报出者和财务报告批准报出日。

（二）财务报表的编制基础

企业应在持续经营假设的基础上编制会计报表及其附注。

（三）遵循企业会计准则的声明

企业应当声明编制的财务报表符合企业会计准则的要求，真实、完整地反映了企业的财务状况、经营成果和现金流量等有关信息。以此明确企业编制财务报表所依据的制度基础。如果企业编制的财务报表只是部分地遵循了企业会计准则，附注中不得做此声明。

（四）重要会计政策和会计估计

企业应当披露采用的重要会计政策和会计估计,不重要的会计政策和会计估计可以不披露。具体说来,在披露重要会计政策时,应当披露财务报表各项目的计量基础和会计政策的确定依据等。如,存货是按成本还是可变现净值计量的,是依据什么进行确定的。在披露重要会计估计时,应当披露会计估计中所采用的关键假设和不确定因素的确定依据。如,对正在进行中的诉讼确认预计负债时,其最佳估计数是依据什么确定并计算的。

（五）会计政策和会计估计变更以及差错更正的说明

企业应按《企业会计准则第 28 号——会计政策、会计估计变更和差错更正》及相关规定披露会计政策、会计估计变更以及差错更正的有关情况和信息。《会计法》第十八条规定:"各单位采用的会计处理方法,前后各期应当一致,不得随意变更;确有必要变更的,应当按照国家统一的会计制度的规定变更,并将变更的原因、情况及影响在财务会计报告中说明。"

（六）报表重要项目的说明

企业应当按照资产负债表、利润表、现金流量表、所有者权益变动表及其项目列示的顺序,采用文字和数字描述相结合,并尽可能以列表的形式披露报表重要项目的构成或当期增减变动情况。注意报表重要项目的明细金额合计,应当与报表项目金额相衔接。

一般企业附注中应披露的重要项目包括:(1)交易性金融资产;(2)应收款项;(3)存货;(4)其他流动资产;(5)长期股权投资;(6)投资性房地产;(7)固定资产;(8)生产性生物资产和公益性生物资产;(9)油气资产;(10)无形资产;(11)商誉的形成来源、账面价值的增减变动情况;(12)递延所得税资产和递延所得税负债;(13)资产减值准备;(14)所有权受到限制的资产;(15)交易性金融负债;(16)职工薪酬;(17)应交税费;(18)其他流动负债;(19)短期借款和长期借款;(20)应付债券;(21)长期应付款;(22)营业收入;(23)公允价值变动收益;(24)投资收益;(25)资产减值损失;(26)营业外收入;(27)营业外支出;(28)所得税费用;(29)企业应当披露取得政府补助的种类及金额;(30)每股收益;(31)企业可以按照费用的性质分类披露利润表;(32)非货币性资产交换;(33)股份支付;(34)债务重组;(35)借款费用;(36)外币折算;(37)企业合并;(38)租赁;(39)终止经营;(40)分部报告。

（七）或有事项

企业应按照《企业会计准则第 13 号——或有事项》等相关规定对或有事项进行披露。《会计法》第十九条规定:"单位提供的担保、未决诉讼等或有事项,应当按照国家统一的会计制度的规定,在财务会计报告中予以说明。"

（八）资产负债表日后事项

具体包括:(1)每项重要的资产负债表日后非调整事项的性质、内容,及其对财务状况和经营成果的影响。无法作出估计的,应当说明原因。(2)资产负债表日后,企业利润分配方案中拟分配的以及经审议批准宣告发放的股利或利润。

（九）关联方关系及其交易

具体包括:(1)本企业的母公司有关信息。(2)母公司对本企业的持股比例和表决权比例。(3)本企业的子公司有关信息。(4)本企业的合营企业有关信息。(5)本企业与关联方发生交易的,分别说明各关联方关系的性质、交易类型及交易要素。其中,交易要素至少应当包括交易的金额,未结算项目的金额、条款和条件以及有关提供或取得担保的信息,未结算应收项目的坏账准备金额,定价政策等。

本章小结

财务会计报告又称财务报告,是指企业对外提供的反映企业某一特定日期的财务状况和某一会计期间的经营成果、现金流量等会计信息的文件。财务会计报告由会计报表、会计报表附注和财务情况说明书组成。三大基本会计报表分别是资产负债表、利润表和现金流量表。

资产负债表是指反映企业在某一特定日期(月末、季末、半年末、年末)的财务状况的会计报表,是特定日期企业所控制的资产、承担的债务以及投资人要求权益的静态反映。资产负债表的列报格式一般有账户式和报告式两种,我国资产负债表采用账户式。

利润表是反映企业在一定会计期间的经营成果的动态会计报表。利润表的格式一般有单步式和多步式两种。我国利润表采用多步式,通过分步计算营业利润、利润总额、净利润进行列示。

现金流量表是反映企业在一定会计期间内现金流量情况的动态会计报表。现金流量表采用报告式结构,编制方法包括直接法和间接法两种。企业应当采用直接法编报现金流量表,同时在现金流量表附注中提供间接法编制的经营活动现金流量信息。

会计报表附注是会计报表的补充,是对在会计报表中不能包括的内容,或者披露不详尽的内容作进一步的解释说明。

案例解析

本章"案例导入"解析:

分析:经过本章的学习我们已经知道,企业财会部门应当根据日常记录,对企业的账簿记录进行加工整理,编制成财务会计报告,向会计信息使用者提供与其经营决策相关的信息。财务会计报告的使用者包括企业内部使用者(如管理当局)和企业外部使用者(如国家管理部门、股东、债权人)两个方面,企业向会计信息使用者提供的财务会计报告包括反映企业财务状况的资产负债表、反映企业经营成果的利润表、反映企业现金流量情况的现金流量表,以及相关的附表、附注等。

根据上述分析,在会计期末张宇一般只需要把根据账簿记录编制而成的财务会计报告报送给总经理就可以了,不需要也不可能把整套账簿都向总经理提供。

习题精选

(1)红日公司 2020 年 12 月 31 日有关总账账户余额见下表。

红日公司总账账户余额表

账户名称	借方余额	账户名称	贷方余额
现金	2 500	短期借款	86 912
银行存款	123 500	应付票据	89 100
其他货币资金	7 600	应付账款	189 612
应收票据	35 624	其他应付款	56 400
应收账款	35 689	应付工资	45 230
坏账准备	852	应付福利费	31 000
预付账款	76 215	应交税费	256 000
其他应收款	520	应付股利	20 000
在途物质	75 680	长期借款	125 600
原材料	892 140	其中:一年内到期的长期负债	
包装物	13 584	实收资本	801 731
低值易耗品	24 563	盈余公积	45 300
库存商品	897 740	利润分配(未分配利润)	784 560
材料成本差异	5 612		
应收股利	8 760		
长期股权投资	56 400		
固定资产	215 680		
累计折旧	−56 892		
在建工程	25 678		
无形资产	45 000		
长期待摊费用	45 000		
合计	2 531 445	合计	2 531 445

试根据上述资料编制该公司 2020 年 12 月 31 日的资产负债表。

(2)恒远公司 2020 年 6 月份有关资料见下表。

恒远公司 6 月份相关资料

账户名称	上年利润表各项目数字	本年 1—6 月累计发生额
主营业务收入	975 600	1 650 000
主营业务成本	606 430	975 750
税金及附加	9 756	231 000
其他业务收入	46 932	86 430

续表

账户名称	上年利润表各项目数字	本年1—6月累计发生额
其他业务成本	18 462	51 930
管理费用	45 070	75 000
销售费用	9 756	8 250
财务费用	24 488	26 000
投资收益	21 658	27 000
营业外收入	29 366	16 500
营业外支出	40 780	52 000
所得税费用	63 355.38	118 800

请根据上述资料编制该公司2020年6月份的利润表。

会计天地

会计名家——余绪缨

1922年8月出生于江西靖安,逝世于2007年9月23日,1945年以优异的成绩毕业于厦门大学。曾任厦门大学管理学院教授,博士研究生导师,管理学博士后流动站学术带头人,美国伊利诺大学"会计国际教育与研究中心"主办的国际权威性会计刊物《会计国际学刊》(*The International Journal of Accounting*)编辑政策部成员;中国会计学会顾问;财政部人才中心高级专家委员会特聘专家;美国会计学会、会计教育与研究国际学会和加拿大学术会计学会会员。余先生的事迹和成就已被编入国内和英国、美国出版的许多权威名人传记中,如我国编辑、出版的《中国当代名人录》《中国当代名人大典》《东方之子》《中国社会科学家大辞典》(英文版)、《中国当代经济学家录》《中国当代文化名人大辞典》;美国名人传记学院编辑、出版的《500位有重大影响的杰出人物》《世界著名杰出人士录》和英国剑桥国际传记中心编辑、出版的《世界有成就的杰出人士录》《世界知识界名人传》等等。

研究领域:会计基础理论、成本、管理会计、企业理财、管理学。

代表作品:《管理会计》《国际管理会计》《财务会计》《会计理论与现代管理会计研究》《企业理财学》《管理会计学》。

※轻松一刻※

有趣会计核算之歌

会计核算方法七,设置科目属第一。

复式记账最神秘,填审凭证不容易。

登记账簿要仔细,成本核算讲效益。

财产清查对账实,编制报表工作齐。

第十章

会计工作的组织和管理

【教学目标】

1.了解会计工作组织的概念、意义、原则和会计工作的基本组织形式

2.熟悉会计机构的设置要求和会计工作岗位的划分

3.掌握会计人员应具备的基本条件、职责和工作权限,熟悉单位对会计人员的管理

4.理解会计职业道德与会计法律制度的区别和联系,掌握会计职业道德的主要内容

5.了解会计档案的概念、意义和内容,熟悉会计档案的归档、使用、保管期限及其销毁

【导入案例】

某单位会计张宇因工作努力,潜心钻研业务,积极提出合理化建议,多次被公司评为先进会计工作者。张宇的哥哥在一家私有电子企业任总经理,在其哥哥的多次请求下,张宇将在工作中接触到的公司新产品研发计划及相关会计资料复印件提供给其哥哥,给公司带来一定的损失。公司认为张宇不宜继续担任会计工作。那么,张宇违反了哪些会计职业道德要求?

第一节　会计工作组织概述

一、会计工作组织的意义

会计工作的组织,就是根据《中华人民共和国会计法》(以下简称《会计法》)和其他有关法律法规的规定,结合本单位的实际情况,科学、合理地安排各项会计工作。这就会涉及如何建立专门的会计办事机构、如何配备专职的会计工作人员、如何管理会计档案以及如何规范单位内部的各项具体会计行为等。在计算机和网络技术广为运用的今天,会计工作的组织还应包括如何利用电子计算机来处理会计信息。因此,组织会计工作的内容主要包括设置会计机构、配备会计人员、保管会计档案、制定内部会计管理规范和实施会计电算化等。

会计是一个综合性的经济信息系统。系统中各个组成部分相互协调、有条不紊地运行,是有效发挥会计在经济管理中的作用、顺利完成会计基本任务的前提。科学、合理地组织会计工作具有重要的意义。

（一）有利于保证会计工作的质量，提高会计工作的效率

会计的基本职能是对企业和行政事业单位中周而复始的资金运动进行核算和监督。这是一项复杂、细致而又严密的工作。从收集各种经济活动的原始数据开始，连续、系统地进行分析、记录、分类和汇总，直至最终提供合格的会计信息，整个过程中各个步骤之间、各项手续之间都是环环相扣、密切联系的。任何一个环节出现差错或者延误，都将对最终的会计信息质量和会计工作效率造成重大影响。如果没有专门的会计机构、专职的会计人员和完善的内部会计管理规范，就无法保证这一系列程序的顺利完成。

（二）可确保会计工作与其他经济管理工作协调一致

会计工作在企业和行政事业单位的整个经济管理活动中处于重要地位。企事业单位的各项经济活动都要通过会计来核算和监督，所以会计部门与生产、销售、计划管理等业务部门之间都有着密切的联系，可以随时掌握单位的各种经济动态。科学、合理地组织会计工作，可以发挥其特有的协调作用，促进各个部门互相配合、互相促进、齐抓共管，共同提高单位的经济管理水平。

（三）贯彻国家财经法规，维护社会经济秩序

会计工作是一项政策性非常强的工作，各企事业单位的会计机构和会计人员必须严格遵循《会计法》和其他财经法规的要求，对本单位的各项经济活动实施监督。因此，科学、合理地组织会计工作，可以在组织上、人员上和制度上保证国家有关方针、政策、法令、法规的贯彻执行，协助有关部门共同打击经济领域的违法犯罪行为，保护单位的财产物资安全，保护投资者的利益不受侵害，维护社会经济秩序的健康运行。

二、会计工作组织的原则

（一）统一性原则

组织会计工作必须在国家统一领导下，依据《会计法》、会计准则的要求进行。只有这样，才能保证国家有关方针、政策、法令、法规的贯彻执行，才能满足国家宏观调控对会计信息的需求。

（二）适应性原则

组织会计工作必须适应本单位经济活动的特点。国家对组织会计工作的统一要求，仅限于一般的原则性规定，各企事业单位对会计机构的设置、会计人员的配备和统一会计制度的执行，都要结合本单位的业务范围、经营规模等实际情况和经营管理中的具体要求，作出切合实际的安排，并制定具体的实施办法或补充规定。

（三）经济性原则

组织会计工作必须在满足会计信息需求和保证会计工作质量的前提下，讲求效率，节约时间，讲求效益，节约开支。对会计机构的设置和人员的配备，应力求精简。对会计处理程序和有关手续的规定，应符合实际需要，避免烦琐。会计部门收集的经济资料应与其他部门实现信息共享，避免重复劳动。因此，在会计工作中大力推广计算机技术和网络通信技术具有十分重要的意义。

三、会计工作的组织形式

会计工作的组织形式是指在企业内部组织开展会计工作的具体方式。独立核算企业

的会计工作的组织形式,一般分为集中核算和非集中核算两种。

（一）集中核算

集中核算又称为统一核算,是指在企业设置专门的会计机构,将企业的主要会计工作都集中在专门的会计机构内进行,企业内部的各部门、各单位一般不进行单独核算,只是对所发生的经济业务进行原始记录,办理原始凭证的取得、填制和汇总工作,并定期将这些资料报送企业会计部门进行总分类核算和明细分类核算。实行集中核算,可以减少核算层次、精简会计人员、提高工作效率,但是不便于企业各部门和各单位及时利用核算资料进行日常的考核和分析。

（二）非集中核算

非集中核算又称为分散核算,就是将会计工作分散在企业内部各部门、各单位进行,各部门、各单位分别设置自己的会计机构,并负责本部门、本单位范围内的会计工作。如在工业企业里,车间设置成本明细账,登记本车间发生的生产成本并计算出所完成产品的车间成本,厂部会计部门只根据车间报送的资料进行产品成本的总分类核算;又如在商业企业里,把库存商品的明细核算和某些费用的核算等,分散在各业务部门进行。但是,会计报表的编制以及不宜分散核算的工作,如物资供销、现金收支、银行存款收支、对外往来结算等对外业务,仍应由企业会计部门集中办理。实行非集中核算,使企业内部各部门、各单位能够及时了解本部门、本单位的经济活动情况,有利于及时分析、解决问题;但这种组织形式会增加核算手续和核算层次。

以上两种会计工作组织形式的划分并非绝对,在某个企业里,可能对一些业务采取集中核算的形式,而对另一些业务采取非集中核算的形式。企业应根据自身特点和管理要求,合理地进行选择或结合使用。

第二节　会计机构和会计人员

一、会计机构

所谓会计机构,是指各企事业单位内部直接从事和组织领导会计工作的职能部门。

（一）会计机构的设置

各个企业和行政、事业单位原则上都要单独设置专职的会计工作机构。会计机构的设置必须符合社会经济对会计工作所提出的各项要求,并与国家的会计管理体制相适应,以最大限度地发挥会计机构和每个会计人员在经济管理过程中应有的作用。以工业企业为例,一般都在厂一级设置会计科或将财务工作与会计工作合并在一起,设置一个财会科,科内按业务分设财务组、成本组、材料组、工资组、综合组等。

各单位应当根据会计业务的需要设置会计机构,并配备会计机构负责人;不具备单独设置会计机构条件的,应当在有关机构中配备专职会计人员,并在专职会计人员中指定会计主管人员。会计机构负责人、会计主管人员的任免,应当符合《中华人民共和国会计法》和有关法律的规定。

(二)会计工作岗位的设置

各单位应当根据会计业务的需要,建立健全会计工作岗位责任制,即将每一项会计工作都定人定岗,由专人负责。对会计工作的合理分工,必须体现内部牵制制度的要求,并建立稽核制度,以利于防止或发现工作中的差错或失误。

会计工作岗位一般可分为:会计机构负责人或者会计主管人员、出纳、财产物资核算、工资核算、成本费用核算、财务成果核算、资金核算、往来结算、总账报表、稽核、档案管理等。开展会计电算化和管理会计的单位,可以根据需要设置相应工作岗位,也可以与其他工作岗位相结合。

会计工作岗位,可以一人一岗、一人多岗或者一岗多人。但出纳人员不得兼管稽核、会计档案保管和收入、费用、债权债务账目的登记工作。会计人员的工作岗位应当有计划地进行轮换。

二、会计人员

设置了会计机构,还必须配备相应的会计人员。会计人员通常是指在国家机关、社会团体、公司企业、事业单位和其他组织中从事财务会计的人员,包括会计机构负责人以及具体从事会计工作的会计师、会计员和出纳员等。合理配备会计人员,提高会计人员的综合素质是每个单位做好会计工作的决定性因素。

(一)会计人员应具备的基本条件

1.具有会计从业资格

我国《会计法》第三十八条规定:"从事会计工作的人员,必须取得会计从业资格证书。"《会计从业资格管理办法》第三条也规定:"不具备会计从业资格的人员,不得从事会计工作,不得参加会计专业技术资格考试或评审、会计专业职务的聘任,不得申请取得会计人员荣誉证书。"一般说来,对于取得会计从业资格证书的人员,可认定其具备了必要的会计专业知识和专业技能,并熟悉国家有关法律、法规,规章和国家统一的会计制度。

我国实行会计从业资格考试制度,考试科目为:财经法规与会计职业道德、会计基础和初级会计电算化。但具备国家教育行政主管部门认可的中专及中专以上会计类专业[①]学历或学位的,自毕业之日起2年内(含2年),可免试会计基础和初级会计电算化。

2.具备必要的专业知识和专业技能

目前,我国主要采用设置会计专业职务和举行会计专业技术资格考试的方式来考核和确认会计人员的专业知识和业务技能水平,以确保会计人员具备必要的专业知识与技能。根据《会计专业职务试行条例》的规定,会计专业职务分为高级会计师、会计师、助理会计师和会计员,其中,高级会计师为高级职务,会计师为中级职务,助理会计师、会计员为初级职务。

相应的,我国会计专业技术资格也划分为:初级资格、中级资格和高级资格。《会计专业技术资格考试暂行规定》第二条规定:"凡通过全国统一考试,取得会计专业技术资格的会计人员,表明其已具备担任相应级别会计专业技术职务的任职资格。用人单位可根据

[①] 会计类专业一般包括:会计学、会计电算化、注册会计师专门化、审计学、财务管理、理财学。

工作需要和德才兼备的原则,从获得会计专业技术资格的会计人员中择优聘任。"

目前,我国会计专业技术资格的取得方式为:

(1)初级资格。会计专业技术初级资格考试科目包括"经济法基础"和"初级会计实务",参考人员必须在一个考试年度内通过全部科目的考试,方可获得初级资格证书。

(2)中级资格。会计专业技术中级资格考试科目包括"财务管理""经济法"和"中级会计实务",参考人员在连续的两个考试年度内,全部科目考试均合格者,即可获得中级资格证书。

(3)高级资格。会计专业技术高级资格实行考试与评审相结合的评价制度。申请参加高级会计师资格评审的人员,须先通过科目为"高级会计实务"的高级资格考试,获得高级会计师资格考试成绩合格证或本省、本部门当年参评使用标准的成绩证明。具体评审工作由各省、自治区、直辖市,新疆生产建设兵团及具有高级会计师职务任职资格评审权的中央部门(或单位)等组织进行。

除参加统一的技术资格考试外,会计人员还应当按照国家有关规定参加会计业务的培训。这是因为,受我国会计学历教育规模的限制,目前会计人员中具备规定学历的比例还不高,要使会计人员具备必要的政治和业务素质,对他们进行在职培训是重要的途径之一。此外,即便是具备了规定的学历,也存在知识更新的问题,有适应法律的、经济的、政治的或是技术上的新的要求的问题,这主要通过在职培训来解决。各单位应当合理安排会计人员的培训,保证会计人员每年有一定时间用于学习和参加培训。

3.遵守职业道德

会计人员在会计工作中应当遵守职业道德,树立良好的职业品质、严谨的工作作风,严守工作纪律,努力提高工作效率和工作质量。我国《会计法》第三十九条规定:"会计人员应当遵守职业道德,提高业务素质。"《会计基础工作规范》第十四条也规定:"会计人员应当具备必要的专业知识和专业技能,熟悉国家有关法律、法规、规章和国家统一会计制度,遵守职业道德。"这是对会计人员最基本的要求。

(二)会计人员的职责

会计人员的职责,概括起来就是及时提供真实可靠的会计信息,认真贯彻执行和维护国家财经制度和财经纪律,积极参与经营管理,提高经济效益。具体而言,会计人员的职责主要包括六个方面:

(1)按照会计法律、法规和国家统一的会计制度规定,开展会计事项的处理与核算。

(2)通过依法开展会计处理与核算,对本企业各项经济业务实行会计控制和会计监督。

(3)拟订、实施并不断完善本企业会计制度与相关管理办法。

(4)开展会计分析与会计预测,为企业管理与决策提供数据支持。

(5)参与经济计划、业务计划、重要合同等的拟订,避免企业重要经济工作与财务脱节。

(6)办理其他会计事项。

我国《会计法》第二十八条规定:"单位负责人应当保证会计机构、会计人员依法履行职责,不得授意、指使、强令会计机构、会计人员违法办理会计事项。"

(三)会计人员的工作权限

(1)会计人员有权要求本单位有关部门、人员认真执行国家批准的计划、预算。即督促本单位有关部门严格遵守国家财经纪律和财务会计制度；如果本单位有关部门有违反国家法规的情况，会计人员有权拒绝付款、拒绝报销或拒绝执行，并及时向本单位领导或上级有关部门报告。

（2）会计人员有权参与本单位编制计划、制定定额、对外签订经济合同，有权参加有关的生产、经营管理会议和业务会议。即会计人员有权以其特有的专业地位参加企业的各种管理活动，了解企业的生产经营情况，并提出自己的建议。

（3）会计人员有权对本单位各部门进行会计监督。即会计人员有权监督、检查本单位有关部门的财务收支、资金使用和财产保管、收发、计量、检验等情况，本单位有关部门要大力协助会计人员的工作。

（四）对会计人员的管理

（1）各单位评议、聘任（任命）会计人员，应坚持任人唯贤的原则。国家机关、国有企业、事业单位任用会计人员还应当实行回避制度。即单位领导人的直系亲属①不得担任本单位的会计机构负责人、会计主管人员。会计机构负责人，会计主管人员的直系亲属不得在本单位会计机构中担任出纳工作。

（2）各单位应当定期检查会计人员遵守职业道德的情况，并作为会计人员晋升、晋级、聘任专业职务、表彰奖励的重要考核依据。对于违反职业道德的会计人员，由所在单位进行处罚，情节严重的，由会计证发证机关吊销其会计证。

（3）各单位要建立、健全会计专业人员的业绩考核制度。对任职会计专业人员的业务水平、工作态度和成绩进行定期或不定期的考核，记入档案，作为任职、调薪、奖惩和能否续聘的依据。对忠于职守，坚持原则，作出显著成绩的会计机构、会计人员，应当给予精神的和物质的奖励。

（4）各单位应当加强对会计人员的教育和培训工作。《会计从业资格管理办法》规定：持有会计从业资格证书的人员应当接受继续教育（每年参加继续教育不得少于24小时），提高业务素质和会计职业道德水平。各单位应鼓励持证人员参加继续教育，保证学习时间，提供必要的学习条件。

（5）会计人员调动、离职、临时离职等，应办理会计工作交接。会计工作交接是会计工作的一项重要制度。实行会计工作交接制度既有利于明确工作责任，又有利于保持会计工作的连续性。会计工作交接的主要规定包括：

①会计人员工作调动或者因故离职，必须将本人所经管的会计工作全部移交给接替人员。没有办清交接手续的，不得调动或者离职。会计人员临时离职或者因病不能工作且需要接替或者代理的，单位应指定有关人员接替或者代理，并办理交接手续。临时离职或者因病不能工作的会计人员恢复工作的，也应当与接替或者代理人员办理交接手续。移交人员对所移交的会计凭证、会计账簿、会计报表和其他有关资料的合法性、真实性承担法律责任。

②会计人员办理移交手续前，必须及时做好已受理经济业务会计凭证的填制、会计账簿的登记、移交资料的整理、移交清册的编制等准备工作。

---

① 直系亲属包括：夫妻关系、直系血亲关系、三代以内旁系血亲以及配偶亲关系。

③会计机构负责人(或会计主管人员)移交时,还必须将全部财务会计工作、重大财务收支和会计人员的情况等,向接替人员详细介绍。对需要移交的遗留问题,应当写出书面材料。

④会计人员办理交接手续,必须有监交人负责监交。一般会计人员办理交接手续,由会计机构负责人(或会计主管人员)监交;会计机构负责人(或会计主管人员)办理交接手续,由企业负责人监交,必要时主管单位可以派人会同监交。

⑤移交人员在办理移交时,要按移交清册逐项移交,接替人员要逐项核对点收。

⑥交接完毕后,交接双方和监交人员均要在移交清册上签名或者盖章。移交清册一般应当填制一式三份,交接双方各执一份,存档一份。

⑦移交工作结束后,接替人员应当认真接管移交工作,继续办理移交的未了事项。接替人员应当继续使用移交的会计账簿,不得自行另立新账,以保持会计记录的连续性。

第三节　会计职业道德

一、职业道德的概念和基本内容

职业道德的概念有广义和狭义之分。广义的职业道德是指从业人员在职业活动中应该遵循的行为准则,涵盖了从业人员与服务对象、职业与职工、职业与职业之间的关系。狭义的职业道德是指在一定职业活动中应遵循的、体现一定职业特征的、调整一定职业关系的职业行为准则和规范。职业道德的主要内容包括:爱岗敬业、诚实守信、办事公道、服务群众、奉献社会。

二、会计职业道德的主要内容

会计职业道德是指在会计职业活动中应当遵循的、体现会计职业特征的、调整会计职业关系的职业行为准则和规范。会计职业作为社会经济活动中的一种特殊职业,其职业道德与其他职业道德相比具有自身的特征:一是具有一定的强制性;二是较多关注公众利益。会计职业的社会公众利益性,要求会计人员客观公正,在会计职业活动中,发生道德冲突时要坚持原则,把社会公众利益放在第一位。会计职业道德主要包括以下八个方面的内容:

(1)爱岗敬业。要求会计人员热爱会计工作,安心本职岗位,忠于职守,尽心尽力,尽职尽责。热爱自己的职业,是做好一切工作的出发点。会计人员只有为自己建立了这个出发点,才会勤奋、努力钻研业务技术,使自己的知识和技能适应具体从事的会计工作的要求。敬业爱岗,要求会计人员应有强烈的事业心、进取心和过硬的基本功。在实际工作中往往会发现,本来不是由于业务技术深浅的问题,而是由于粗心大意和缺乏扎实工作作风造成一些失误。会计工作政策性很强,涉及面较广,有的同社会上出现的各种经济倾向和不良风气有着密切的联系,因而有些问题处理起来十分复杂。这就要求会计人员要有强烈的"追根求源"的意识,凡事要多问个为什么,要有认真负责的态度。由于会计工作的性质和任务,致使一些会计人员长年累月、周而复始地进行着算账、报账、报表等事务工作,天天与数字打交道,工作细致而烦琐,如果不耐劳尽责,缺乏职业责任感,就会觉得工作枯燥、单调、甚至讨厌,就谈不上热爱会计工作,更谈不上精通会计业务,也就搞不好会计工作。

(2)诚实守信。要求会计人员做老实人,说老实话,办老实事,执业谨慎,信誉至上,不为利益所诱惑,不弄虚作假,不泄露秘密。严格实行会计监督,依法办事,是会计人员职业道德的前提。会计人员应当按照会计法律、法规、规章规定的程序和要求进行会计工作,保证所提供的会计信息合法、真实、准确、及时、完整。会计信息的合法、真实、准确、及时和完整,不但要体现在会计凭证和会计账簿的记录上,还要体现在财务报告上,使单位外部的投资者、债权人、社会公众,及社会监督部门能依照法定程序得到可靠的会计信息资料。要做到这一点并不容易,但会计人员的职业道德要求这样做,会计人员应该继续在这一点上树立自己职业的形象和职业人格的尊严,敢于抵制歪风邪气,同一切违法乱纪的行为作斗争。会计人员应当保守本单位的商业秘密,除法律规定和单位领导人同意外,不能私自向外界提供或者泄露单位的会计信息。会计人员由于工作性质的原因,有机会了解到本单位的重要机密,如对企业来说,关键技术、工艺规程、配方、控制手段和成本资料等都是非常重要的机密,这些机密一旦泄露给明显的或潜在的竞争对手,会给本单位的经济利益造成重大的损害,对被泄密的单位是非常不公正的。所以,泄露本单位的商业秘密,是一种很不道德的行为。会计人员应当确立泄露商业秘密是大忌的观念,对于自己知悉的内部机密,任何时候、任何情况下都要严格保守,不能信口吐露,也不能为了自己的私利而向外界提供。

(3)廉洁自律。要求会计人员公私分明、不贪不占、遵纪守法、清正廉洁。

(4)客观公正。要求会计人员端正态度、依法办事、实事求是、不偏不倚,保持应有的独立性。会计人员在办理会计事务中,应当实事求是、客观公正,这是一种工作态度,也是会计人员追求的一种境界。做好会计工作,无疑是需要专业知识和专门技能的,但这并不足以保证会计工作的质量,有没有实事求是的精神和客观公正的态度也同样重要,否则,就会把知识和技能用错了地方,甚至参与弄虚作假或者通同作弊。

(5)坚持准则。要求会计人员熟悉国家法律、法规和国家统一的会计制度,始终坚持按法律、法规和国家统一的会计制度的要求进行会计核算,实施会计监督。会计工作不只是单纯地记账、算账和报账,会计工作时时、事事、处处涉及执法守纪方面的问题。会计人员不单自己应当熟悉财经法律、法规和国家统一的会计制度,还要能结合会计工作进行广泛宣传;做到在自己自理各项经济业务时知法依法、知章循章,依法把关守口。

(6)提高技能。要求会计人员增强提高专业技能的自觉性和紧迫感,勤学苦练,刻苦钻研,不断进取,提高业务水平。

(7)参与管理。要求会计人员在做好本职工作的同时,努力钻研相关业务,全面熟悉本单位经营活动和业务流程,主动提出合理化建议,协助领导决策,积极参与管理。

(8)强化服务。要求会计人员树立服务意识,提高服务质量,努力维护和提升会计职业的良好社会形象。会计工作的特点决定了会计人员应当熟悉本单位的生产经营和业务管理情况,以便运用所掌握的会计信息和会计方法,为改善单位的内部管理、提高经济效益服务。

三、会计职业道德与会计法律制度的关系

（一）会计职业道德与会计法律制度的联系

会计职业道德是会计法律制度正常运行的社会和思想基础，会计法律制度是促进会计职业道德规范形成和遵守的制度保障。两者有着共同的目标、相同的调整对象，承担着同样的职责，在作用上相互补充，在内容上相互渗透、相互重叠，在地位上相互转化、相互吸收，在实施上相互作用、相互促进。

（二）会计职业道德与会计法律制度的区别

（1）性质不同。会计法律制度通过国家机器强制执行，具有很强的他律性；会计职业道德主要依靠会计从业人员的自觉性，具有很强的自律性。

（2）作用范围不同。会计法律制度侧重于调整会计人员的外在行为和结果的合法化；会计职业道德则不仅要求调整会计人员的外在行为，还要调整会计人员内在的精神世界。

（3）实现形式不同。会计法律制度是通过一定的程序由国家立法机关或行政管理机关制定的，其表现形式是具体的、明确的、正式形成文字的成文规定；会计职业道德出自于会计人员的职业生活和职业实践，其表现形式既有明确的成文规定，也有不成文的规范，存在于人们的意识和信念之中。

（4）实施保障机制不同。会计法律制度由国家强制力保障实施；会计职业道德既有国家法律的相应要求，又需要会计人员的自觉遵守。

第四节　会计档案

一、会计档案的概念与内容

（一）会计档案的概念

会计档案是指会计凭证、会计账簿和财务会计报告等会计核算专业材料，是记录和反映单位经济业务的重要史料和证据。会计档案是国家档案的重要组成部分，也是各单位的重要档案。通过会计档案，可以了解每项经济业务的来龙去脉；可以检查一个单位是否遵守财经法纪，是否存在弄虚作假、违法乱纪等行为；会计档案还可以为国家、单位提供详尽的经济资料，为国家制定宏观经济政策以及单位进行经营决策提供参考。因此，各单位必须认真做好会计档案的管理工作，确保会计档案资料的安全、完整，并予以充分利用。我国《会计档案管理办法》第四条规定："各单位必须加强对会计档案管理工作的领导，建立会计档案的立卷、归档、保管、查阅和销毁等管理制度，保证会计档案妥善保管、有序存放、方便查阅，严防毁损、散失和泄密。"

（二）会计档案的内容

一般将会计档案分为四类：

（1）会计凭证类。主要包括原始凭证、记账凭证、汇总凭证、其他会计凭证等。

(2)会计账簿类。主要包括总账、明细账、日记账、固定资产卡片、辅助账簿、其他会计账簿等。

(3)财务会计报告类。主要包括月度、季度、年度财务会计报告(含会计报表、附表、附注及文字说明)及其他财务会计报告。

(4)其他类。主要包括银行存款余额调节表、银行对账单等其他应当保存的会计核算专业资料,以及会计档案移交清册、会计档案保管清册、会计档案销毁清册等。实行会计电算化的单位,有关电子数据、会计软件资料等也应当作为会计档案进行管理。

二、会计档案的归档与使用

(一)会计档案的归档

各单位每年形成的会计档案,应当由会计机构按照归档要求,整理立卷,装订成册,编制会计档案保管清册。当年形成的会计档案,在会计年度终了后,可暂由会计机构保管一年,期满之后,应当由会计机构编制移交清册,移交本单位档案机构统一保管。未设立档案机构的,应当在会计机构内部指定专人保管,但出纳人员不得兼管会计档案。

由档案机构接收保管的会计档案,原则上应当保持原卷册的封装。个别需要拆封重新整理的,档案机构应当会同会计机构和经办人员共同拆封整理,以分清责任。

(二)会计档案的使用

各单位保存的会计档案可以供本单位或相关部门、单位查阅和使用,但原则上不得借出。如有特殊需要,必须经本单位负责人批准,方可以提供查阅或者复制。查阅或者复制会计档案的人员,严禁在会计档案上涂画、拆封和抽换。

各单位应当建立健全会计档案查阅、复制登记制度,及时记录会计档案的使用情况。

三、会计档案的保管期限

会计档案的重要程度不同,其保管期限也有所不同。会计档案的保管期限一般可分为永久、定期两类。永久保管的档案即需要长期保管,不可以销毁的档案;定期保管的档案则根据保管期限的长短,又具体分为3年、5年、10年、15年、25年5种。会计档案的保管期限,从会计年度终了后的第一天算起。

《会计档案管理办法》对企业和其他组织、预算单位等的会计档案保管期限做了统一规定,各单位不得擅自变更。企业和其他组织会计档案的保管期限详见表10-1。

表 10-1　企业和其他组织会计档案保管期限表

序号	档案名称	保管期限	备　注
一	会计凭证类		
1	原始凭证	15 年	
2	记账凭证	15 年	
3	汇总凭证	15 年	
二	会计账簿类		

续表

序号	档案名称	保管期限	备　注
4	总账	15 年	包括日记总账
5	明细账	15 年	
6	日记账	15 年	现金和银行存款日记账保管 25 年
7	固定资产卡片		固定资产报废后保管 5 年
8	辅助账簿	15 年	
三	财务报告类		包括各级主管部门汇总财务报告
9	月、季度财务报告	3 年	包括文字分析
10	年度财务报告（决算）	永久	包括文字分析
四	其他类		
11	会计移交清册	15 年	
12	会计档案保管清册	永久	
13	会计档案销毁清册	永久	
14	银行余额调节表	5 年	
15	银行对账单	5 年	

四、会计档案的销毁

（一）会计档案的销毁程序

保管期满的会计档案，可以按照以下程序进行销毁：

（1）由本单位档案机构会同会计机构提出销毁意见，编制会计档案销毁清册，列明销毁会计档案的名称、卷号、册数、起止年度和档案编号、应保管期限、已保管期限、销毁时间等内容。

（2）单位负责人在会计档案销毁清册上签署意见。

（3）销毁会计档案时，应当由档案机构和会计机构共同派员监销。国家机关销毁会计档案时，应当由同级财政部门、审计部门派员参加监销。财政部门销毁会计档案时，应当由同级审计部门派员参加监销。

（4）监销人在销毁会计档案前，应当按照会计档案销毁清册所列内容清点核对所要销毁的会计档案；销毁后，应当在会计档案销毁清册上签名盖章，并将监销情况报告本单位负责人。

（二）不得销毁的会计档案

（1）对于保管期满但未结清的债权债务原始凭证和涉及其他未了事项的原始凭证，不得销毁，应当单独抽出立卷，保管到未了事项完结时为止。单独抽出立卷的会计档案，应当在会计档案销毁清册和会计档案保管清册中列明。

（2）正在项目建设期间的建设单位，其保管期满的会计档案不得销毁。

第五节　内部会计制度

内部会计制度是指各企业依据国家的有关法律、法规,结合本企业的具体情况和内部会计管理的需要而制定的各种会计规章制度。为充分发挥会计职能作用,提高工作效率和经济效益,各企业应当建立健全内部会计制度,加强内部会计管理。

一、建立内部会计制度的原则

我国《会计基础工作规范》第八十四条规定:"各单位应当根据《中华人民共和国会计法》和国家统一会计制度的规定,结合单位类型和内部管理的需要,建立健全相应的内部会计管理制度。"各单位制定内部会计管理制度应当遵循下列原则:

(1)执行法律、法规和国家统一的财务会计制度。

(2)体现本单位的生产经营、业务管理的特点和要求。

(3)全面规范本单位的各项会计工作,建立健全会计基础,保证会计工作的有序进行。

(4)应当科学、合理,便于操作和执行。

(5)应当定期检查执行情况。

(6)应当根据管理需要和执行中的问题不断完善。

二、内部会计制度的主要内容

单位建立的内部会计制度一般包括以下 16 项内容:

(一)内部会计管理体系制度

该制度应当明确单位负责人、总会计师对会计工作的领导职责;会计部门及其会计机构负责人、会计主管人员的职责、权限;会计部门与其他职能部门的关系;会计核算的组织形式等。

(二)会计人员岗位责任制度

该制度的主要内容包括:会计人员的工作岗位设置、各会计工作岗位的职责和标准、各会计工作岗位的人员和具体分工、会计工作岗位的轮换办法、对各会计工作岗位的考核办法等。

(三)账务处理程序制度

该制度的主要内容包括:会计科目及其明细科目的设置和使用,会计凭证的格式、审核要求和传递程序,会计核算方法,会计账簿的设置,编制会计报表的种类和要求,企业会计指标体系等。

(四)内部牵制制度

该制度的主要内容包括:内部牵制制度的原则和组织分工、出纳岗位的职责和限制条件、有关岗位的职责和权限等。

(五)稽核制度

该制度的主要内容包括:稽核工作的组织形式和具体分工,稽核工作的职责、权限,审核会计凭证和复核会计账簿、会计报表的方法等。

（六）原始记录管理制度

该制度的主要内容包括：原始记录的内容和填制方法，原始记录的格式，原始记录的审核，原始记录填制人的责任，原始记录签署、传递和汇集要求等。

（七）定额管理制度

该制度的主要内容包括：定额管理的范围，制定和修订定额的依据、程序和方法，定额的执行，定额考核和奖惩办法等。

（八）计量验收制度

该制度的主要内容包括：计量检测的手段和方法、计量验收管理的要求、计量验收人员的责任和奖惩办法等。

（九）财产清查制度

该制度的主要内容包括：财产清查的范围、财产清查的组织、财产清查的期限和方法、对财产清查中发现问题的处理办法、对财产管理人员的奖惩办法等。

（十）财务收支审批制度

该制度的主要内容包括：财务收支审批人员和审批权限、财务收支的审批程序、财务收支审批人员的责任等。

（十一）成本核算制度

该制度的主要内容包括：成本核算的对象、成本核算的方法和程序、成本分析等。

（十二）财务会计分析制度

该制度的主要内容包括：财务会计分析的主要内容、财务会计分析的基本要求和组织程序、财务会计分析的具体方法、财务会计分析报告的编写要求等。

（十三）预算管理制度

该制度的主要内容包括：预算委员会的职责和权限、预算编制的方法和程序、预算的审批权限和要求、预算执行过程的控制与调整、预算执行结果的考核与分析等。

（十四）内部会计监督制度

该制度的主要内容包括：监督的主体和依据，监督机构及人员的职责、权限，监督的程序、内容和方法，对相关人员的责任追究和处罚等。

（十五）会计档案管理制度

该制度的主要内容包括：会计档案的立卷、归档、保管、查阅和销毁，会计档案管理人员的奖惩办法等。

（十六）电算化会计管理制度

实行电算化会计的企业应当建立实施会计电算化管理制度，主要包括会计电算化岗位责任制，会计电算化操作管理制度，计算机硬件、软件和数据管理制度，电算化会计档案管理制度等。

本章小结

本章主要介绍了会计工作组织和管理的有关内容。

　　会计工作组织和管理的内容主要包括：会计机构的设置；会计人员的配备；会计档案管理和内部会计制度等。各单位必须按照国家对会计工作的统一要求、根据自身生产经营管理特点、兼顾效果与效率来开展会计工作的组织和管理。会计工作的组织形式包括集中核算和非集中核算两种。

　　会计机构是具体组织和直接开展会计工作的职能部门。各单位应当根据国家相关规定和会计业务的需要，设置会计机构，划分会计工作岗位，实行岗位责任制。

　　会计人员应具备国家规定的基本条件或任职资格，依法履行会计核算、会计控制、会计监督、会计分析、会计预测等职责，并享有相应的职权。会计人员的专业技术职务名称包括高级会计师、会计师、助理会计师、会计员。

　　会计职业道德是在会计职业活动中应当遵循的、体现会计职业特征的、调整会计职业关系的职业行为准则和规范。会计职业道德与会计法律制度两者既有紧密的联系，又在性质、作用范围、实现形式和实施保障机制方面有所区别。会计职业道德的主要内容包括爱岗敬业、诚实守信、廉洁自律、客观公正、坚持准则、提高技能、参与管理和强化服务八个方面。

　　会计档案一般包括会计凭证、会计账簿、财务会计报告、其他等四类。会计档案应按要求进行归档、使用与销毁。会计档案的保管期限分为永久、定期两类。

　　各单位应当建立健全内部会计制度，一般包括内部会计管理体系制度、会计人员岗位责任制度、账务处理程序制度、内部牵制制度、稽核制度、原始记录管理制度、定额管理制度、计量验收制度、财产清查制度、财务收支审批制度、成本核算制度、财务会计分析制度、预算管理制度、内部会计监督制度、会计档案管理制度、电算化会计管理制度等 16 项。

案例解析

【案例一】

本章"案例导入"解析：

问题 1：在本章"导入案例"中，张宇违反了哪些会计职业道德要求？

分析：张宇违反了诚实守信、廉洁自律会计职业道德要求。

　　首先，财政部门、会计职业团体、本单位对张宇违反会计职业道德的行为，均可以在各自的职权范围内进行处理。《会计法》规定，会计人员应当遵守会计职业道德。《会计从业资格管理办法》《会计专业技术资格考试暂行办法》等均把遵守会计职业道德作为取得会计从业资格、参加会计资格考试的前提条件。所以，财政部门可以对会计职业道德进行监督检查，对违反职业道德的行为可以在其会计从业资格证书上进行记载，情节严重的，将依法吊销其会计从业资格证书。其次，如果会计职业组织会员违反了会计职业道德要求，会计职业组织可以根据行业自律性监管的有关规定，对其会员采取公开谴责，直至取消其会员资格等惩戒措施。此外，根据《会计法》规定，单位负责人对本单位的会计工作和会计资料的真实性、完整性负责。单位负责人有责任建立和完善内部控制制度，开展会计职业道德教育，检查和考核本单位会计人员会计职业道德遵守情况，对违反会计职业道德的行为，可以按照单位内部有关制度进行直至除名的处理。

习题精选

一、单项选择题

1.各单位当年形成的会计档案在会计年度终了后,可由会计机构暂时保管(　　)。

A.半年　　　　　　　B.一年　　　　　　　C.两年　　　　　　　D.三年

2.关于会计部门内部的岗位责任制,下列说法中错误的是(　　)。

A.应在实现相互牵制的同时兼顾效率

B.人员分工可以一岗一人,也可以一岗多人或多岗一人

C.可直接采用同行业其他单位的岗位责任制

D.应保证每一项会计工作都有专人负责

3.会计人员的职责中不包括(　　)。

A.进行会计核算　　　　　　　　　B.实行会计监督

C.编制预算　　　　　　　　　　　D.决定经营方针

4.企业年度会计报表的保管期限为(　　)。

A.五年　　　　　　　B.十五年　　　　　　C.二十五年　　　　　D.永久

5.下面关于会计法律制度与会计职业道德的表述,错误的是(　　)。

A.两者的作用范围不同　　　　　　B.两者的性质不同

C.两者的目标不同　　　　　　　　D.两者的实现形式不同

二、多项选择题

1.合理地组织和管理会计工作,能够(　　)。

A.提高会计工作的效率

B.保证会计工作的质量

C.确保会计工作与其他经济管理工作协调一致

D.保证国家有关政策、法律和法规等的贯彻执行

E.取代企业的计划、统计等部门的工作

2.会计工作组织的内容主要包括(　　)。

A.配备会计人员　　　　　　　　B.制定内部会计管理规范

C.设置会计机构　　　　　　　　D.实施会计电算化

E.保管会计档案

3.我国会计专业技术职务分别规定为(　　)。

A.高级会计师　　　B.会计师　　　　C.注册会计师　　　D.助理会计师

E.会计员

4.会计档案的定期保管期限有(　　)。

A.3 年　　　　　　B.5 年　　　　　　C.10 年　　　　　　D.15 年

E.25 年

5.无论采用集中核算还是非集中核算,(　　)都应由厂部财务会计部门集中办理。

A.企业对外的现金往来　　　　　　B.材料的明细核算

C.物资购销　　　　　　　　D.债权债务的结算

E.会计报表的编制

三、判断题

1.在实际工作中,企业可以对某些会计业务采用集中核算,而对另外一些会计业务采用非集中核算。(　　　)

2.采用非集中核算,财会部门掌握的资料比较完整、详细。(　　　)

四、简答题

1.组织会计工作应遵循什么原则?

2.会计人员应具备的基本条件有哪些? 其具体内容是什么?

会计天地

会计名家——郭道扬

1940 年 11 月 23 日出生于湖北省谷城县。1960 年 9 月,郭道扬进入湖北大学经济系贸易经济专业学习,1964 年 7 月,湖北大学建立财会系,他留校任教,讲授会计学原理及商业会计等课程。1982 年 6 月,郭道扬的《中国会计史稿》上册由中国财政经济出版社发行,接着 1986 年 6 月,《中国会计史稿》下册问世;1984 年,郭道扬先生撰写了我国第一部会计史学教科书《会计发展史纲》。郭道扬教授的两部著作打开了中国会计史学研究走向世界的通道,填补了世界会计史库中的空白,是东方的第一部会计史学专著。为了表彰郭道扬对中国及世界会计教育与研究工作所作出的贡献,1988 年美国国际名人传记中心将其列入《世界 5000 人物》一书,1989 年又将其列入《第三世界名人传》一书。1990 年英国剑桥国际名人传记中心将其列入《国际著名知识分子》一书,1991 年又列入《国际名人传》一书。

研究领域:财务会计、国际会计、会计理论、会计审计史学

代表作品:《中国会计史稿》(上、下)、《会计发展史纲》《会计史教程》(第一卷)、《会计大典》《中国会计发展史纲》、"会计控制论""走向宏观经济世界的现代会计""二十一世纪战争与和平——会计控制、会计教育纵横论"。

※轻松一刻※

笨贼

某强盗近日手头颇紧,于是持着买来的假手枪,蹿到财会处行劫。

"把钱交出来"! 强盗大喝,会计头都没抬:"下班了,明天再来"! 强盗惶惶而出。

附录1

中华人民共和国会计法

为了规范会计行为,保证会计资料真实、完整,加强经济管理和财务管理,提高经济效益,维护社会主义市场经济秩序,《中华人民共和国会计法》已由中华人民共和国第九届全国人民代表大会常务委员会第十二次会议于 1999 年 10 月 31 日修订通过,自 2000 年 7 月 1 日起施行。

第一章　总则

第一条　为了规范会计行为,保证会计资料真实、完整,加强经济管理和财务管理,提高经济效益,维护社会主义市场经济秩序,制定本法。

第二条　国家机关、社会团体、公司、企业、事业单位和其他组织(以下统称单位)必须依照本法办理会计事务。

第三条　各单位必须依法设置会计账簿,并保证其真实、完整。

第四条　单位负责人对本单位的会计工作和会计资料的真实性、完整性负责。

第五条　会计机构、会计人员依照本法规定进行会计核算,实行会计监督。

任何单位或者个人不得以任何方式授意、指使、强令会计机构、会计人员伪造、变造会计凭证、会计账簿和其他会计资料,提供虚假财务会计报告。

任何单位或者个人不得对依法履行职责、抵制违反本法规定行为的会计人员实行打击报复。

第六条　对认真执行本法、忠于职守、坚持原则、作出显著成绩的会计人员,给予精神的或者物质的奖励。

第七条　国务院财政部门主管全国的会计工作。县级以上地方各级人民政府财政部门管理本行政区域内的会计工作。

第八条　国家实行统一的会计制度。国家统一的会计制度由国务院财政部门根据本法制定并公布。

国务院有关部门可以依照本法和国家统一的会计制度制定对会计核算和会计监督有特殊要求的行业实施国家统一的会计制度的具体办法或者补充规定,报国务院财政部门审核批准。

中国人民解放军总后勤部可以依照本法和国家统一的会计制度制定军队实施国家统一的会计制度的具体办法,报国务院财政部门备案。

第二章　会计核算

第九条　各单位必须根据实际发生的经济业务事项进行会计核算,填制会计凭证,登记会计账簿,编制财务会计报告。

任何单位不得以虚假的经济业务事项或者资料进行会计核算。

第十条　下列经济业务事项,应当办理会计手续,进行会计核算:

(一)款项和有价证券的收付;

(二)财物的收发、增减和使用;

(三)债权债务的发生和结算;

(四)资本、基金的增减;

(五)收入、支出、费用、成本的计算;

(六)财务成果的计算和处理;

(七)需要办理会计手续、进行会计核算的其他事项。

第十一条　会计年度自公历 1 月 1 日起至 12 月 31 日止。

第十二条　会计核算以人民币为记账本位币。业务收支以人民币以外的货币为主的单位,可以选定其中一种货币作为记账本位币,但是编报的财务会计报告应当折算为人民币。

第十三条　会计凭证、会计账簿、财务会计报告和其他会计资料,必须符合国家统一的会计制度的规定。

使用电子计算机进行会计核算的,其软件及其生成的会计凭证、会计账簿、财务会计报告和其他会计资料,也必须符合国家统一的会计制度的规定。

任何单位和个人不得伪造、变造会计凭证、会计账簿及其他会计资料,不得提供虚假的财务会计报告。

第十四条　会计凭证包括原始凭证和记账凭证。

办理本法第十条所列的经济业务事项,必须填制或者取得原始凭证并及时送交会计机构。

会计机构、会计人员必须按照国家统一的会计制度的规定对原始凭证进行审核,对不真实、不合法的原始凭证有权不予接受,并向单位负责人报告;对记载不准确、不完整的原始凭证予以退回,并要求按照国家统一的会计制度的规定更正、补充。

原始凭证记载的各项内容均不得涂改;原始凭证有错误的,应当由出具单位重开或者更正,更正处应当加盖出具单位印章。原始凭证金额有错误的,应当由出具单位重开,不得在原始凭证上更正。记账凭证应当根据经过审核的原始凭证及有关资料编制。

第十五条　会计账簿登记,必须以经过审核的会计凭证为依据,并符合有关法律、行政法规和国家统一的会计制度的规定。会计账簿包括总账、明细账、日记账和其他辅助性账簿。

会计账簿应当按照连续编号的页码顺序登记。会计账簿记录发生错误或者隔页、缺号、跳行的,应当按照国家统一的会计制度规定的方法更正,并由会计人员和会计机构负责人(会计主管人员)在更正处盖章。

使用电子计算机进行会计核算的,其会计账簿的登记、更正,应当符合国家统一的会计制度的规定。

第十六条　各单位发生的各项经济业务事项应当在依法设置的会计账簿上统一登记、核算,不得违反本法和国家统一的会计制度的规定私设会计账簿登记核算。

第十七条　各单位应当定期将会计账簿记录与实物、款项及有关资料相互核对,保证会计账簿记录与实物及款项的实有数额相符、会计账簿记录与会计凭证的有关内容相符、会计账簿之间相对应的记录相符、会计账簿记录与会计报表的有关内容相符。

第十八条　各单位采用的会计处理方法,前后各期应当一致,不得随意变更;确有必要变更的,应当按照国家统一的会计制度的规定变更,并将变更的原情况及影响在财务会计报告中说明。

第十九条　单位提供的担保、未决诉讼等或有事项,应当按照国家统一的会计制度的规定,在财务会计报告中予以说明。

第二十条　财务会计报告应当根据经过审核的会计账簿记录和有关资料编制,并符合本法和国家统一的会计制度关于财务会计报告的编制要求、提供对象提供期限的规定;其他法律、行政法规另有规定的,从其规定。

财务会计报告由会计报表、会计报表附注和财务情况说明书组成。向不同的会计资料使用者提供的财务会计报告,其编制依据应当一致。有关法律、行政法规规定会计报表、会计报表附注和财务情况说明书须经注册会计师审计的,注册会计师及其所在的会计师事务所出具的审计报告应当随同财务会计报告一并提供。

第二十一条　财务会计报告应当由单位负责人和主管会计工作的负责人、会计机构负责人(会计主管人员)签名并盖章;设置总会计师的单位,还须由总会计师签名并盖章。

单位负责人应当保证财务会计报告真实、完整。

第二十二条　会计记录的文字应当使用中文。在民族自治地方,会计记录可以同时使用当地通用的一种民族文字。在中华人民共和国境内的外商投资企业外国企业和其他外国组织的会计记录可以同时使用一种外国文字。

第二十三条　各单位对会计凭证、会计账簿、财务会计报告和其他会计资料应当建立档案,妥善保管。会计档案的保管期限和销毁办法,由国务院财政部会同有关部门制定。

第三章　公司、企业会计核算的特别规定

第二十四条　公司、企业进行会计核算,除应当遵守本法第二章的规定外,还应当遵守本章规定。

第二十五条　公司、企业必须根据实际发生的经济业务事项,按照国家统一的会计制度的规定确认、计量和记录资产、负债、所有者权益、收入、费用、成本和利润。

第二十六条　公司、企业进行会计核算不得有下列行为:

(一)随意改变资产、负债、所有者权益的确认标准或者计量方法,虚列、多列、不列或者少列资产、负债、所有者权益;

(二)虚列或者隐瞒收入,推迟或者提前确认收入;

(三)随意改变费用、成本的确认标准或者计量方法,虚列、多列、不列或者少列费用、

成本；

（四）随意调整利润的计算、分配方法，编造虚假利润或者隐瞒利润；

（五）违反国家统一的会计制度规定的其他行为。

第四章　会计监督

第二十七条　各单位应当建立、健全本单位内部会计监督制度。单位内部会计监督制度应当符合下列要求：

（一）记账人员与经济业务事项和会计事项的审批人员、经办人员、财物保管人员的职责权限应当明确，并相互分离、相互制约；

（二）重大对外投资、资产处置、资金调度和其他重要经济业务事项的决策和执行的相互监督、相互制约程序应当明确；

（三）财产清查的范围、期限和组织程序应当明确；

（四）对会计资料定期进行内部审计的办法和程序应当明确。

第二十八条　单位负责人应当保证会计机构、会计人员依法履行职责，不得授意、指使、强令会计机构及会计人员违法办理会计事项。

会计机构、会计人员对违反本法和国家统一的会计制度规定的会计事项，有权拒绝办理或者按照职权予以纠正。

第二十九条　会计机构、会计人员发现会计账簿记录与实物、款项及有关资料不相符的，按照国家统一的会计制度的规定有权自行处理的，应当及时处理；无权处理的，应当立即向单位负责人报告，请求查明原因，作出处理。

第三十条　任何单位和个人对违反本法和国家统一的会计制度规定的行为，有权检举。收到检举的部门有权处理的，应当依法按照职责分工及时处理；无处理的，应当及时移送有权处理的部门处理。收到检举的部门、负责处理的部门应当为检举人保密，不得将检举人姓名和检举材料转给被检举单位和被检举人个人。

第三十一条　有关法律、行政法规规定，须经注册会计师进行审计的单位，应当向受委托的会计师事务所如实提供会计凭证、会计账簿、财务会计报告和他会计资料以及有关情况。

任何单位或者个人不得以任何方式要求或者示意注册会计师及其所在的会计师事务所出具不实或者不当的审计报告。

财政部门有权对会计师事务所出具审计报告的程序和内容进行监督。

第三十二条　财政部门对各单位的下列情况实施监督：

（一）是否依法设置会计账簿；

（二）会计凭证、会计账簿、财务会计报告和其他会计资料是否真实、完整；

（三）会计核算是否符合本法和国家统一的会计制度的规定；

（四）从事会计工作的人员是否具备从业资格。

在对前款第（二）项所列事项实施监督，发现重大违法嫌疑时，国务院财政部门及其派出机构可以向与被监督单位有经济业务往来的单位和被监督单位开立账户的金融机构查询有关情况，有关单位和金融机构应当给予支持。

第三十三条 财政、审计、税务、人民银行、证券监管、保险监管等部门应当依照有关法律、行政法规规定的职责,对有关单位的会计资料实施监督检查。

前款所列监督检查部门对有关单位的会计资料依法实施监督检查后,应当出具检查结论。有关监督检查部门已经作出的检查结论能够满足其他监督检查部门履行本部门职责需要的,其他监督检查部门应当加以利用,避免重复查账。

第三十四条 依法对有关单位的会计资料实施监督检查的部门及其工作人员对在监督检查中知悉的国家秘密和商业秘密负有保密义务。

第三十五条 各单位必须依照有关法律、行政法规的规定,接受有关监督检查部门依法实施的监督检查,如实提供会计凭证、会计账簿、财务会计报告和他会计资料以及有关情况,不得拒绝、隐匿、谎报。

第五章 会计机构和会计人员

第三十六条 各单位应当根据会计业务的需要,设置会计机构,或者在有关机构中设置会计人员并指定会计主管人员;不具备设置条件的,应当委托经批准设立从事会计代理记账业务的中介机构代理记账。

国有的和国有资产占控股地位或者主导地位的大、中型企业必须设置总会计师。总会计师的任职资格、任免程序、职责权限由国务院规定。

第三十七条 会计机构内部应当建立稽核制度。

出纳人员不得兼任稽核、会计档案保管和收入、支出、费用、债权债务账目的登记工作。

第三十八条 从事会计工作的人员,必须取得会计从业资格证书。

担任单位会计机构负责人(会计主管人员)的,除取得会计从业资格证书外,还应当具备会计师以上专业技术职务资格或者从事会计工作三年以上经历。

会计人员从业资格管理办法由国务院财政部门规定。

第三十九条 会计人员应当遵守职业道德,提高业务素质。对会计人员的教育和培训工作应当加强。

第四十条 因有提供虚假财务会计报告,做假账,隐匿或者故意销毁会计凭证、会计账簿、财务会计报告,贪污,挪用公款,职务侵占等与会计职务有关的违法行为被依法追究刑事责任的人员,不得取得或者重新取得会计从业资格证书。

除前款规定的人员外,因违法违纪行为被吊销会计从业资格证书的人员,自被吊销会计从业资格证书之日起五年内,不得重新取得会计从业资格证书。

第四十一条 会计人员调动工作或者离职,必须与接管人员办清交接手续。

一般会计人员办理交接手续,由会计机构负责人(会计主管人员)监交;会计机构负责人(会计主管人员)办理交接手续,由单位负责人监交,必要时主管单位可以派人会同监交。

第六章 法律责任

第四十二条 违反本法规定,有下列行为之一的,由县级以上人民政府财政部门责令限期改正,可以对单位并处二千元以上五万元以下的罚款;对其直接负责的主管人员和其他直接责任人员,可以处二千元以上二万元以下的罚款;属于国家工作人员的,还应当由其所在单位或者有关单位依法给予行政处分:

（一）不依法设置会计账簿的;

（二）私设会计账簿的;

（三）未按照规定填制、取得原始凭证或者填制、取得的原始凭证不符合规定的;

（四）以未经审核的会计凭证为依据登记会计账簿或者登记会计账簿不符合规定的;

（五）随意变更会计处理方法的;

（六）向不同的会计资料使用者提供的财务会计报告编制依据不一致的;

（七）未按照规定使用会计记录文字或者记账本位币的;

（八）未按照规定保管会计资料,致使会计资料毁损、灭失的;

（九）未按照规定建立并实施单位内部会计监督制度或者拒绝依法实施的监督或者不如实提供有关会计资料及有关情况的;

（十）任用会计人员不符合本法规定的。

有前款所列行为之一,构成犯罪的,依法追究刑事责任。

会计人员有第一款所列行为之一,情节严重的,由县级以上人民政府财政部门吊销会计从业资格证书。

有关法律对第一款所列行为的处罚另有规定的,依照有关法律的规定办理。

第四十三条　伪造、变造会计凭证、会计账簿,编制虚假财务会计报告,构成犯罪的,依法追究刑事责任。有前款行为,尚不构成犯罪的,由县级以上人民政府财政部门予以通报,可以对单位并处五千元以上十万元以下的罚款;对其直接负责的主管人员和其他直接责任人员,可以处三千元以上五万元以下的罚款;属于国家工作人员的,还应当由其所在单位或者有关单位依法给予撤职甚至开除的行政处分;对其中的会计人员,并由县级以上人民政府财政部门吊销会计从业资格证书。

第四十四条　隐匿或者故意销毁依法应当保存的会计凭证、会计账簿、财务会计报告,构成犯罪的,依法追究刑事责任。

有前款行为,尚不构成犯罪的,由县级以上人民政府财政部门予以通报,可以对单位并处五千元以上十万元以下的罚款;对其直接负责的主管人员和其他直接责任人员,可以处三千元以上五万元以下的罚款;属于国家工作人员的,还应当由其所在单位或者有关单位依法给予撤职直至开除的行政处分;对其中的会计人员,并由县级以上人民政府财政部门吊销会计从业资格证书。

第四十五条　授意、指使、强令会计机构、会计人员及其他人员伪造、变造会计凭证、会计账簿,编制虚假财务会计报告或者隐匿、故意销毁依法应当保存的会计凭证、会计账簿、财务会计报告,构成犯罪的,依法追究刑事责任;尚不构成犯罪的,可以处五千元以上五万元以下的罚款;属于国家工作人员的,还应当由其所在单位或者有关单位依法给予降级、撤职、开除的行政处分。

第四十六条　单位负责人对依法履行职责、抵制违反本法规定行为的会计人员以降级、撤职、调离工作岗位、解聘或者开除等方式实行打击报复,构成犯罪的,依法追究刑事责任;尚不构成犯罪的,由其所在单位或者有关单位依法给予行政处分。对受打击报复的会计人员,应当恢复其名誉和原有职务、级别。

第四十七条　财政部门及有关行政部门的工作人员在实施监督管理中滥用职权、玩忽职守、徇私舞弊或者泄露国家秘密、商业秘密,构成犯罪的,依法追刑事责任;尚不构成犯罪的,依法给予行政处分。

第四十八条　违反本法第三十条规定,将检举人姓名和检举材料转给被检举单位和被检举人个人的,由所在单位或者有关单位依法给予行政处分。

第四十九条　违反本法规定,同时违反其他法律规定的,由有关部门在各自职权范围内依法进行处罚。

第七章　附则

第五十条　本法下列用语的含义:

单位负责人,是指单位法定代表人或者法律、行政法规规定代表单位行使职权的主要负责人。

国家统一的会计制度,是指国务院财政部门根据本法制定的关于会计核算、会计监督、会计机构和会计人员以及会计工作管理的制度。

第五十一条　个体工商户会计管理的具体办法,由国务院财政部门根据本法的原则另行规定。

企业会计准则——基本准则

第一章 总则

第一条 为了规范企业会计确认、计量和报告行为,保证会计信息质量,根据《中华人民共和国会计法》和其他有关法律、行政法规,制定本准则。

第二条 本准则适用于在中华人民共和国境内设立的企业(包括公司,下同)。

第三条 企业会计准则包括基本准则和具体准则,具体准则的制定应当遵循本准则。

第四条 企业应当编制财务会计报告(又称财务报告,下同)。财务会计报告的目标是向财务会计报告使用者提供与企业财务状况、经营成果和现金流量等有关的会计信息,反映企业管理层受托责任履行情况,有助于财务会计报告使用者作出经济决策。

财务会计报告使用者包括投资者、债权人、政府及其有关部门和社会公众等。

第五条 企业应当对其本身发生的交易或者事项进行会计确认、计量和报告。

第六条 企业会计确认、计量和报告应当以持续经营为前提。

第七条 企业应当划分会计期间,分期结算账目和编制财务会计报告。

会计期间分为年度和中期,中期是指短于一个完整的会计年度的报告期间。

第八条 企业会计应当以货币计量。

第九条 企业应当以权责发生制为基础进行会计确认、计量和报告。

第十条 企业应当按照交易或者事项的经济特征确定会计要素。会计要素包括资产、负债、所有者权益、收入、费用和利润。

第十一条 企业应当采用借贷记账法记账。

第二章 会计信息质量要求

第十二条 企业应当以实际发生的交易或者事项为依据进行会计确认、计量和报告,如实反映符合确认和计量要求的各项会计要素及其他相关信息,保证会计信息真实可靠、内容完整。

第十三条 企业提供的会计信息应当与财务会计报告使用者的经济决策需要相关,有助于财务会计报告使用者对企业过去、现在或者未来的情况作出评价或者预测。

第十四条 企业提供的会计信息应当清晰明了,便于财务会计报告使用者理解和使用。

第十五条 企业提供的会计信息应当具有可比性。

　　同一企业不同时期发生的相同或者相似的交易或者事项,应当采用一致的会计政策,不得随意变更。确需变更的,应当在附注中说明。

　　不同企业发生的相同或者相似的交易或者事项,应当采用规定的会计政策,确保会计信息口径一致、相互可比。

　　第十六条　企业应当按照交易或者事项的经济实质进行会计确认、计量和报告,不应仅以交易或者事项的法律形式为依据。

　　第十七条　企业提供的会计信息应当反映与企业财务状况、经营成果和现金流量等有关的所有重要交易或者事项。

　　第十八条　企业对交易或者事项进行会计确认、计量和报告应当保持应有的谨慎,不应高估资产或者收益、低估负债或者费用。

　　第十九条　企业对于已经发生的交易或者事项,应当及时进行会计确认、计量和报告,不得提前或者延后。

第三章　资产

　　第二十条　资产是指企业过去的交易或者事项形成的、由企业拥有或者控制的、预期会给企业带来经济利益的资源。

　　前款所指的企业过去的交易或者事项包括购买、生产、建造行为或其他交易或者事项。预期在未来发生的交易或者事项不形成资产。

　　由企业拥有或者控制,是指企业享有某项资源的所有权,或者虽然不享有某项资源的所有权,但该资源能被企业所控制。

　　预期会给企业带来经济利益,是指直接或者间接导致现金和现金等价物流入企业的潜力。

　　第二十一条　符合本准则第二十条规定的资产定义的资源,在同时满足以下条件时,确认为资产:

　　(一)与该资源有关的经济利益很可能流入企业;

　　(二)该资源的成本或者价值能够可靠地计量。

　　第二十二条　符合资产定义和资产确认条件的项目,应当列入资产负债表;符合资产定义、但不符合资产确认条件的项目,不应当列入资产负债表。

第四章　负债

　　第二十三条　负债是指企业过去的交易或者事项形成的、预期会导致经济利益流出企业的现时义务。

　　现时义务是指企业在现行条件下已承担的义务。未来发生的交易或者李项形成的义务,不属于现时义务,不应当确认为负债。

　　第二十四条　符合本准则第二十三条规定的负债定义的义务、在同时满足以下条件时,确认为负债:

　　(一)与该义务有关的经济利益很可能流出企业;

　　(二)未来流出的经济利益的金额能够可靠地计量。

第二十五条 符合负债定义和负债确认条件的项目,应当列入资产负债表;符合负债定义、但不符合负债确认条件的项目,不应当列入资产负债表。

第五章 所有者权益

第二十六条 所有者权益是指企业资产扣除负债后由所有者享有的剩余权益。

公司的所有者权益又称为股东权益。

第二十七条 所有者权益的来源包括所有者投入的资本、直接计入所有者权益的利得和损失、留存收益等。

直接计入所有者权益的利得和损失,是指不应计入当期损益、会导致所有者权益发生增减变动的、与所有者投入资本或者向所有者分配利润无关的利得或者损失。

利得是指由企业非日常活动所形成的、会导致所有者权益增加的、与所有者投入资本无关的经济利益的流入。

损失是指由企业非日常活动所发生的、会导致所有者权益减少的、与向所有者分配利润无关的经济利益的流出。

第二十八条 所有者权益金额取决于资产和负债的计量。

第二十九条 所有者权益项目应当列入资产负债表。

第六章 收入

第三十条 收入是指企业在日常活动中形成的、会导致所有者权益增加的、与所有者投入资本无关的经济利益的总流入。

第三十一条 收入只有在经济利益很可能流入从而导致企业资产增加或者负债减少,且经济利益的流入额能够可靠计量时才能予以确认。

第三十二条 符合收入定义和收入确认条件的项目,应当列入利润表。

第七章 费用

第三十三条 费用是指企业在日常活动中发生的、会导致所有者权益减少的、与向所有者分配利润无关的经济利益的总流出。

第三十四条 费用只有在经济利益很可能流出从而导致企业资产减少或者负债增加、且经济利益的流出额能够可靠计量时才能予以确认。

第三十五条 企业为生产产品、提供劳务等发生的可归属于产品成本、劳务成本等的费用,应当在确认产品销售收入、劳务收入等时,将已销售产品、已提供劳务的成本等计入当期损益。

企业发生的支出不产生经济利益的,或者即使能够产生经济利益但不符合或者不再符合资产确认条件的,应当在发生时确认为费用,计入当期损益。

企业发生的交易或者事项导致其承担了一项负债而又不确认为一项资产的,应当在发生时确认为费用,计入当期损益。

第三十六条 符合费用定义和费用确认条件的项目,应当列入利润表。

第八章　利润

第三十七条　利润是指企业在一定会计期间的经营成果,利润包括收入减去费用后的净额、直接计入当期利润的利得和损失等。

第三十八条　直接计入当期利润的利得和损失,是指应当计入当期损益、会导致所有者权益发生增减变动的、与所有者投入资本或者向所有者分配利润无关的利得或者损失。

第三十九条　利润金额取决于收入和费用、直接计入当期利润的利得和损失金额的计量。

第四十条　利润项目应当列入利润表。

第九章　会计计量

第四十一条　企业在将符合确认条件的会计要素登记入账并列报于会计报表及其附注(又称财务报表,下同)时,应当按照规定的会计计量属性进行计量,确定其金额。

第四十二条　会计计量属性主要包括:

(一)历史成本。在历史成本计量下,资产按照购买时支付的现金或者现金等价物的金额,或者按照购买资产时所付出的对价的公允价值计量。负债按照因承担现时义务而实际收到的款项或者资产的金额,或者承担现时义务的合同金额,或者按照日常活动中为偿还负债预期需要支付的现金或者现金等价物的金额计量。

(二)重置成本。在重置成本计量下,资产按照现在购买相同或者相似资产所需支付的现金或者现金等价物的金额计量。负债按照现在偿付该项债务所需支付的现金或者现金等价物的金额计量。

(三)可变现净值。在可变现净值计量下,资产按照其正常对外销售所能收到现金或者现金等价物的金额扣减该资产至完工时估计将要发生的成本、估计的销售费用以及相关税费后的金额计量。

(四)现值。在现值计量下,资产按照预计从其持续使用和最终处置中所产生的未来净现金流入量的折现金额计量。负债按照预计期限内需要偿还的未来净现金流出量的折现金额计量。

(五)公允价值。在公允价值计量下,资产和负债按照在公平交易中,熟悉情况的交易双方自愿进行资产交换或者债务清偿的金额计量。

第四十三条　企业在对会计要素进行计量时,一般应当采用历史成本。采用重置成本、可变现净值、现值、公允价值计量的,应当保证所确定的会计要素金额能够取得并可靠计量。

第十章　财务会计报告

第四十四条　财务会计报告是指企业对外提供的反映企业某一特定日期的财务状况和某一会计期间的经营成果、现金流量等会计信息的文件。

财务会计报告包括会计报表及其附注和其他应当在财务会计报告中披露的相关信息和资料。会计报表至少应当包括资产负债表、利润表、现金流量表等报表。

小企业编制的会计报表可以不包括现金流量表。

第四十五条 资产负债表是指反映企业在某一特定日期的财务状况的会计报表。

第四十六条 利润表是指反映企业在一定会计期间的经营成果的会计报表。

第四十七条 现金流量表是指反映企业在一定会计期间的现金和现金等价物流入和流出的会计报表。

第四十八条 附注是指对在会计报表中列示项目所作的进一步说明,以及对未能在这些报表中列示项目的说明等。

第十一章 附则

第四十九条 本准则由财政部负责解释。

第五十条 本准则自 2007 年 1 月 1 起施行。